禅 海 蠡 测

南怀瑾 著

复旦大学出版社

出 版 说 明

    禅宗,初创于北魏,盛行于唐宋。独特的禅宗理论和修持风格,曾对世人的价值取向、思想情感和思维方式以深刻的影响,以至于从一定意义上来说,不了解禅宗,也就不了解中国佛教的特质,也无法了解千百年流传下来的许许多多的文化艺术作品的思想内涵。本书是台湾著名学者南怀瑾先生亲笔撰作的一部禅宗研究著作。作者通过纵向的叙述和横向的比较,对禅宗的演变、宗旨、传授和修行实践,禅宗与净土宗、密宗、丹道、理学和西方哲学的异同等,作了分门别类的论述,提出了不少独到的见识。兹经作者和原出版单位台湾老古文化事业公司授权,将老古1992年版校订出版,以供研究。

复旦大学出版社

1996 年 11 月 12 日

初 版 自 序

运厄阳九，闲居海疆，矮屋风檐，尘生釜甑。客来自远，顾而让之曰：子脱屣圭缨，栖情衡泌有日矣；曩者掩室岷峨，行脚康藏，风霜凋其短鬓，烟水历乎百城，矻矻穷年，究此一事；虽梦宅虚无，本乏可留之迹，而空书斐亹，终成不著之文，际兹慧命丝悬，魔言鼎沸，同舟俨分乎楚汉，一室而判若参商，正法衰微，乾坤几息，不有津梁，罔克攸济，金针密固，庸所安乎？闻已而思，瞿然有省。夫妙契匪意，真证难言，动念已乖，况涉文字。然无说自说，瓶泻云兴，从上祖师，皆非得已，矧余末学，粗具见闻，窥测之谈，不离知解，揆诸先圣盍各之义，窃比昔贤就正之情，砖石之投，连城或致，则亦何妨著佛头粪，大作襄语耶！爰濡秃管，率成斯编，所涉虽繁，要仍以禅为主，如叶归根，如水赴海。倘阅者因筌得鱼，见月废指，形山打破，会即不疑，是吾心也。若遇明眼，烁破

面门,此中廓然,徒添络索,一场懡㦬,转见败阙,则余知过矣。

一九五五年七月一日

净名庵主南怀瑾识于台湾

二 版 自 序

时轮劫浊,物欲攫人,举世纷纭,钝置心法,况禅道深邃,刿证难期;余以默契宿因,嗜痂个事,觅衣珠于壮岁,虑魔焰之张狂,故不辞饶舌,缀拾斯文。然投滴巨壑,吹毫太虚,沉沉无补时艰,复将廿载。项者,莘莘学子,惊顾域外之谈禅,攘攘士林,欲振堕绪,再请重铸斯编,冀复燃灯暗室;固知旧铅新椠,尽同梦里尘劳。嗳呴撩虚,等是狂思玄辩,禅非言说,旨绝文词,拈花微笑,能仁已自多余,渡海传衣,少室徒添渗漏,五家七派,无非自碎家珍,万别千差,透澈何劳竖指,斯编之作,为无为,何有于我哉?

一九七三年仲夏
南怀瑾再序于台北

目　录

禅宗之演变

　　释迦一代时教,弘开于印度,流传遍亚洲。印度后期大乘兴盛,以世亲时代之汇集阐扬,开后世显密通途之学。世亲年代,假定在西历第五世纪之初(东晋时),印度本土佛教之灭亡,则在西历第十二世纪之末(南宋时),历时约八百年之久,其间学说嬗变,初后期中,又多不同。初期二百余年,派别纷纭,显密异趣,大变从来学说之一贯面目。其后五百余年,大师零落,任运敷衍,灿烂余葩,遂归萎谢。印度素乏历史观念,佛教发源于印度,经典记述,史迹阙如。后贤考证虽精,片羽吉光,不无罅漏。在中国开创之十宗,通途皆归于佛,后先辉映,弥增光彩,禅宗当为其首。有谓禅宗乃后期大乘佛法流行时所开创,臆测之说,殆难征信,姑予存疑可也。

印度原来情形

　　佛所说法,若显若密,皆有典籍可据。唯禅宗传承,缺乏考证资料,学者视为疑案,且有指为伪造者。历来禅宗学者,对此问题,谓为教外别传之旨,皆舍而不论;宗门所传,则以灵山会上,拈花微笑一则公案,为其开端。

　　世尊在灵山会上,拈花示众,是时众皆默然。惟迦叶尊者,破颜微笑。世尊曰:吾有正法眼藏,涅槃妙心,实相无相,微妙法门,不立文字,教外别传,付嘱摩诃迦叶。

　　又云:

　　世尊至多子塔前,命摩诃迦叶分座令坐,以僧伽黎围之。遂告曰:"吾有正法眼藏,密付于汝,汝当护持。"并敕阿难副贰传化,无令断绝。而说偈曰:"法本法无法,无法法亦法。今付无法时,法法何曾法。"尔时,世尊说是偈已,复告迦叶:"吾将金缕僧伽黎,传付于汝,转授补处,至慈氏佛出世,勿令朽坏。"迦叶闻偈,头面礼足曰:"善哉善哉!我当依敕,恭顺佛故。"

　　据此二说,后则经典有据,前则载籍无微。唯宋王

安石曾谓于内廷校阅秘阁图书,得读未经颁行之《般若大梵王问决经》,记述此事,实可征信。并谓经内涉及国运转变之预言颇多,故历代帝王,皆藏之秘府。说者如此,而终乏实证,姑从阙疑而已。

宗门记其传承,溯自释迦以前,历传七佛。迹其七佛名号,于经有据。唯单传付法之事,则又属禅宗传说,群疑繁兴,自释迦以次,迦叶、阿难,递传至二十七代,而有达摩,为印度二十八祖,复为中国禅宗初祖。达摩东来传法,事迹可征,论者崇之。

稽之宗门记载,印度二十八代传承,诸祖行迹,与中国后代禅师,大异其趣。印度祖师,多为三藏大师,经、律、论,靡所不通,戒、定、慧,尤为殊胜。迨其临终迁化,踊身虚空,显现神变,然后付法而寂。其间如龙树、马鸣皆名称普闻,为佛门柱石。若龙树大师,为中国所有八宗之祖,开来继往,德业崇隆,事迹斑斑,众所习知。唯二十四代师子比丘,被罽宾国王所杀,故有谓禅宗在印度传承,于兹已斩,后之传统,多所置疑。据此而论,则中国二祖亦于邺都偿债,事有类同。岂后代传法,都为伪造。凡禅宗大德之有成就者,皆能预知,如二祖所遭遇之事,已先期自晓。师子比丘被害时,断头无血,唯白乳涌高数尺,其功用成就如此,岂仓皇殉道者可比。复有其师悬记,预期付法,早已得人,诚未可以世俗

之见,测量之也。

中 国 初 期 情 形

印度本土禅宗,既乏史料,考证无由。达摩东来,信
史可据。梁武帝普通七年,达摩祖师自印度渡海至广
州,同年十月至金陵,与帝说法不契,于十一月至洛阳,
寓止嵩山少林寺,"面壁而坐,终日默然,人莫之测,谓
之壁观",共历九年。相传面壁九年之说,讹矣。又谓其
在中国时间,历五十余年之久。如《传灯录》载师示寂之
日,为魏庄永安元年戊申十月五日。通论据史辨其讹,
故终为疑案也。当时从其学法者颇不乏人,如道副、道
育、尼总持等;唯慧可(神光),得其心要,是为此土之二
祖。自此以后,递至六祖,恰在初唐高宗时代,此为禅宗
之初期。

达摩传法慧可,师徒授受之际,犹付《楞伽经》以印
心。虽曰"教外别传",实须符证教典,绝非凭空臆造。迨
黄梅五祖,以至曹溪六祖,皆提倡《金刚经》,故后贤亦
有谓禅宗为般若宗者。六祖示现不识文字,提持心印,
为禅宗正统。说法极其平实,浅出深入,智泉喷涌,其门
人录成宝典,号曰《坛经》。其中语不离宗,皆归于教,于

释迦之文字教义,多所阐发。因其在广州、韶州之曹溪,开堂说法,后世溯禅宗正脉,咸归曹溪,故称之曰"南宗"。而与六祖同时弘化者,尚有"北宗"神秀,学者归仰,数亦不少。神秀以渐修为尚,六祖以顿悟为门,宗旨方法迥异。故言禅宗者,当以曹溪为归。六祖以下,得其心要者,颇不乏人,而言其正脉,以南岳怀让与青原行思二师为首。南岳一系,至马祖道一,而宗风大振,后贤之言禅宗者尤重南岳单传。所谓嗣法传承,主嫡传正统者,非谓法嗣之外,皆所不取,惟择学众之中,成就至高,见地透脱,足当承先启后者,为其嗣长耳。

禅宗初期,不但南北二宗,俨然对峙,即六祖门下,亦渐分途。荷泽(神会)擅改《坛经》,深为同门所不满。如南阳忠国师(六祖得法弟子)曰:

> 吾比游方,多见此色,近尤盛矣。聚却三五百众,目视云汉,云是南方宗旨。把他《坛经》改换,添糅鄙谈,削除圣意,惑乱后徒,岂成言教?苦哉!吾宗丧矣!

今之言禅宗者,舍正脉而不谈,以荷泽为宗门正统,诚非笃论。稽之《坛经》有云:

> 一日,祖告众曰:我有一物,无头无尾,无名无字,无背无面,诸人还识否?神会(荷泽)出曰:是诸佛之本源,神会之佛性。祖曰:向汝道无名无字,汝

便唤作本源佛性。汝向去有把茅盖头,也只成个知
解宗徒。

荷泽于六祖门下,见解如此,已为六祖所斥。后之
卖度牒,提倡南方宗旨者,已如六祖悬记,事所必然。学
者推重荷泽,谓得禅宗之的旨,实为未可。

唐宋间之发展

自南岳青原以后,有马祖道一、药山惟俨。二师出
世,宗风丕变。尤以马祖见地超越,接引机用,不重讲
解,门下出八十四员善知识,咸为出格高人。彼此论道,
逸趣盎然,且皆隽永有味,义蕴无穷。如百丈、南泉、丹
霞、归宗、庞居士等,或擎拳竖佛,或瞬目扬眉,或棒喝
以示宗旨,或默然以符心要。其用意必须聪明绝顶,度
金针而不落言诠,甘苦到头,睹棒喝而豁开灵镜者,方
可当下知归,契入宗旨。禅宗至此时期,五家宗派兴盛,
已大异昔趣,创中国禅宗特有之典范矣。此后所谓德山
棒、临济喝、云门饼、赵州茶,皆承其绪而别开生面。虽
然,弊随迹生,若颠狂放浪、圆滑幽默等风气,以谓不教
而得,形虽近似,而实乱真。故至宋代宗门大匠,如圆悟
勤、大慧杲师弟,力辟棒喝作略,而以理事并行。大慧住

径山日,约定下喝者罚钱罚斋,盖深知其弊,故痛惩而力挽之也。比附此等风气而兴者,即用四言八句,以诗词格调而唱宗旨,于是宗师授受,用此谓付法。大慧杲临灭时,侍僧了贤请偈,师厉声曰:无偈便死不得吗?援笔曰:"生也恁么,死也恁么,有偈无偈,是什么热大?"掷笔而逝。继此之后,棒喝机锋,为之稍遏。而以四韵八句付法,代之而兴。历至近代丛席,佛之心法不问,徒以红绫书上偈语,作为接方丈法位之事,早于彼时阶之厉矣。

元 明 清 之 趋 向

元代宗门,颇乏大匠,且在蒙族统治之下,受喇嘛教威胁,心灯光焰,摇摇欲坠。禅者虽亦散处四方,而皆晦迹韬光,如时人推重之高峰、中峰师弟,皆入山唯恐不深,逃名若将不及。当此之时,禅宗竞尚修持,居山闭关打七之事,相率成风。昔日之直指见性者,转于行履门头,见其鹄的。所谓起疑情参话头之学,成为宗门下手定式。历明至清,一是无变,中间如密云、破山辈,皆遭世多难,一仍旧规。若憨山者,岂敢认为禅宗正统,但为卫教功臣耳。清初雍正以人主身,提持宗旨,独显威

重,天下禅和,咸皆钳口,虽护法有功,而亦从此扼杀天
下老和尚之口舌者矣。等次以下,禅宗所存者,唯打坐、
参话头等形式而已。宗师既无接引后进手眼如唐宋大
匠者,参禅之徒,多有老死语下,不落入担板窠臼,即堕
在禅定功勋。抚今追昔,吾谁与归!

　　禅宗在中国之演变情形,概如上述,约分为初、中、
后三个时期,譬例可明。南朝至初唐为初期:此时禅宗,
方值萌芽,如平地闻隐约轻雷,夹和风化雨而来,有大
地阳和、春满人间之象;中唐至南宋末,为中期:大德辈
出,已枝条坚固,花叶缤纷,如夏日迅雷,声震寰宇,黄
河长江,急流汹涌,夹泥沙而俱下,其源流所及,"到江
送客棹,出岳润民田",而犯人苗稼,势亦难免;元、明、
清间为后期:如寒冬入幽壑,清冷逼人,雾迷山径,林峰
隐约,虽面目朦胧,而其中幽趣,引人入胜,令游者欲罢
不能。时至现代,则几趋衰落,其情形如古德有言:"百
花落尽啼无尽,更向乱峰深处啼。"

与中国文化因缘

　　中国文化,儒道二家之学为二大主流,如黄河长
江,灌溉全国,久已根深柢固。佛法在后汉、两晋、南北

朝间,陆续输入。初期翻译教典经文,名辞语句,多援引老庄或儒书。外来法师如鸠摩罗什,翻译名言,必与此土思想文字,比类发明。什师门下高弟,如僧肇、僧睿辈,名僧道安师弟,以及慧远诸公,皆学问渊博,贯串古今。影响所及,梵语佛法,形成中国化者,势所必至。禅宗本为教外别传,不立语言文字,直指见性之学,一变再变,而成中国特有之宗风,亦理之所必然者。

两晋以还,谈玄风气,相率成习,士大夫间,厌惮世乱,率逃虚无。如刘遗民曰:"晋室无磐石之固,物情有垒卵之危,我复何为?"此足为当时知识阶级间颓废思想之代表。而玄谈冥渺,旨无所归,佛法东来,适救其弊。大乘救世思想,挈儒家而同途,涅槃寂净之说,掋道家而并驾,故得上下响风,趋之如骛。修习禅观之学,于以大兴。然习禅观以证真如性海,事非不能,第滞情化境,易落小果。迨达摩东至,契理契机,于言诠以外,传授心法,简捷提示,深合中国民族文化特性。南朝至唐宋间,僧俗习禅宗者,遍于全国。禅师辈说法开示,摆脱教义,用一机一境,或以富于趣味之文学词句,指出空有真诠,比比皆是。因当时师僧,素质至高,多有博学名儒,披缁其间。影响所及,举凡思想、文学、艺术、建筑等,皆以具有出世神韵,富有禅意为高。历代名人,直接参禅,指不胜屈,出此入彼,于儒家开理学门庭,于道家

启丹道各派。佛法在中国之有禅宗，非但为佛教之光，亦为东方文明大放异彩矣。

对佛教之功绩

佛教入中国，自两晋至五代间，学说传布，虽有日兴月盛之趋，而左儒右道，其在学术及宗教竞争上，常受挫折。佛教史上所称之"三武一宗之难"（即北魏太武帝、北周武帝、唐武宗，及后周世宗等四次排佛）皆赖禅宗师僧得以保存规范。盖禅者简易，遭逢斯世，只须一瓶一钵，遁迹空山，即足避祸。迨事后出世，名望倍增，此为其对佛教功绩之一。佛教在印度，因习惯已成，出家比丘，可以乞食自修；中国国情既异，长此以往，势难继续。百丈禅师师徒有鉴及此，乃兴丛林制度，集中僧团，自力谋生，共修佛法，订立清规，以资公守。且以身作则，"凡作务执劳，必先于众。主者不忍，密收作具而请息之。师曰：我无德，争合劳于人？即遍求作具，不获，则亦不食。故有'一日不作，一日不食'之语，流播四方。"及宋代程伊川见僧出堂威仪，叹曰："三代礼乐，尽在是矣！"而在当时，佛教之徒，认为非佛之制，谤百丈为破戒比丘。及今观之，其所立制，管理严于军事部勒，

计划胜于社会组织，不图百丈禅师，早创于千载以上，终赖此制得以保存佛教于不堕，此为其对佛教功绩之二。佛法重在行证，依诸教理，须经三大阿僧祇劫，遥遥岁月，停望兴悲！何期有此教外方便，使"不历僧祇获法身"。娑婆众生，得此心法要门，皆可见性而立地成佛，其直截了当如此，其功勋德业，诚欲赞而无辞焉！

禅宗之宗旨

　　佛法十宗,各有教典可据,依教奉行,可证果地。唯禅门一宗,既不据于教典,又无轨则可循,摒弃文字,壁立万仞,如一个铁馒头,叫人无下嘴处。诸方浩浩,商榷宗旨者,终如寒潭月影,捞摝无踪。虽然如此,而其文彩亦自然而彰,如旃檀刻佛,惟妙惟肖矣。宗旨之难言既若此,今欲强言之,亦若佛头著粪,罪过无比。尝言此事必至臻"手挥五弦,目送飞鸿"之妙,方有少分相应。否则,如在"冰凌上走,剑刃上行",一有放浪,即丧身失命矣。

　　宗门之始,即灵山会上,世尊拈花,迦叶微笑,滴髓一脉,永传慧命。言其理则,佛说三藏十二分教,皆为所依。推其极致,则一字不立,扬眉瞬目,已是第二义事矣。故佛说一大藏教,如僧繇画龙,鳞甲爪角毕俱,栩栩欲动。宗门工夫,则如双睛一点,立即破壁飞去。故灵山一会,世尊以不说而说,尊者以不听而听,无上甚深之旨,尽在默然中矣。

　　今世学者，有言禅宗者，极尽幽默讥讽之能事，例如谓："打即不打，不打即打。"是禅门之宗旨。噫！是何言欤！若认此为禅宗者，譬如有一盲人，问人曰：白色者何状？答曰：如白雪之白。盲人又曰：白雪又是何状？曰：如白马之白。盲人复曰：白马何状？曰：如白鹅之白。盲人再曰：白鹅何状？答者无奈，取盲人之手比画之曰：白鹅者，其头颈细长而能伸曲，有两翼，其鸣也呷呷然。盲人乃曰：汝何不早说？如此，我已知乎所谓白者，颈细而长，有两翼，其鸣呷呷。客之所谓禅宗者，亦犹是耳！安可相与论禅？昔闻某教授论禅曰：禅宗乃冥想之极则耳。因笑谓曰：公之论禅，犹村里小儿，论庙堂中事，何能不作门外语哉！

　　达摩东来，传吾佛心宗以外，并付《楞伽经》以印心。但此经非禅宗独据之内典，大乘各宗亦祖述之。理赅三藏，微妙幽深。《楞伽经》云："佛语心为宗，无门为法门。"然则，佛之心毕竟如何？恐虽析须弥以为笔，蘸四大海水以为墨，尽大地微尘以为舌，亦难以言语文字明之矣。既不可明，自然无门可入此心法之宗，只此千回万转，无路可通，无门可入，即可入得此门。一弹指间，开见弥勒楼阁，即有无数无量之弥勒，一一弥勒各坐宝阁中，重重无尽，放大宝光，转妙法轮。故佛曰："止，止，不须说，我法妙难思。"又曰："奇哉！一切众生，

皆具如来智慧德相,只因妄想执著,不能证得。"既不可说,又不可妄想执著,皆是无门可入。即此无门,是为法门。无以明之,且画其影曰:"满地江湖难放棹,渔郎何得下金钩?"兹简禅宗古德之略言宗旨者如次:

达摩祖师谓神光曰:"内传法印,以契证心。外付袈裟,以定宗旨。"

三祖僧璨作《信心铭》有曰:"真如法界,无他无自。要急相应,惟言不二。不二皆同,无不包容。十方智者,皆入此宗。"

印宗法师问六祖惠能:"黄梅咐嘱,如何指授?"祖曰:"指授即无,唯论见性,不论禅定解脱。"宗曰:"何不论禅定解脱?"祖曰:"为是二法,不是佛法。佛法是不二之法。"又曰:"无二之性,即是佛性。"又立无念为宗。复曰:"无者,无二相,无诸尘劳之心;念者,念真如本性。"且引经明无念之旨曰:"善能分别诸法相,于第一义而不动。"

黄檗禅师曰:"我此禅宗,从上相承以来,不会教人求知求解,只云学道,早属接引之辞。然道亦不可学,情存学解,却是迷道。道无方所,名大乘心。此心不在内外中间,实无方所。第一不得作知解。只是说汝如今情量处,情量若尽,心无方所,此道天真,本无名字。"

初期禅师之言宗旨者,大抵如此。有曰:灵山会上,

佛告迦叶："吾有正法眼藏、涅槃妙心、实相无相法门。"
此之数语,即为心宗禅门之宗旨。持此说者,约分二途。
其一谓:"正法眼藏"一句,即为全提。而且着重在"眼
藏"二字,若能将此双眼,藏于无相实相之境,则涅槃妙
心自然现前。并取密宗之"看光"、"观空",及习用之"回
光反照"等用工之事相法门为证。持之有故,言之成理。
然法执深固,如灵龟扫迹,愈扫而迹愈彰,于直指心性
之门,不觉愈驰愈远,终至向外驰求,不自知其落于窠
臼。岂吾佛心宗之旨乎? 玄沙禅师曰:"西天外道,入得
八万劫定,凝神寂静,闭目藏睛,灰身灭智,劫数满后,
不免轮回。盖为道眼不明,生死根源不破。"其二谓:此
之数句,非关用工之相事,乃标至理而明宗。所谓"正法
眼藏"者,乃称佛之正法,只有此心 法为正。眼者,如人
有目之为至尊至贵。藏者,若如来藏性之无尽无际。质
言之,如其云此为无上第一正统,别无遗蕴。然而"涅槃
妙心,实相无相"之说,岂纯为言理? 须知理极即事,事
显其理。只如此说,了无实义;岂吾佛亦说口头禅,作门
面语乎? 诚然,此之数语,于心宗要旨,已开其门。悟之
者,是则全是,非则全非。 若不明见此心,洞达法性,皆
为堕负之言耳。故后之禅门大德,舍此不言,唯以"麻三
斤"、"庭前柏树子"等句,全提正印,要君自肯。所谓"鸳
鸯绣出从君看,不把金针度与人。"诚为大机大用,无上

慈悲;否则,终日说禅论道,论理则细析玄微,行证则妄心庞杂,乌足以语乎此。

自马祖以后,参宗之徒,皆以究问"祖师西来意"为尚。此之所称祖师,即指达摩初祖而言。问"祖师西来意",即与问"佛法大意"是同一目的。若明乎祖师西来意旨,宗门心法之要,可以释然自得。而诸禅师之答此问者,咸以一无义味语句,令彼自参。此非故弄玄虚,神秘莫测。如语人宝藏在彼,不指方向,仅示一锁钥之形,由当人自制自寻,必须历尽万苦千辛,一旦豁然觅得,方知原是自家故物。苟不历尽此中艰苦,纵饶辩若悬河,义穷渊海,仍是承虚接响,终至流为口头禅。故曰:"莫将闲学解,埋没祖师心。"

迨乎百丈临济以后,五家宗派兴盛。如临济有三玄三要、四料简、棒喝等机要,各标一门宗旨,称为纲宗。学者透不得纲宗,终似"透网金鳞犹滞水","猿猴化去尾难逃"。不能透脱般若,法身难圆。有曰:纲宗之兴,实为禅门病态,举一赅万,若佛之言教,祖师之开示,无一而非纲宗,何待别立纲宗,岂非头上安头之举?殊不知禅宗至唐宋间,天下善知识如林,大匠处处皆是,"言前荐得,终是滞壳迷封,句后精通,犹复触途成滞。"禅门活法,至此已成死语。故诸家宗祖,不得不别标心法,以勘验学人,锤炼其知见。云居戒禅师有言曰:

　　五家宗法，各有门庭，各有闉奥。玄关金锁，百
匝千重。陷虎迷狮，当机纵夺。如阴符太公之书，
不可窥也。如五花八门之阵，不可破也。不如是，
不足以断人命根，而绝人知解也。不知是，则学家
情关未透，识锁难开，法见不消，而通身窠臼也。岂
佛祖正法眼藏也哉？或曰：所贵乎禅者，以不立文
字，不涉名言，超然独脱也。今纲宗一立，则名相纷
繁。楷成格则，是增人情识，益人知见，而有实法可
求也。聪明者，必穿凿，愚鲁者，益懵懂矣。真悟道
者，何贵于此乎？曰：诸祖所以立纲宗者，正为此
也。主人公禅，自谓无情识，而浑乎情识也。自谓
绝知见，而纯是知见也。自谓无实法，而认定一机
一境，恰堕实法也。有临济七事，五宗宗旨，用妙密
钳锤以钩锥之，料拣之，划削之，而知见始消，情识
始破，实法始忘矣。穷尽万法，而不留一法，是真直
捷。透尽诸门，而不滞一门是真孤峻。彻尽大法小
法，一切纲宗而罢除纲宗，是真独脱。而岂守系驴
橛，倚断贯索，弄无尾巴猢狲之谓哉？譬之行路者，
历九洲四海，遍名山大川而仍归本处，忘尽途中影
子，是真到家矣。又譬之广学者，穷尽二酉，搜尽四
库，贯穿天禄石渠之藏，而胸不留一字，是谓博通
矣。使足未离跬步，而眼空四海，毁天下之行远者，

目未涉经书,而空腹高心,呵天下之读书者,虽三
尺童子,亦知其背谬矣。但重根本而疑纲宗者,为
葛藤,为知见,为实法者,何以异是哉!夫抹去纲宗
者,不但自己宗眼不明,一当为人,动便犯锋伤手。
机境当前,而不知踞头收尾。节角肴讹,而不知抽
爻换象。掠虚弄滑,而不能勘辨。到对打还拳,而
无法剪除。徒恃鉴觉,以为极则。法门窠臼,不可
言矣。(《禅宗锻炼说》第九)

观乎此,禅门之宗旨,与夫诸祖之所立纲宗者,知
掣电吹毛,犯之即丧身失命。如漫天帝网,处处漏洞,处
处条贯。若执一端实法以为无意义,以为是幽默,徒成
其井蛙之见耳!禅宗为佛法画龙点睛心髓之学,而所谓
宗旨者,犹为画龙而非点睛之事。如龙牙遁禅师颂曰:

> 学道无端学画龙,元来未得笔头踪;一朝体得
> 真龙后,方觉从前枉用功。

有谓禅宗者,以"无念为宗"。独取六祖一语,标为
极则。诚哉!"一句合头语,千古系驴橛。"设以无念为
吾佛心法宗旨,直教大地平沉,活埋无数苍生矣。石头
瓦块,棺内眠尸,皆无念也。岂皆已明心见性而成佛耶?
永嘉不云乎:"唤取机关木人问,求佛施功早晚成?"曰:
非谓此也。谓此心寂静,对境无心耳。然则,寂静与无
心者,唯以我对待外境而言,但使外不入内,心不外驰,

固能若是，境仍自境，心仍自心，人法二执，依然如故，云何得谓无念哉？《楞严经》云："内守幽闲，犹为法尘分别影事。"此内守寂静无心者，非即法尘缘影耶？昔在昆明，遇月溪僧，亦曰："涅槃为究竟，证得涅槃即不再起生缘。"乃请问曰：《楞伽经》云："无有佛涅槃，亦无涅槃佛。"古德复有言："涅槃生死等空花。"乃至"不畏生死，不住涅槃"等法语，又何说耶？事隔十年，橛棒如故，自称禅德，褒贬诸方，净心未止，我见难除，抑何可叹！此所谓涅槃，所谓无念，如出一辙。有曰：初祖云："汝但外息诸缘，内心无喘，心如墙壁，可以入道。"此可证也。曰：初祖所谓，乃示神光入室之径耳，非极则事也。依语论义，其末句曰："可以入道。"谓苟能如此，可以入道矣。六祖亦自释无念之意云：无者，无妄想。念者，念真如。此解无念之说，为合二义于一的，犹未可执名著相也。百尺竿头，希更进步，一翳著目，终至失明。执无念，不起分别，无生之贤，尤当猛省。永嘉曰："谁无念，谁无生，若实无生无不生。"然则，无念、无分别、无生者，皆非乎？曰：孰可云非，第未达耳。兹录同安察禅师二偈，以备参考：

　　心印

　　问君心印作何颜？心印谁人敢授传。历劫坦然无异色，呼为心印早虚言。须知本自灵空性，将

喻红炉焰里莲。莫道无心便是道，无心犹隔一重
关。

祖意

祖意如空不是空，尽机争堕有无功。三贤尚未
明斯旨，十圣哪能达此宗。透网金鳞犹滞水，回涂
石马出纱笼。殷勤为说西来意，莫问西来及与东。

公 案 语 录

　　佛法东来,自禅宗兴盛,语录之作,于是大行。语录者,乃往昔禅师,就其平生说法开示,门弟子记辑而成编者也。自六祖有《坛经》以后,诸方记录,渐成巨帙。五代宋元以后,禅宗丛林制度,已成习惯,凡知名禅师,大多出任方丈。为方丈者,依诸禅制,必有书记一席之设。书记者,如古之记室文案,今之幕府秘书,而其责任,又如专制时代帝室之史官,若左史记言,右史记行。禅林书记,记述禅师之言行,并此记述,辑成语录。宋元以后,语录大行,并影响于儒家矣。后世法道衰敝,一般大德,或为求誉,或门弟子为光耀师名,虽了无见地,亦皆杜门编造语录,或出资雇文人学士撰造,以事流布。凡此之徒,不知凡几? 甚矣! 名闻恭敬利养心之难除也! 或有谓儒家语录,非自禅门偷袭,实早肇于先圣。主此说者,大有人在,孰是孰非,属于考证学范围,论之无益。总之,佛儒二家之有语录,息息相关,暗通声气。亦犹如宋儒学禅,归而言理,转复诽诬佛说。明烧栈道,暗

渡陈仓，入主出奴，古今一例耳。

　　古禅师语录，遗留传刻者，类皆精心之作。而有清高隐逸之流，毕生无语传世，寂寞山林，默然缄口者，此尤为语录中之最高尚者。复有其人，声名不彰，湮没无闻，虽有述作，散佚未收者，当亦不少。而古禅德中，间有语录传世，虽其词藻纷披，令人悦目，但其见地，确未透彻者，亦属不鲜。此中拣择，大须眼明。尝谓读古人书，须在顶门上另具只眼，庶不致尽被双睛瞒过。此则无论世间出世间，治学之道，皆同一揆焉。

　　例如洪觉范，以一代禅德，名垂千秋，著作甚多，有《法华合论》等作行世，其文章都丽，众所崇仰。孰知其见地犹滞化境，后之学者，从其说入，岂不永为世误！故知读书实难，著书更难，误人千古，罪过不浅。忝居浅学，不敢褒贬诸方，且引明时永觉和尚之评，以为证明：

　　　　洪觉范书，有六种，达观老人深喜而刻行之。余所喜者，文字禅而已。此老文字，的是名家，僧中稀有。若论佛法，则醇疵相半。世人爱其文字，并重其佛法，非余所敢知也。

　　　　当其时，觉范才名大著，任意贬叱诸方。诸方多惮之。唯灵源深知其未悟，尝有书诫之曰：闻在南中，时究《楞严》，特加笺释，非不肖所望；盖文字之学，不能洞当人之性源，徒为后学障先佛之智

眼。病在依他作解,塞自悟门。资口舌则可胜浅闻,
廓神机则难极妙证。故于行解,多致参差,而日用
见闻,尤增隐昧也。余喜觉范慧识英利,足以鉴此,
倘损之又损,他时相见,定别有妙处矣。灵源此书,
大为觉范药石,然其痼疾弗瘳,亦且奈之何哉!
(《永觉和尚呓言》)

又何以见其未能彻悟,兹更录《指月录·灵源清
案》如下:

    洪觉范与师(灵源清),为法门昆仲。尝闻灵源
论曰:今之学者,未脱生死,病在什么处?在偷心未
死耳!然非其罪,为师者之罪耳!如汉高绐韩信而
杀之,信虽曰死,其心果死乎?古之学者,言下脱生
死,效在什么处? 在偷心已死。然非学者自能尔,
实为师者,钳锤妙密也。如梁武帝御大殿,见侯景,
不动声气,而景之心已枯竭无余矣。诸方所说,非
不美丽。要之,如赵昌画花逼真,非真花也。

又,《指月录·洪觉范案》:

    洪觉范曰:灵源禅师谓余曰:道人保养,如人
病须服药,药之灵验易见,要须忌口乃可。不然,服
药何益?生死是大病,佛祖言教是良药。污染心是
杂毒,不能忌之,生死之病无时而损也。余爱其言。
灵源叟与觉范二师,为法门昆弟。观灵师之屡挫觉

范，其时其人，见处已可知矣。又，大慧杲未悟以前，亦以文字禅名震诸方，走见觉范，师惊为奇特，自谓二十年用工，亦仅至此耳（事见机锋转语节）。故大慧在当时，疑禅宗之为学，皆脱空妄语也。若非经圆悟勤之锻炼，几失禅宗一硕果矣。

复如明末之汉月藏（三峰藏），未出家前，自谓已悟。披缁以后，从密云悟处得法，未臻玄奥，即以文字禅名满天下。于是汉月一支，就是这个○○之禅，流布极广。密云无奈，著《辟妄》一书以斥之。而汉月弟子，皆擅长翰墨，又著《辟妄救》一书以匡扶师说。密云乃一笃行禅师，文字不胜，亦不欲多辩。迨雍正出而大辟汉月一系，屡下诏书，敕令汉月宗徒，改归临济正统，否则，皆令还俗。并烧毁汉月著作（见《雍正御制语录序》等），清理宗门，为密云悟吐气不少。时至现代，学术之禁大开，汉月宗系，有湛愚老人所著之《心灯录》者，流布刊行至广，禅者亦多奉为宝典。心灯暗淡，宗眼不明，误己误人，莫此为甚！

名利二途，贤者难免，身居世间，孰能免此？如坚志逃名，必已遁迹无闻矣。如隐山和尚，偶被洞山与密师伯寻见，即烧庵避去。述偈曰：

　　三间茅屋从来住，一道神光万境闲。莫把是非来辨我，浮生穿凿不相关。一池荷叶衣无数，满地

松花食有余。刚被世人知住处，又移茅屋入深居。

又如南岳怀志庵主，初预讲席十二年，宿学争下之。后得法于真净。净曰：子所造虽逸格，惜缘不胜耳！师识其意，拜赐而行。诸方挽之出世，师不应。庵居于衡岳石头，二十年不与世接。有偈曰：

> 万机休罢付痴憨，踪迹时容野鹿参。不脱麻衣拳作枕，几生梦在绿萝庵。

尝谓富贵利禄，皆为人爵，名乃天爵，妄求招祸。曾以身试，然后知后世禅者，有偶于工用见地上，稍得入处，或抄袭前贤遗著，或杜撰学名，或为自作，或请人代为著书名世，何其好名之甚耶！虽然，此事古已有之。如宋人郑昂跋《景德传灯录》曰：

> 《景德传灯录》，本为湖州铁观音院僧拱辰所撰。书成，将游京师投进，途中与一僧同舟，因出示之。一夕，其僧负之而走。及至都，则道原者已进而被赏矣。此事与郭象窃向秀《庄子注》同。拱辰谓：吾之意欲明佛祖之道耳。夫既已行矣，在彼在此同。吾其为名利乎？绝不复言。拱辰之用心如此，与吾孔子人亡弓，人得之之意同，其取与必无容私。

由独家语录而汇辑成为公案之书者：如《正法眼藏》、《景德传灯录》、《人天眼目》（此书错谬处甚多）、

《五灯会元》、《指月录》等。而尤以《指月录》一书,成于明代,乃居士瞿汝稷所选辑。自后凡僧俗学禅者,莫不人手一编,侈谈公案,以相敲击。所谓:"斗大茅棚,亦皆供奉。腰包衲子,无不肩携。"甚之,公案成为讲经说法者之点缀品,多志前言往行,穿插公案愈多者,即善讲之名愈大。公案之用,末流至此,亦禅门不幸中之幸矣。瞿汝稷初成此书,僧众中谓其不然者,大有人在。亦与时下所谓佛法,仅属于出家人事,居士不当荷担大法者正同。云门僧宏礼为瞿著之叙曰:

> 当时老宿有异议,谓俗汉之书,学者不当经目。先师哂之曰:此殆如以峨嵋之月,只落锦江,不经吴会也。

孰知法流势末,禅门寥落,而世人尚知有禅宗者,端赖此书护法,其功非浅。康熙间,儒者聂先乐,复继瞿汝稷之后,编《续指月录》一书,虽较瞿著稍次,而其"竭三十年血力,手胼足胝,而为此书。"且续瞿录"南宋隆兴以后三十八世之宗派,上下五百年之慧灯。"(见原书余怀序)其功岂浅鲜哉!聂著虽成,复受时贤儒士之非议。人我是非之诤,古今一辙,可叹也已。

公案者,亦如儒家所称学案。非徒为讲述典故记事之学,实为前贤力学心得之叙述,使后世学者,得以观摩奋发,印证心得也。然读公案,亦如语录,真伪互杂,

深浅难量，未可以刊在遗书，尽是大悟也。复以禅门古德言句，多用语体，与诸经教，不无出入。乌焉之言，马焉之说，亦随处可见。当抉择互印，方可通会。否则，离经之误，洵非允当。且诸师常用本乡土音说法，读其遗言，当先求了解其为何处人？在何处说？取其方言之旨，则可通矣。凡此诸事，皆读古德公案之先决条件也。兹试论之。

严澂尝序瞿汝稷《指月录》，称公案为如兵符，使后世学者，如用兵之征于印符，诚为善譬。今复节录余怀之序《续指月录》，以广明其义：

魏公子无忌矫窃兵符，椎杀晋鄙，夺其兵救赵。李光弼为大将，御史崔众犯军法，勒兵欲斩之。适中丞之命至，光弼曰：为御史则斩御史，为中丞则斩中丞。竟斩之，而后以闻。有如此胆力，方可以辩纲宗之绝续也。韩信在汉，为治粟都尉。道亡，萧何追之，言之汉王，拜为大将，一军皆惊。韩琦驻延安，有刺客入帐行刺，琦起坐问曰：谁遣汝来，携吾首去？有如此识度，方可定纲宗之品位也。苻坚率兵百万，次于淮淝。谢玄入请，谢安了无惧容，曰：已别有旨。及玄破坚，安亦无喜色。曰：小儿辈遂已破贼。澶渊之役，寇准劝真宗渡河，真宗使人觇准何为，方闭门纵僮仆饮博欢呼。契丹惧而请

盟。有如此襟器，方可分纲宗之语句也。呜呼！岂
不难哉！近世魔外盛行，宗风衰落，盲棒瞎喝，予圣
自雄。究其所学，下者目不识丁，高者不过携《指月
录》一部而已！以此诳人，实以自诳，以此欺人，实
以自欺。惟诳与欺，不可以为人，而可以学道乎？不
可以学道，而可以踞法王座，秉金刚剑，称西来之
嫡子，提如来之正印乎？故吾尝以谓习儒者，不读
"四库"、"七略"之书，不睹"经史典籍"之大全，止
以"通鉴"、"集要"、"史断"、"史钞"为博古，遂自命
曰通儒；犹之习禅者，不读一大藏教契经，不睹经
论撰述之大全，止以《指月录》一部为谈柄，遂自命
曰善知识，偕自诳自欺者也。故使从上纲宗，源远
流长，如水归壑者，固瞿子之功；使盲棒瞎喝，一知
半解，如萤窃火者，亦瞿子之过也。……夫聂子固
儒者也，乃不辞呵斥，不顾诟骂，犯众怒，婴大难，
手胼足胝而为此书，譬程婴公孙杵臼之立孤，南霁
云雷万春之捍贼，但欲使隆兴以后三十八世之宗
派，上下五百年之慧灯，了然明白，即遭明眼之呵
斥，诸方之诟厉，亦怡然受之矣。

　　清人金圣叹钻研佛学至深，常以易理诠释佛法。且
留心禅宗，曾批判古德公案，颜曰："圣人千案"，载于
《唱经堂汇稿》，称为《圣叹内书》。见解尖新，出语奇特，

而仍为慧业文人之文字禅,可与其批诸才子书同观,终
未入流也。唯其序"圣人千案"之语,颇多慧解,节录以
供把玩。如云:

> 考死囚者,取官与囚一一往复语,备书而刀刻
> 之曰案。治笃疾之医,亦取病之第几日,见何症,投
> 何药,备书之曰案。案只是人家几案之属,特以死
> 囚笃疾,其事重大,非可以一人之见为定,又不可
> 以后之人,且有他议,于是先作为出入移换之地,
> 故不得书之于楮。而必以案者,明一成而不可更动
> 也。近世不知何贤,取历代圣人垂机接物之云为,
> 凡若干章,辑而成书,名曰公案,是甚得用案字之
> 法。譬诸死囚,则圣人与学人,只是两造对质,理长
> 则听,其词俱在,并无旁人上下一字,一听后官依
> 科判决。又譬诸笃疾,则学人是病,圣人是药,如是
> 病,如是药,医人胸中,本无奇特,病有千变,药即
> 随之。因药病愈,药不任恩,执药病增,药亦非怨。
> 纵彼服药,遂反致死,是人自死,药不死人。心不负
> 人,面有何惭?其又冠以公云者,言此事大道为公,
> 并非圣人之所独得而私也。己丑夏日,日长心闲,
> 与道树坐四依楼下,啜茶吃饭,更无别事。忽念虫
> 飞草长,俱复劳劳,我不耽空,胡为兀坐?因据其书
> 次第看之,看老吏手下,无得生之囚,不胜快活。看

良医手下,无误用之药,又不胜快活。同其事者,家兄长文友刘逸民,皆所谓不有博弈,贤于饱食群居者也。圣叹书。

《续指月录》记载颇杂,且宋元以后,禅门已临衰途,可取者不甚多。若如《五灯会元》、《指月录》所载,古之禅师,未彻者,亦大有人在,未可概以已悟视之也。黄檗曰:"阇黎,不见马大师下有八十四人坐道场,得马祖正法眼者,止两三人。……但知学言语,念向皮袋里安著,到处称我会禅,还替得生死么?轻忽老宿,入地狱如箭!"兹特简数则,以资鉴别。如:

灵默禅师初谒马祖,次谒石头,便问:一言相契即住,不契即去。石头据坐,师便行。头随后召曰:阇黎。师回首。头曰:从生至死,只是这个,回头转脑作么?师言下大悟。

按:若只是认得这个就是,实不敢言已是彻悟。默禅师见处固大悟否?或是以后再臻玄奥,实不敢断定。后世之误 于这个就是,所谓主公禅者多矣。

宝积禅师因于市肆行,见一客人买猪肉,语屠家曰:精底割一片来。屠家放下刀,叉手曰:长史!那个不是精底?师于此有省。

按:此也是只认得这个。

又一日,出门,见人舁丧。歌郎振铃云:红轮决

定沉西去,未审魂灵往哪方？幕下孝子哭曰:哀!
哀!师身心踊跃,归举似马祖,祖印可之。往盘山
宝积。

按:宝积到此方悟也。

赵州从谂禅师,参南泉,许其入室。他日,问泉
曰:如何是道？泉曰:平常心是道。师曰:还可趣向
也无？泉曰:拟向即乖。师曰:不拟争知是道？泉
曰:道不属知,不属不知,知是妄觉,不知是无记;
若真达不疑之道,犹如太虚,廓然荡豁,岂可强是
非耶!师于言下悟理。

按:人但知赵州八十犹行脚,动辄为参禅人做话
柄。孰知赵州悟入,只是理上得其知解,非顿悟证入之
门也。"理虽顿悟,事资渐修。"行解相应,必须用数十年
苦工方得实地。八十岁犹行脚,只为炼此一着子耳。

沩山参百丈,侍立次,丈问:谁?师曰:某甲。丈
曰:汝拨炉中有火否？师拨之,曰:无火。丈躬起,
深拨得少火,举以示之曰:汝道无,这个聻,师由是
发悟,礼谢,陈其所解。丈曰:此乃暂时歧路耳。经
云:欲识佛性义,当观时节因缘,时节既至,如迷忽
悟,如忘忽忆,方省己物,不从外得。故祖师云:悟
了同未悟,无心亦无法。只是无虚妄凡圣等心,本
来心法,元自备足,汝今既尔,善自护持。次日,同

百丈入山作务。丈曰：将得火来么？师曰：将得来。
丈曰：在甚么处？师拈一枝柴，吹两次，度与百丈。
丈曰：如虫御木。

按：沩山初亦只认得这个，以后渐入玄阃，方了大
事。故百丈亦谓：如虫御木，偶尔成文。若是之类，不胜
例举，大须着眼，未可一味乱读乱肯也。如：

灵云因见桃花而悟道，有偈曰：三十年来寻剑
客，几回落叶又抽枝。自从一见桃花后，直至如今
更不疑。沩山览偈，诘其所悟，与之符契。嘱曰：从
缘悟达，永无退失，善自护持。

按：灵云所悟，非为解悟，实证悟也，然犹是前之一
截耳。故沩山嘱曰：善自护持，即保任长养之义也。

五台山智通禅师，初在归宗会下，忽一夜连叫
曰：我大悟也！众骇之。明日上堂，众集，宗曰：昨
大悟底僧出来！师出曰：某甲。宗曰：汝见甚么道
理，便言大悟？试说看。师曰：师姑原是女人做。宗
异之。师便辞去。宗门送，与提笠子，师接得笠子
戴头上便行，更不回顾。后居五台山法华寺。临终
有偈曰：举手攀南斗，回身倚北辰。出头天外看，谁
是我般人？

按：若斯大彻证悟者，往古及今，数不多见。然其大
悟者何事，必须细拣，未可妄学也。

　　故知看读公案，大需智力，未可徒记言行，以资谈柄。《五灯》《指月》诸书，搜集诸禅终生未彻者，确亦不少。岂容妄窃兵符，乱杀晋鄙乎！纵饶坐脱立亡于指顾之间，亦只许其修行得力；必论见地透彻，犹有事焉。即或舍利无数，肉身不坏，亦只可称法门式范，切莫被其瞒却人天正眼也。今者，不惜眉毛拖地，略一检点古人。虽是孟浪，实具深心，狂妄之过，果报自甘。观今鉴古，希世之参禅者，勿以我狂而自落陷阱。众生皆成佛，我愿追随地藏菩萨于后。若知见不正，妄自为是，装模作样，以爱恶心为褒贬者，轻人适为自轻，何如努力修行，严守语戒之为得乎！

机 锋 转 语

　　禅宗之有机锋转语,为宗门勘验见地造诣,问答辩论之特别作风。虽有时引用俗语村言,或风马牛不相及之语;乃至扬眉瞬目,行棒行喝,皆有深意存焉。且皆深合因明论理之学,非无根妄作。后世宗徒,见地未实,工用毫无,强学古人机锋转语,驰骋宗门,以争胜负,直同画虎类犬,嫫母效颦,名之曰口头禅,尚为雅号,实则狂妄乱统,自误误人,适自成为禅魔耳!古德机用,亦有在同参道友相见,偶或游戏三昧,言笑之余,稍涉机趣,事同幽默,实出有因,此类事固堪供后人把玩,然不可以为训也。

　　机锋者,乃具眼宗师,勘验学者见地工用之造诣。如上阵交锋,短兵相接,当机不让,犀利无比。或面对来机,权试接引,如以锋刃切器,当下斩断其意识情根,令其透脱根尘,发明心地。或两者相当,未探深浅,故设陷虎迷阵,卓竿探水,以勘其见地工用之深浅。一句转语,拨尽疑云,相与会心一笑。故机锋非无意义,更非随便

作为。禅门古德机用,大都出言隽永,不同凡响,而格调新奇,迥非习闻。后之言机锋者,往往预先构思,编出奇特言句,以当机用者,斯则陋矣!古德云:"掣电之机,不劳伫思。""言思即错,拟议即乖。""思而知,虑而得,乃鬼家活计。"应机接物,语语从自己心中实相天然流出,岂可妄加意识卜度之词哉!如佛说一大藏教,皆为应机而说,亦即为佛之机锋转语也。禅门古德开示,语多平实,直显明心,亦即机锋转语也。岂尽须奇言妙句,或作女人拜,或作鹁鸠鸣,或掀禅床,或画圆相,方为机锋乎?此诚所谓三世佛冤,为宗门流弊之大者焉!

兹拣机锋作略,简为六类,姑为论之。虽然,言诠实法,已是刻舟求剑,图形妙用,事同吠影掠虚,若逢临济,必棒下无生矣。为弊为利,非关我事,见仁见智,惟有自知,"不惜师子弦,为君千万弹"也。

简机锋六类者:如"接引学人"、"勘验见地"、"辨器搜括"、"锻炼盘桓"、"换互开眼"、"简炼操履",试分述之。

接引学人如:

百丈参马祖为侍者,经三年,一日,侍马祖行次,见一群野鸭子飞过,祖曰:是甚么?师曰:野鸭子。祖曰:甚处去也?师曰:飞过去也。祖遂把师鼻扭,负痛失声,祖曰:又道飞过去也?师于言下有

省。师再参，侍立次，祖目视绳床角拂子，师曰：即
此用，离此用。祖曰：汝向后开两片皮，将何为人？
师取拂子竖起。祖曰：即此用，离此用。师挂拂子
于旧处。祖振威一喝，师直得三日耳聋。

按：此则公案，初即马祖接引机用，次即机锋转语，
但不可轻易读过。试问：马祖在三年中，何独于野鸭子
飞来，方接引百丈？又，何独扭其鼻子，不用他法？百丈
于负痛后，即有省，省的什么？所得程度何如？百丈侍
立，马祖又何以目视拂子？师弟同言"即此用，离此用。"
而马祖何以不许可百丈？何以又振威一喝，曰："即此
用，离此用。"百丈又何以三日耳聋？

水潦和尚问马祖，如何是西来的的意？祖乃当
胸踏倒。师大悟。起来拊掌呵呵大笑云：也大奇，
也大奇，百千三昧，无量妙义，只向一毛头上，一时
识得根源去。乃作礼而退。师后告众云：自从一吃
马祖踏，直至如今笑不休。

按：水潦问法，马祖何必用当胸踏倒而后悟去？悟
者何事？所得程度如何？如何是直至如今笑不休？他
如鸟窠吹布毛，何其轻松。云门损一足，何其刻毒。圆
悟闻艳诗而悟，何其风趣。慈明以谩骂接引，何其鄙俚。
诸师悟入因缘，各有不同，而莫不仗宗师之心狠手辣，
于其病根深处，毒下一刀，令彼自明自肯方休。然此观

机应接,施设机锋,诚如陷阱机关,触着便丧身失命,非易事也。若无此通天手眼,自称宗师,从学千人,百无一悟,机权接引,死守成规,岂但误人,实亦自误。宁不自念度众生者,果为何事?所度者,究为如何?斋心自省,岂可护短。

勘验见地如:

夹山上堂,僧问如何是法身?山曰:法身无相。曰:如何是法眼?山曰:法眼无瑕。道吾不觉失笑。山便下座,请问道吾:某甲适来只对这僧话,必有不是,致令上座失笑,望上座不吝慈悲。吾曰:和尚一等是出世,未有师在。山曰:某甲甚么不是,望为指破。吾曰:某甲终不说,请和尚即往华亭船子处去。山曰:此人如何?吾曰:此人上无片瓦,下无卓锥,和尚若去,须易服而往。山乃散众束装,直造华亭。船子才见,便问:大德住甚么寺?山曰:寺即不住,住即不似。师曰:不似似个甚么?山曰:不是目前法。师曰:甚处学得来?山曰:非耳目之所到。师曰:一句合头语,千古系驴橛。师又问:垂丝千尺,意在深潭,离钩三寸,子何不道?山拟开口,被师一桡打落水中。山才上船,师又曰:道!道!山拟开口,师又打。山豁然大悟,乃点头三下。师曰:竿头丝线从君弄,不犯清波意自殊。山遂问:抛纶掷钩,

师意如何？师曰；丝悬绿水，浮定有无之意。山曰：
语带玄而无路，舌头谈而不谈。师曰：如是，如是。
遂嘱曰：汝向去直须藏身处没踪迹，没踪迹处莫藏
身，吾三十年在药山，只明斯事，汝今已得，他后莫
住城隍聚落，但向深山里，钁头边，觅取一个半个
接续，无令断绝。山乃辞行，频频回顾。师遂唤阇
黎，山乃回首。师竖起桡子曰：汝将谓别有？乃覆
船入水而逝。

按：夹山答僧问语，错在何处？大悟以后，出世上
堂，道吾再理此问，夹山仍如前答。道吾曰：这番彻也。
同是此语，何以前后有别？此勘验学人之显微镜法也。
夹山不耻下问，求道心真，大可效法。船子勘验来学，接
引机用，何其眼明手狠，其关键又何在？夹山以后上堂，
仍说："目前无法，非耳目之所到。"其故何在？复次，夹
山未见船子以前，确已有得，唯无师在耳。其前所得到
何程度？须师再炼，原因何在？

　洛浦乃临济得意弟子，因临济谓其见地未彻，
妄自尊大，负气而走。济明日升堂曰：临济门下，有
个赤梢鲤鱼，摇头摆尾向南方去，不知向谁家齑瓮
里淹杀！师游历罢，直往夹山卓庵，经年不访夹山。
山乃修书，令僧驰往。师接得，便坐却，再展手索。
僧无对，师便打。曰：归去举似和尚。僧回举似。山

曰:这僧开书,三日内必来,若不开书,斯人救不得也!夹山却令人伺师出庵,便与烧却。越三日,师果出庵,人报曰:庵中火起!师亦不顾。直到夹山,不礼拜,乃当面叉手而立。山曰:鸡栖凤巢,非其同类,出去!师曰:自远趋风,请师一接。山曰:目前无阇黎,此间无老僧。师便喝,山曰:住!住!且莫草草葱葱,云月是同,溪山各异,截断天下人舌头,既不无阇黎,争教无舌人解语?师仁思,山便打。因兹服膺。一日问山,佛魔不到处如何体会?山曰:烛明千里像,暗室老僧迷。又问:朝阳已升,夜月不现时如何?山曰:龙衔海珠,游鱼不顾。师于言下大悟。山将示寂,垂语曰:石头一枝,看看即灭矣!师曰:不然!山曰:何也?师曰:他家自有青山在。山曰:苟如是,即吾宗不坠矣。

按:洛浦得少为足,妄自尊大,以临济之明,终难收拾,待至夹山,目视云汉,高自位置,夹山故设迷阵,慈悲接引。及见面时,洛浦将在临济门下学得来之棒喝方便,大肆咆哮,夹山不动声色,斯斯文文,轻轻阻止,直问得洛浦无言可答,无理可伸,仍然用棒打之。同为用棒,何其不同如此?洛浦因此得大悟去,终为夹山法嗣。宗师用心度人之苦,勘验接引悟缘之奇,究为如何?

若斯勘验来机,设施接引,宗门公案,比比皆是。莫

不眼明手快,迅示旨归,岂真有法与人,终生自居师位。无些子接引方便者,所可安冀,自称宗师大德者,宜深自省鉴焉。

辨器搜括如:

雪峰与岩头至沣州鳌山镇,阻雪。头每日只是打睡,师一向坐禅。一日唤曰:师兄!师兄!且起来!头曰:作甚么?师曰:今生不著便,共文邃(雪峰名)个汉行脚,到处被他带累,今日到此,又只管打睡。头喝曰:噇!眠去!每日床上坐,恰似七村里土地,他时后日,魔魅人家男女去在。师自点胸曰:我这里未稳在,不敢自谩。头曰:我将谓你他日向孤峰顶上,盘结草庵,播扬大教,犹有这个语话?师曰:我实未稳在!头曰:你若实如此,据你见处,一一道来,是处当为你证明,不是处为你划却。师曰:我初到盐官,见上堂举色空义,得个入处。头曰:此去三十年,切忌举着。又见洞山过水偈曰:"切忌从他觅,迢迢与我疏。渠今正是我,我今不是渠。"头曰:若与么,自救也未彻在!师又曰:后问德山,从上宗乘中事,学人还有分也无?德山打一棒,曰:道甚么?我当时如桶底脱相似。头喝曰:你不闻道:从门入者,不是家珍。师曰:他后如何即是?头曰:他后若欲播扬大教,一一从自己胸襟流出,

将来与我盖天盖地去！师于言下大悟，便作礼起，连声叫曰：师兄！今日始是鳌山成道。

　　太原孚上座，初在扬州光孝寺讲《涅槃经》。有禅者阻雪，因往听讲。至三因佛性、三德法身，广谈法身妙理。禅者失笑。师讲罢，请禅者吃茶。白曰：某甲素志狭劣，依文解义，适蒙见笑，且望见教。禅者曰：实笑座主不识法身。师曰：如此解说，何处不是？曰：请座主更说一遍。师曰：法身之理，犹若太虚，竖穷三际，横亘十方，弥纶八极，包括二仪，随缘赴感，靡不周遍。曰：不道座主说不是，只是说得法身量边事，实未识法身在！师曰：既然如是，禅德当为代说。曰：座主还信否？师曰：焉敢不信。曰：若如是，座主辍教旬日，于室内端坐静虑，收心摄念，善恶诸缘，一时放却。师一依所教，从初夜至五更，闻鼓角声，忽然契悟，便去扣门。禅者曰：阿谁？师曰：某甲！禅者咄曰：教汝传持大教，代佛说法，夜来为甚么醉酒卧街？师曰：禅德，自来讲经，将生身父母鼻孔扭捏，从今已去，更不敢如是。禅者曰：且去，来日相见。师遂罢教，遍历诸方，名闻宇内。

按：上列二公案，为辨器搜括之一端，其他类似者，尤多险峻，不尽历举。须知大匠为人，处处设置方便，慈悲无尽，说法无方，非徒为口头语也。必视人根器如

何，当机接引，将其平生执处，尽量搜括无遗，方能自信自肯。经曰："应以何身得度，即现何身而为说法。"岂易事哉！

锻炼盘桓如：

慈明闻汾阳昭禅师，道望为天下第一，决志亲依。时朝廷方问罪河东，潞泽皆屯重兵，多劝其无行，师不顾。渡大河，登太行，易衣类厮养，窜名火队中，露眠草宿。至龙川，遂造汾阳。昭公壮之。经二年，未许入室。师诣昭，昭辄骂其志，必诟骂使令者，或毁诋诸方，及有所训，皆流俗鄙事，一夕诉曰：自至法席，再夏，不蒙指示，但增世俗尘劳，念岁月飘忽，己事不明！夫出家之利……语未卒，昭公熟视骂曰：是鸟知识，敢稗贩我？怒举杖逐之。师拟伸救，昭公掩其口，师乃大悟。曰：乃知临济道出常情。服役七年，辞去。

太史山谷居士黄庭坚，既依晦堂，乞指捷径处。堂曰：只如仲尼道：二三子，以我为隐乎？吾无隐乎尔者！太史居常如何理论？公拟对，堂曰：不是！不是！公迷闷不已。一日，侍堂山行次。时岩桂盛开，堂曰：闻木樨花香么？公曰：闻。堂曰：吾无隐乎尔！公释然。即拜之曰：和尚得恁么老婆心切？堂笑曰：只要公到家耳。久之，谒死心新禅师，

随众入室。心见,张目问曰:新长老死,学士死,烧作两堆灰,向甚么处相见?公无语。心约出曰:晦堂处参得底,使未著在!后贬官黔南,道力愈胜,于无思念中,顿明死心所问。报以书曰:往年尝蒙苦苦提撕,长如醉梦,依稀在光影中。盖疑情不尽,命根不断,故望崖而退耳!谪官在黔南道中,昼卧觉来,忽尔寻思,被天下老和尚瞒了不少,惟有死心道人不肯,乃是第一相为也。

　　湛堂准禅师,初谒梁山乘禅师。乘曰:驱乌未受戒,敢学佛乘乎?师捧手曰:坛场是戒耶?三羯磨、梵行、阿阇黎,是戒耶?乘大惊!师笑曰:虽然,敢不受教。遂受具足戒于唐安律师。既谒真净。净问:近离何处?师曰:大仰。曰:夏住甚处?师曰:大沩。曰:甚么人?曰:兴元府。净展手曰:我手何似佛手?师罔测。净曰:适来只对,一一天真,及乎道个我手何似佛手,便成窒碍,且道病在甚么处?师曰:某甲不会。曰:一切现成,更教谁会?师服膺,就弟子之列。十余年,所至必随。绍圣三年,真净移居石门,衲子益盛。凡入室扣问,必瞑目危坐,无所示。见来学,则令往治蔬圃,率以为常。师谓同行恭上座曰:老汉无意于法道乎?一日,举杖决渠,水溅衣,忽大悟,走叙其事。净诟曰:此乃敢尔苴

耶？自此迹愈晦,名益著。大慧杲,人尝谓是云峰
悦后身,遍历诸方,尝参湛堂准。说亦说得,会亦会
得。湛堂屡呵为杜撰禅和。其性俊逸不羁。湛堂
一日视师指爪曰:想东司头(厕所)筹子(大便时
用),不是汝洗?师承训,即代黄龙忠道者作净头
(清扫厕所)。九月,湛堂疾亟,师问曰:倘和尚不复
起,某甲依谁可了此大事?堂曰:有个勤巴子,我虽
不识渠,然汝必依之,可了汝事。若见渠不了,便修
行去,后世出来参禅。堂寂后,复谒灵源草堂诸大
老,咸被赏识。与洪觉范游,觉范尝见其十智同真
颂云:兔角龟毛眼里栽,铁山当面势崔巍。东西南
北无门入,旷劫无明当下灰。叹曰:作怪!我二十
年做工夫,也只到得这里! 又过无尽(宋相张商英
居士),无尽与论百丈再参马祖因缘,无尽亟赏之,
促师见圆悟。及悟住天宁,师往依之。自惟曰:当
以九夏为期,其禅若不异诸方,妄以余为是,我则
造无禅论去也。枉费精神,蹉跎岁月,不若宏一经
一论,把本修行,使他生后世,不失为佛法中人。暨
见悟,晨夕参请,悟举云门东山水上行语令参。师
凡呈四十九转语,悟不肯。悟一日升座,举云门语
曰:天宁即不然,若有人问:如何是诸佛出身处,但
向他道:薰风自南来,殿角生微凉。师闻举豁然,以

白悟。悟察师虽得前后际断,动相不生,却坐净裸
裸处。语师曰:也不易,你到这个田地,可惜死了不
能得活。不疑言句,是为大病,不见道:悬崖撒手,
自肯承当,绝后再苏,欺君不得,须知有这个道理。
师言:某甲只据如今得处,已是快活,更不须理会
得也。悟令居择木堂,为不釐务侍者,日同士大夫
闲话。入室日不下三四。每举有句无句,如藤倚树
问之。师才开口,悟便曰:不是! 经半载,念念不忘
于心。一日同诸客饭,师把箸在手,都忘下口。悟
笑曰:这汉参黄杨木禅,却倒缩去。师曰:这个道
理,恰似狗看热油铛,欲舐舐不得,欲舍舍不得。悟
曰:你喻得极好。这便是金刚圈、栗棘蓬也。一日
问曰:闻和尚当时在五祖,曾问是话,不知五祖道
甚么? 悟笑而不答。师曰:当时须对众问,如今说
亦何妨? 悟曰:我问:有句无句,如藤倚树意旨如
何? 祖曰:描也描不成,画也画不就。又问树倒藤
枯时如何? 祖曰:相随来也! 师当下释然。曰:我
会也。悟遂举数看讹因缘诘之,师酬对无滞。悟曰:
始知我不汝欺。遂著临济正宗之记付。

若此种种,举亦难尽,故云居戒禅师曰:

不锻炼得法,虽龙象当前,尽成废器,积数十
年而不得一人省发也。即有一个半个,皆垩著嗑

著,如虫御木,偶尔成文,而非锻炼之功也。苟明锻炼,虽中下资器,逼拶有方,如一期人广,可以省发数十人也。妙喜(大慧杲)锻五十三人而悟十三辈。圆悟金山一夕省十八人。虽语惊时听,而古今实有此事也。何地无水,不凿则不溢。何木石无火,不钻不击则不发。……工夫未极头,则千锤而千炼。偷心未死尽,则百纵而百擒。务将学人旷大劫来,识情影子,知见葛藤,搂其窟穴,斩其根株,使其无地躲根,渐至悬崖撒手,一锥一跶,机候到者,不难啐地断,嚗地折矣。……炉鞴雄强,人材奋起,不惟师承之担子得脱,而慧命有传,法门光大。(《禅宗锻炼说·垂手锻炼第五》)

故知古德宗师,常时行棒行喝,大慧杲手提三尺竹篦,接打诸方,非为故装门面,实为锻炼倚杖也。但后世禅林,改用香板,或在禅堂,或在打七,专用香板打人,称为锻炼,名曰消业。钳锤乱下,不知学人工用见地,病在何处,更不知机缘时节,应如何啐啄,一味乱为,棒头下活埋菩萨,不知凡几?诚为佛门罪人矣!

换互开眼如:

德山示众,道得也三十棒,道不得也三十棒。临济闻得,谓洛浦曰:汝去问他,道得为什么三十棒?待伊打汝,接住棒送一送,看伊作么生?浦如

教而问，师便打，浦接住送一送，师便归方丈。浦回举似临济。济曰：我从来疑著这汉，虽然如是，你还识德山么？浦拟议，济便打。

雪峰在德山作饭头，一日，饭迟，德山擎钵下法堂。峰晒饭巾次，见德山，乃曰：钟未鸣，鼓未响，托钵向甚么处去？德山便归方丈。峰举似岩头。头曰：大小德山，未会末后句在！山闻，令侍者唤师去问：汝不肯老僧耶？师密启其意，山乃休。明日升堂，果与寻常不同。头至僧堂前拊掌大笑曰：且喜堂头老汉会末后句，他后天下人不奈伊何，虽然，也只得三年活！山果三年后示寂。

黄龙南初依泐潭，及至慈明，明呵责诸方，泐潭密付之旨，皆在斥中，师为之气索，遂造其室。明曰：书记已领徒游方，借使有疑，可坐而商略。师哀恳愈切。明曰：公学云门禅，必善其旨，如云：放洞山三顿棒，是有吃棒分？无吃棒分？师曰：有吃棒分。明色庄曰：从朝至暮，鹊噪鸦鸣，皆应吃棒。明即端坐，受师炷香作礼。明复问：脱如会云门意旨，则赵州道：台山婆子，我已与汝勘破了也。且哪里是他勘破处？师汗下不能答。次日又诣，明诟骂不已。师曰：骂岂慈悲法施耶？明曰：你作骂会耶！师于言下大悟。

云峰悦初谒大愚,值愚升座,曰:大家相聚吃
茎斋,若唤作一茎斋,入地狱如箭射。便下座。师
大骇,夜造方丈。愚问:来何所求?曰:求心法。曰:
法轮未转,食轮先转,后生趁色力健,何不为众乞
食?我忍饥不暇,何暇为汝说禅乎!师不敢违。未
几,愚移翠岩。师纳疏罢,复过翠岩求指示。岩曰:
汝不念乍住,屋壁疏漏,又寒雪,宜为众乞炭。师亦
奉命。事罢,复造丈室。岩曰:佛法不怕烂却,堂司
阙人,今以烦汝。师受之,颇不乐岩,一日地坐后
架,桶箍忽散,自架堕落,师忽开悟,顿见岩用处。
走搭伽黎,上寝堂,岩笑迎曰:维那,且喜大事了
毕。师再拜,不及吐一词而出,服勤八年。后出世
翠岩,时首座领众出迎。问曰:德山宗乘即不问,如
何是临济大用?师曰:你甚么去来?座拟议,师便
掌,座拟对,师喝曰:领众归去。一众畏服。

　　略如上举数则,换互开眼,只在事上理上,轻轻点
缀,即启机括。已眼未明,何以开人之法眼?以盲引盲,
阃中称佛,至可慨矣!必也,气宇如王,夺其人境,斩关
开眼,使用顶上针锤。骅骝须调御于伯乐,岂可妄为哉!

简炼操履如:

　　赵州自受南泉印可,乃归曹州,省受业师。亲
属闻师归,咸欲来会。师闻曰:俗尘爱网,无有了

期,已辞出家,不愿再见。遂携瓶锡,遍历诸方。常谓:七岁儿童胜我者,我即问伊;百岁老翁不及我者,我即教他。及住赵州观音院,燕赵二王同至院见师。师端坐不起。燕王问曰:人王尊耶?法王尊耶?师曰:若在人王,人王中尊。若在法王,法王中尊。二王闻之,欢然敬服,乃同供养。师志效古人,住持枯槁,僧堂无前后架。旋营斋食,绳床一角折,以绳系残薪支之。屡有愿为制新者,师不许也。住持四十余年,未曾以一书告檀越。

陈睦州尊宿,持戒精严,学通三藏,游方契旨于黄檗。诸方归慕,咸以尊宿称。后居开元,恒织蒲鞋,资以养母,故复有陈蒲鞋之称。巢寇入境,师标大草履于城门。巢欲弃之,竭力不能举,叹曰:睦州有大圣人。舍城而去。

汾阳昭得法首山后,游湘衡间。长沙太守张公茂宗,以四名刹,请师择之而居。师笑。一夕遁去。北抵襄沔,太守刘公昌言,憾见之晚。时,洞山谷隐皆虚席,太守敦请,辞之。前后八请,坚卧不答。淳化四年,首山殁,西河道俗千余人,协心削牍,遣沙门契聪迎请,住持汾州太平寺太子院。师闭关高枕。聪排闼而入,让之曰:佛法大事,静退小节。风穴惧应谶,忧宗旨坠灭,幸而有先师;先师已弃世,

汝有力荷担如来大法者,今何时,而欲安眠哉?师
蹶起,握聪手曰:非公不闻此语!促办严,吾行矣。
既至,宴坐一榻,足不越阃者三十年,天下道俗仰
慕,不敢名,同曰汾州。

黄龙南住归宗时,一夕火起,大众哗动山谷,
而师安坐如平时。僧洪准欲掖之走,师叱之。准曰:
和尚纵厌世相,慈明法道何所赖耶?因整衣起,而
火已及榻。坐抵狱,为吏者拷掠百至,师怡然引咎,
不以累人,惟不食而已。两月而后得释,须发不剪,
皮骨仅存。真点胸迎于中途,见之,不自知泣下。
曰:师兄何至是也!师叱之曰:这俗汉!真不觉下
拜。

太保刘秉忠居士,瑞州人,字仲晦,初名侃,法
号子聪。年十七,为刑台节度使府令史,以养其亲。
居常郁郁不乐,一日投笔叹曰:吾家累世衣冠,乃
汩没刀笔吏耶!即弃去,隐安武山中,投天宁照禅
师为僧。力参有省,俾掌书记。元世祖征云南,渡
江攻鄂,每赞以不杀为德。凡克城擒敌,全活无算。
虽位极人臣,而犹斋居蔬食,不改旧服。一时通称
为聪书记。至元十一年八月,索笔书偈曰:吾不负
世,世不负我。吾之于世,如水中月,如空中花,花
沉月落,是个甚么?咄!掷笔趺坐而逝。

上列诸师,皆以自身为机用,以炼锻学人操履。其为身教,亦至严矣。他若禅门大德居士等,操履精严,不尽举及。至若杨岐油盏,保寿灯蕊,高峰妙破衲残铛,终生不履尘世,憨山清却赐封金,逃名而行布施。皆琼绝千古,足为世出世间风范。何能谓禅者皆狂、佛门无益世道哉!若丹霞烧佛,南泉斩猫,济颠酒肉,大道疏狂,皆为对机而发,并非偶然。且诸师皆果位中人,故敢如此。因果历然,谁能拨置!今之耳闻禅者之名,概以狂论。或视其表行,目为拨无因果。孰知愚夫心行,贤者不知,况妙密行化,谁能彻见。遽以诬人,何如自勉。苦心刻意,力踵前贤,不宜执是非以绳人也。此相不除,终为自累。

世之论禅,常咎棒喝,孰知此弊,圆悟大慧师弟,已力辟之矣。今之禅者,谁在行棒行喝耶?不过徒有此名耳!棒喝交驰,正是宗门大匠无量慈悲作用,或以之接引后学,或故意撩拨 无明根本,如楔出楔,方得解脱。古德有言:我有时是罚棒,有时是赏棒,有时一棒不作一棒用。临济有时夺人不夺境,有时夺境不夺人,有时人境俱夺,有时人境 俱不夺。若斯深义,与夫大机大用,岂草草者所可妄学,所可妄诽耶!棒下无生忍,临机不让师。此中有深意,欲辩已忘言。究竟是我错,你错,他错,留待明眼人仔细摩娑。

此外,古德作用,有仅为一种机趣,未可一律视为奇妙,如:

> 庞居士与女灵照卖竹漉篱。下桥吃扑。灵照见,亦去爷边倒。士曰:你作甚么?照曰:见爷倒地,某甲相扶。士曰:赖是无人见。

> 赵州与文远论义。曰:斗劣不斗胜。胜者输果子。远曰:请和尚立义。师曰:我是一头驴。远曰:我是驴胃。师曰:我是驴粪。远曰:我是粪中虫。师曰:你在彼中作甚么?远曰:我在彼中过夏。师曰:把将果子来。又:师在东司上(厕所),见远侍者过。蓦召文远,远应诺。师曰:东司上不可与汝说佛法。

> 慈明谒神鼎諲禅师。鼎首山高弟,望尊一时。衲子非人类精奇,无敢登其门者。住山三十年,门弟子气吞诸方。师发长不剪,敝衣楚音,通谒请法侄,一众大笑。鼎遣童子问:长老谁之嗣?师仰首视屋曰:亲见汾阳来。鼎杖而出,顾见颀然。问曰:汾州有西河师子,是否?师指其后绝叫曰:屋倒矣!童子返走,鼎回顾相矍铄,师地坐,脱只履而示之。鼎老忘所问,又失师所在。师徐起整衣,且行且语:见面不如闻名!遂去。鼎遣人追之,不可。叹曰:汾州乃有此儿耶!

按:慈明临机不让,机用超绝,盖因神鼎选众精奇,

门下弟子,又气吞诸方;善知识自落骄贵堕、轻慢病,故
慈明游戏而折之。救其弊也。如济颠、泉大道,生当诸
方严整,禅林皆入死寂境中,乃以游戏三昧,解众人之
缚。若使处于法末世乱者,必精严持律,不作斯类举动
矣。又如:

> 慈明忽得风痹疾,视之,口吻已歪斜。侍者以
> 足顿地曰:当奈何!平生呵佛骂祖,今乃尔!师曰:
> 无忧,为汝正之。以手整之如故。曰:而今以后,不
> 钝置汝。又:师初在汾阳时,阳一日托以梦亡父母,
> 命库堂设酒肉为祀。祀毕,集僧众令食,咸不听。阳
> 因独自饮啖。众曰:酒肉僧,岂堪师法!尽散去,惟
> 师与大愚六七人存。阳翌日上堂云:许多闲神野
> 鬼,只消一盘酒肉,断送去了也。《法华经》云:"此
> 众无枝叶,惟有诸真实。"下座。

上举略仅数则,此类犹多。凡此皆当简为机趣一
流,或朋辈往还,或别有用意,以游戏语句,幽默行为出
之,不可取为师法也。他如与人问答,终以"休去"结束。
"休去"者,有三义:一则为不值申辩,置之不答。一则表
示许可,无须再说。一则以来人不当机,徒劳开示,无理
可喻耳。若此类"休去"机趣,不定属于何者,但亦无须
深求。如必欲知其彻底,须了解当时情况、人物环境,方
可决择。而古人不来今,今人不及古,枯竭心思,徒劳无

益，毋庸必穷其致也。故曰："若向言中取则，句里明机，
也似迷头恋影。"

证 悟 知 解

凡言禅宗者,上焉者,即联想及于开悟,下焉者,则联想及于狂妄。禅宗与开悟,开悟与狂妄,一般习惯,殆成为因明学上之三支论式。比类不伦,谬解殊甚,非但轻人,抑且自轻己。

首拣悟者,乃禅宗传入吾国后,特有之一名词。独言悟之一名词,通常习知,即为有会于心,有所理解。例如:水有解渴之功。茶亦水煮,故能解渴。未饮茶者,因此而悟知。若此之悟,非禅宗所宗,但为知解。禅所谓悟,乃属证悟。证语者,乃我患渴,取水而饮,饮毕渴解,所有水之与渴,理事全消,故曰:"亡言绝虑"。水渴全消之后,但自清凉,永不再起烦渴者,则禅之工用,故曰:"言语道断,心行处灭。"水渴既消,起而研究水与渴之理与事,及乎事彻理圆,了了无滞。则悟后起用。如教所云:既得根本智,复须明诸差别智也。但终则仍归于言语道断,无去无来。全部佛法,乃超玄学哲学之一大实验事也。非如世间浅知者,认佛法亦不过为一种学术

而已。然此实验之方法虽多,惟以禅宗为特胜耳!

　　禅宗所言证悟者,重事至理圆,以行修事至为首。若先从穷理而终至于道者,乃自知解入门。如《楞严经》云:"理须顿悟,乘悟并销。事非顿除,因次第尽。"盖由理悟知解,然后求行解相应,而至于圆极也。《法华经》云:"大通智胜佛,十劫坐道场,佛法不现前,不得成佛道。"证悟者,重此现前之佛法也。有谓儒者所说体会,亦即证悟,此实不然!体会为知行合一,即知而行,即行而知,如佛说行解相应,非证悟也。证悟乃顿超之大实验事,不从渐入之行解而至。体会乃理通于事之学,与证悟顿超之说有异。然则孰为优劣?曰:此非争胜负者,但辨其所证悟者,意固何居耳!或曰:若此证悟顿超,谁能至哉!曰:能至与否在人,而证悟顿超,则确有其人其事在也。故祖师有言:"我所说法,为度上上根人。汝师所说,为度大乘人。"虽法与根器,固有差别,其得度而至彼岸则一也。

　　古德有言曰:"参要真参,悟要实悟。""大疑则大悟,小疑则小悟,不疑则不悟。"此皆教参禅人,要从真实疑情着手,勿凭知解为是。若知解得,理会得,有体会处,忽有会心,皆理边之事,文人学士,善说文字禅者,亦皆此耳。如说食不饱,终是空言,乃至狂慧并发,说亦说得,明亦明得,只是行不得,则理仍是理,事仍是事,

有何益处？例如悟得就是这个，动也不离这个，静也不离这个，生也是这个，死也是这个，善恶是非，一切不离这个，假定就算是悟了，何以他动时，自己要静而不能？顺流随用容易，要止于至善，要常定现前，更所不能，则明得这个有何益处？纵饶动静由我，自可做得主了，犹有大事在后，未可得少为足。狂慧者，即教理所说之乾慧。慧而曰乾，如枯木无根，终为废物，故须藉定水滋润。若定慧等持，则根深叶茂，果熟香浓。有曰：普庵主性空禅师曰："十二时中莫住工，穷来穷去到无穷。直须洞彻无穷底，踏倒须弥第一峰。"此岂非教人穷理？曰：诚然！故其偈曰："莫住工"，"到无穷"，"洞彻底"，"踏倒第一峰"，明白教人以证，但自穷理入手耳！不见其又有偈乎？曰："心法双忘犹隔妄，色空不二尚余尘。百鸟不来春又过，不知谁是住庵人。"此是何等境界，岂静坐穷理之事耶！

禅门重证悟，提持真参实悟，必须当人于一切时，一切处，锻炼纯熟，工夫深入，定力已稳，忽地"团"的一声，涣然冰释。如仰首枝头，顿见果熟，心月孤悬，光吞万象。此顿者，顿此之一悟，是谓证悟。所谓"团"的一声，乃形容之词，如"一声霹雳顶门开"，俱为表诠之言。若必执有"团"的一声、"顶上震开"，作为实法会，则为事象，此为工夫过程中之境界；认斯为实，又被境瞒矣。

故所称顿悟证得者,实自渐修而来,顿者,指渐修之最
后一刹那也。若非此顿,而顿悟其理,或顿见空性,终须
渐修而圆,所谓"万古碧潭空界月,再三捞逾始应知"。
古德禅师,虽有于言下顿悟者,但在未悟之前,固皆用
功有年,或悟之后,又依止宗师,水边林下,保任涵养多
年,方能透彻。未可只执彼当时一顿,置未顿以前,既顿
以后,一概不言也。故曰:"不是一番寒彻骨,哪得梅花
扑鼻香。"今简诸师所言,以为参证。

　　达摩初祖曰:"至吾灭后二百年,衣止不传,法
周沙界,明道者多,行道者少,说理者多,通理者
少,潜符密证,千万有余。"

　　南泉禅师曰:"心如枯木,始有少许相应。"

　　无业禅师曰:"学般若菩萨,不得自谩,如冰凌
上行,似剑刃上走。临终之时,一毫凡情圣量不尽,
纤尘思虑未忘,随念受生;轻重五阴,向驴胎马腹
里托质,泥犁镬汤里煮炸一遍了,从前记持忆想,
见解智慧,都卢一时失却;依前再为蝼蚁,从头再
做蚊虻,虽是善因,而遭恶果。且图甚么?"

　　裴休一日请黄檗禅师至郡,以所解一篇示师。
师接置于座,略不披阅。良久,曰:会么?裴曰:未
测。师曰:若便恁么会去,犹较些子,若也形于纸
墨,何有吾宗!裴乃赠诗一章曰:"自从大士传心

印,额有圆珠七尺身。挂锡十年栖蜀水,浮杯今日
渡江滨。一千龙众随高步,万里香花结胜因。拟欲
事师为弟子,不知将法付何人?"师亦无喜色。

按:裴休博综教相,以弟子礼事师,以昆仲友圭峰。
尝亲书《大藏经》五百函,所制法苑文字,诸方重之,黄
檗不因其为权贵,有所姑息,教令放下文字禅,要其当
下会取也。

　　沩山曰:今时人,但直下体取不会的,正是汝
心,正是汝佛。若向外得一知一解,将为禅道,且没
交涉,名运粪入,不名运粪出。污汝心田,所以道不
是道。

　　洞山曰:末法时代,人多乾慧,若要辨验真伪,
有三种渗漏:一曰见渗漏。机不离位,堕在毒海。二
曰情渗漏。滞在向背,见处偏枯。三曰语渗漏。究
妙失宗,机昧终始,浊智流转。于此三种,子宜知
之。

　　首山念初在风穴会中,充知客。一日,侍立次,
穴乃垂涕告之曰:不幸临济之道,至吾将坠于地
矣!师曰:观此一众,岂无人耶? 穴曰:聪明者多,
见性者少。

　　黄龙新谒晦堂。堂擎拳问曰:唤作拳头则触,
不唤作拳头则背,汝唤作甚么? 师罔测。经二年,

方领解(知解也)。然尚谈辩,无所抵悟。堂患之,偶与语,至其锐;堂遽曰:住!说食岂能饱人?师窘,乃曰:某到此弓折箭尽,望和尚慈悲,指个安乐处。堂曰:一尘飞而翳天,一芥堕而覆地,安乐处正忌上座许多骨董。直须死却无量劫来全心,乃可耳。师趋出。一日,闻知事捶行者,而迅雷忽惊,即大悟。趋见晦堂,忘纳其履。即自誉曰:天下人总是参得底禅,某是悟得底!堂笑曰:选佛得科甲,何可当也!因号死心叟。

此类开示公案,古德语录中至多,文繁不引。皆斥文字禅、知解禅、口头禅,但于一文一言、一机一境上,偶有解会者之为非也。"但贵子见正,不说子行履。"乃沩山对仰山一时权巧之名言,未可执为实法。必须行履正,知见亦正,方是顿超证悟之极则。丹霞禅师云:"去圣时遥,人多懈怠!"时至今日,法门衰落,世智辩聪过人者甚多,宁可侧重行履工用,不可取于狂知乾慧。否则,紧抱一句弥陀,犹可往生极乐,何必习禅而不成,饮露栖风,终与草木同腐,而徒成蝉蜕哉!

祖师禅与如来禅

有曰：或谓顿悟为祖师禅，渐修为如来禅，今言并重，究为何宗？曰：若谓祖师禅乃顿悟，如来禅乃渐修者，相似而实非之言也。尽一大藏教，统诸修行法门，皆渐法耳。即禅宗祖师，于言下顿悟者，亦由薰修渐积而来。既或素未薰修，如石巩禅师，原为猎人，因见马祖，言下顿悟；又如屠刀放下，立地成佛之诸师等，或为往劫修持，至今缘会，或为悟后起修，渐至成熟，安可认言下即悟之一著子，为超前绝后哉！然则，祖师禅与如来禅，究有何别？曰：凡由博地凡夫起修，乃至渐入圣众，皆如来禅也。纵饶人法两空，而有一毫悟迹未扫，皆不能与入祖师禅之门。祖师禅者，只是人人具足，个个圆成，大地山河，本无寸物，性相平等，物我一如，不待修证。自无始以来，本未曾迷，云何说悟。法见、佛见、众生见、悟见、禅见，一时扫却，原来还是旧时人；只是饥来吃饭，困至即眠，荡荡无碍，做一无事闲人。净法固是，染法亦不恶。虽然如此，为此说者，早已白云万里矣！毕竟如何才是？曰："二十四桥明月夜，玉人何处教吹箫！"兹简二者之别语，如：

如来禅者,经论所说,秦罗什初传之,至天台而极详尽。祖师禅者,经论之外,祖师以心印心,魏达摩初传之。(《佛学辞典》)

有问黄檗,诸方宗师相承,参禅学道,如何?檗云:接引钝根人语,未可依凭。……未审接上根人,复说何法?师云:若是上根人,何处更就人觅,他自己尚不可得,何况更有法当情。

慈明以拄杖击禅床一下云:大众,还会么? 不见道"一击忘所知,更不假修持,诸方达道者,咸言上上机。"香严凭么悟去,分明悟得如来禅,祖师禅犹未梦见在! 且道祖师禅有甚长处? 若向言中取则,误赚后人,直饶捧下承当,辜负先圣。万法本闲,惟人自闹,所以山僧居福严,只见福严境界;宴起早眠,有时云生碧嶂,有时月落寒潭。音声鸟飞鸣般若台前,娑罗花香散祝融峰畔。把瘦筇,坐盘陀石,与五湖衲子,时话玄微,灰头土面。住兴化,只见兴化家风,迎来送去,门连城市,车马骈阗,渔唱潇湘,猿啼岳麓,丝竹歌谣,时时入耳。复与四海高人,日谈禅道,岁月都忘。且道居深山,住城郭,还有优劣也无? 试道看! 良久。云:是处是慈氏,无门无善财。

三 关 与 顿 渐

宗门之徒,约有三说:一谓先修后悟;二谓修悟同时;三谓悟后起修。第一说者:主不做工夫,不依教奉行,纵有所悟,皆是狂见,工夫到处,大悟自易。第二说者:主说得一尺,不如行得一寸,即行即悟,事至理圆,方为稳当。第三说者:主《楞严》所谓:"生因识有,灭从色除。理则顿悟,乘悟并销,事非顿除,因次第尽。"五祖所谓:"不悟本性,修法无益。"凡此三说,各主一理。如欲发心求悟,自然已入薰修之林,即入门矣,渐渐薰习,必有所益,渐至"开佛知见",日久工深,一旦豁然,了了无物;然后不修而修,修而不修,乃"入佛知见"。到得此时,若欲不修,自不能已也。故曰:"不异旧时人,只异旧时行履处。"当人到此自知,必于其平常心行习气上,痛下针砭,自知转处。从朝到暮,自夜达旦,"宴坐水月道场,修习空花万行。降伏镜里魔军,大作梦中佛事。"三说虽异,通途是一,根器各异,自知适应,何有立说差途,反生诤论哉!或谓此即三关之旨耶?曰:未敢妄下断语也!

三关之说,起于何时何人,未经考定。百丈诸师各

有三句,反复盘诘学人,难过其关也。然犹未如后世立
工用见地之合一,定为三关者。又黄龙南禅师,室中常
问僧曰:人人尽有生缘,上座生缘在何处?正当问答交
锋,却复伸手曰:我手何似佛手?又问诸方参请宗师所
得,却复垂脚曰:我脚何似驴脚?三十余年,示此三问,
学者莫能契旨,天下丛林,目为三关。脱有酬者,师无可
否,敛目危坐,人莫测其意。南州潘兴嗣,尝问其故?师
曰:已过关者,掉臂迳去,安知有关吏,从关吏问可否,
此未透关者也。师自颂曰:"生缘有语人皆识,水母何尝
离得虾。但见日头东边上,谁能更吃赵州茶。我手佛手
兼举,禅人直下荐取。不动干戈道出,当处超佛越祖。我
脚驴脚并行,步步踏着无生。直待云开日现,方知此道
纵横。"总颂曰:"生缘断处伸驴脚,驴脚伸时佛手开。为
报五湖参学者,三关一一透将来。"高峰妙禅师室中垂
问学人,常设六则,人称为高峰六关。中峰亦有三关之
说。此皆祖师方便权巧,设置机关也。

　　后世之言三关者,立"破参"为初关,复有"重关",
及末后"牢关"之次序。等而之下,杜撰禅和,却立"山海
关"、"雁门关"等巧名。禅门倒却,粪著佛头,直笑脱明
眼人牙曰矣!有曰:山海、雁门等关名,乃祖源禅师所
立,岂有错谬?呜呼!是何言哉!人情通病有三:重难
而轻易,重死而轻生,重远而轻近。故于古德一言,不问

精粗，一味吞咽。祖源禅师，既为古德，错讹处亦是妙法乎？源师乃鼓山禅德，著作刻板在闽中者有之。如《万法归心录》，确亦善品。度师见处，不至有此种谬误也。若谓此乃孤本，流传日本，辗转由高丽取还，安知非人伪托哉！日人善于伪托，况又经翻版，钝刀割锦，指鹿为马，诚为不经之误，无稽之谈。以此论正法眼藏，信有未可也！

　　三关之名虽立，而三关之实，各无定论。有曰：未得破参，确信有此一事，或先能认得这个，所谓主人公禅者，曰："知有"，或曰："有省"。破本参后，见得空性，意识不起，分别不行，"见山不是山，见水不是水"，是谓"初关"。由空性起用，识得妙有，"见山还是山，见水还是水"，是谓"重关"。人法皆空，顿超佛地，是名末后"牢关"。又曰："初关"乃破第六意识。"重关"乃破第七末那识（我执），人空之境也。末后"牢关"方破第八阿赖耶识，人法双空矣。又曰破"初关"乃菩萨登初地（欢喜地）。破"重关"，乃至八地（不动地）。破末后"牢关"，方超十地（法云地）。是则不谙教理，未悉菩萨道福智二严之理也。雍正于三关之说，自立一格，然非的论。有例于天台宗之三止三观，以有、空、中为三关之别，误矣。盖证得中观正见时，以禅宗观之，适破本参耳。向后大有事在。古德有言："向上一路，密不通风。"又曰："末后

一句,始到牢关,把断要津,不通凡圣。"不知后贤之步步破关者,从何着力也!岂不闻"一镞破三关,犹是箭后路"乎?始作此说者,或有功于修行,或有过于宗门,诚难衡论。依三关之说,定宗门阶梯,则禅宗自称为直指人心、见性成佛、圆顿之教者,又何所据?由破"初参"而至末后"牢关",方是见性,则为有定则之渐法耳,何有于顿哉!

闭关与打七

闭关之事,不知所始,意谓杜门谢事、励志专修也。"闭关"一名词,还见于吾国之《易经》复卦象辞,曰:"先王以至日闭关,商旅不行,后不省方。"乃斋戒安身静养之义。后世言此者,皆引释迦掩室于摩竭、维摩缄口于毗耶等事为说。禅宗之徒,盛行此风。及至后世,无论何宗,动辄闭关者,比比皆是,其名曰:"拜经关"、"念佛关",种种名目,事同号召矣。宗门相传曰:"不破本参不入山,不到重关不闭关。"其言闭关之事,抑何其严!此意不知始于何时?唯永嘉禅师劝阻左溪朗法师书,极言未明心地,切勿入山,若泉石奔腾,奇岩怪壑,皆为引生烦恼之境。境虽清,心不净,终无益也。设自心清净,虽

处阛阓之中，喧阗聩闹，亦如山林，何必入山觅道哉！后世言到得"重关"方闭关者，其师此意欤？迨金元时，高峰中峰师弟，皆入山不出，尤以高峰妙缚柴为龛，风穿日炙，冬夏一衲，不扇不炉，日捣松和糜延息而已，标示死关，以终其生。虽曰佛法孤峻清绝之风，殆亦遭逢世变，遵养时晦之道耶！

禅者闭关，不同常格，即"椰標横担不见人，直入千峰万峰去。"此须初得门户，入关大休大歇去。了此一段大事因缘之举，未可草草。否则，劳人岁月，无故虚度，人间世事，亟待人为，自利利他之业，处处皆有，何必从事于此哉！若心地未明，掩室禁语，浮游妄想，极力压持，浅则成病成狂，深则自残性命，此皆随时可见也。至于耽关中乐，别有所取，丰衣美食，借此高枕栖身，则又当别论矣。

唯西藏密宗，与道家闭关，则不同禅关之简易。密宗有"黑关"、"白关"之别，关中修持者，皆须供养丰足，使无虑累，俾其一志专修。道家则名曰"入圜办道"，须具借法、财、侣、地四种条件，方法各异，皆为别格，并录以为参考。

无论闭关之方式为何，要当皆为苦行难行之事。至若关中行"般舟三昧"，或"长坐不卧"，统为苦行勋德业，苟不明心地，事此无益。然亦难能可贵矣！但须知

苦行非道,唯为助道之一端耳。举古德行迹,如:

> 僧那禅师,姓马氏,少而神隽,年二十一,讲
> 《礼》《易》于东海,听者如市。一遇二祖,遂投出家。
> 自是手不执笔,尽弃世典,惟一衣一钵,一坐一食,
> 奉头陀行。后谓门人慧满曰:祖师心印,非专苦行,
> 但助道耳。若契本心,发随意真光之用,则苦行如
> 握土成金。若惟务苦行,而不明本心,为憎爱所缚,
> 则苦行如黑月夜,履于险道。……满后亦奉头陀
> 行,惟蓄二针,冬则乞补,夏则舍之,心无怖畏,睡
> 而不梦。常行乞食,所至伽蓝,则破柴做履,住无再
> 宿。贞观十六年,于洛阳善会寺侧,宿古墓中,遇大
> 雪,旦入寺见昙旷法师,旷怪所从来?满曰:法有来
> 去耶!旷遣寻来处,四边雪积五尺许。旷曰:不可
> 测也!

他如向居士幽栖林野,木食涧饮。北齐天保初,闻
二祖盛化,乃致书乞证,密承印记。牛头融,未见四祖
时,幽栖岩之石室,有百鸟衔花之异。及乎得法以后,法
席之盛,拟于黄梅。唐永徽中,徒众乏粮,师往丹阳缘
化。去山八十里,躬负一石八斗,朝往暮返,供僧三百,
二时不阙。若融禅师者,初栖岩穴,后而负米供众!负
米与穴居,皆为苦行,何前后判若两人耶?菩萨度人,自
捐头目,难行苦行,密迹不同,但随各人发心愿力之如

何耳！

　　次言打七，亦不知始于何时？后世天下丛席，常行静七，有至七期，或九期者，比比皆是。影响所及，各宗亦有打七之举。如净土之"念佛七"，乃至"观音七"等等，名目繁多，为佛门大用矣。打七乃俗名也。七而曰打，随口语之便耳！吾佛以菩提树下，七日证道，其为打七之滥觞乎？或曰：打七者，打破七识之谓也。然何不名打八？打七为破七识，打八可破八识，岂不更有进乎？须知七之数，义蕴深奥，《弥陀经》念佛法门，一心不乱，以七日为期。婴孩处胎，以七日一变。中阴之身，亦以七日而转。其他宗教，如定星期之以七日为期。此类深义，易数可通，今不具论。唯禅宗古德，创静七之举，则为用工积力有年，未开悟者，开此一方便法门，标曰"剋期取证"。然剋期七日之中，固能取证乎？曰：斯则立愿之通称也，此须仗古德宗师、禅门大匠，具有通天手眼，杀活手段，棒喝交施，心光普照，透脱学者情根识锁，拨出灵明，或有少分相应。时至于今，宗门龙象寥落，恐徒有形式耳！否则，天下丛席，陶冶出格禅师者，不知凡几矣！此事初创始于佛灯珣、破山明二师，兹录其事，以为考焉。

　　　守珣禅师，参佛鉴，随众咨请，退无所入。乃封其衾曰：此生若不彻，誓不展此。于是昼坐宵立，如

丧考妣。逾七七日，忽佛鉴上堂曰：森罗及万象，一法之所印。师闻顿悟，往见鉴。鉴曰：可惜一颗明珠，被这风颠汉拾得。乃诘之曰：灵云道：自从一见桃花后，直至如今更不疑。如何是他不疑之处？师曰：莫道灵云不疑。只今觅个疑处，了不可得！鉴曰：玄沙道：谛当甚谛当，敢保老兄未彻在。哪里是他未彻处？师曰：深知和尚老婆心切。鉴然之。师拜起。呈偈曰：终日看天不举头，桃花烂漫始抬眸。饶君更有透天网，透得牢关即便休。鉴嘱令护持。是夕厉声谓众曰：这回珣上座稳睡去也。圆悟闻得，疑其未然。乃曰：我须勘过始得。遂令人召至。因与游山，偶到一水潭，悟推师入水。遽问曰：牛头未见四祖时如何？师曰：潭深鱼聚。悟曰：见后如何？师曰：树高招风。悟曰：见与未见时如何？师曰：伸脚在缩脚里。悟大称之。

　　破山海明禅师，号旭东，因听慧然禅师讲《楞严经》至"一切众生，皆由不知常住真心，性净明体，用诸妄想，此想不真，故有轮转。"终日疑闷。每阅古人公案，如银山铁壁。遂出蜀，见数耆宿，罔决其疑。住楚之破头山，"刻期取证"，以七日为限。至第五日，发急，到万丈悬崖，誓曰：悟不悟，性命在今日了。将及未时之际，人境双忘，眼前惟见一平

世界,举足经行,不觉堕于崖下,跌损左足,顿觉从前碍膺之物,泮然冰释。遂高声曰:屈!屈!自此南行,遍参尊宿。

宗门打七,如置洪炉大冶,欲于短期间锻炼人物,继续佛祖慧命,非泛泛事也。学者是否其人,主七者是否能有此权衡,皆须自审。好高自慢者,乌乎可!尝颂其事曰:

"繁华丛里一闲身,却向他途别觅春。千丈悬崖能撒手,不知谁是个中人。"

宗师授受

宗门相传有云:"威音王以前,无师自通则可;威音王后,无师自通,即名天然外道。"故宗门特重师承印证,亦如密宗至重传法师承,同出一辙。何以"威音王"以前,无师自通则可?盖"威音"者,宗门立为空劫以前第一佛也。于经无据。既属空劫以前,本无众生,云何有佛?无佛无众生,谁求解脱证觉哉!故曰:无师自通则可,盖密意之言也。密宗之于师承、师弟之间,咸有戒律,弟子择师,不可妄从;妄依邪见,学者堕戒。而为师者,或妄传非器,或得人而不传,亦为犯戒。禅宗传承,虽不如密乘之见诸明文,而其授受之际,綦严尤著,虽曰:门庭施设,别具深心,而师道以尊,付授严谨,非妄为也。父母生身,恩逾山岳,法身自佛师口生,永劫长存,尤胜数十年生命之形躯。故宗门师弟之间,虽无礼法规定,而自心肯服,逾于常情。永嘉云:"粉骨碎身未足酬,一句了然超百亿。"至性流露,有不能已于言者。故古德禅师参学之师虽多,而得法师,终承一绪,以发

明心地,印取见地者为宗,或有昧己变心,背师承受者,终遭果报。此皆见于宗门语录公案者,历然可考。

首言指授宗徒,事非草草,历观诸祖付授,虽门下众多,而命其荷担大法、继续慧命者,必择其福智二严,堪为龙象,有如王气宇、旷远襟怀,方堪受授。且复郑重其事,臂香咐嘱,其所望于继往开来、承先启后之人者,何其殷勤,故离师自立以后,犹不免舐犊情深,常复令人探视指授,如马祖之于百丈等。至于通常及门闻道者,皆所不及焉。百丈禅师曰:"见与师齐,减师半德,见过于师,方堪传授。"历来禅门大德,既得法后,皆复依止其师,或数年,或十数年,执侍作役,日致玄奥。足见非一悟之后,别无余事。依止之间,昼夜搜括,指析精微。宗门所谓印证者,以心印心也。以心印心者,非知解理会边事。必其师为过来人,手眼通明,见行皆圆,凡学人之机用、境界、见地,如何凑泊,如何进步,一望而知,不待言喻。然后以师之心,印证其心,如印印泥,印去影存,文彩毕露,亦无印泥之迹,故曰印证。若驴前马后,不能鉴器识别,寻思知解,徒乱心意,自救不暇,安可为人!若斯之类,痴迷师心,诚如孟子所谓:"人之患在好为人师!"久据此座,渐陷泥淖,终至不可自拔,殊可愍也!尝见此辈至众,深引为戒,愿毕生长居学人位,不串演斯剧,免自陷堕。苟平实商量,当知无不言,言无

不尽,方不违于行愿矣。

然则,宗门既以一师承为可,称杨称郑,闭户自尊,不知天地间何者为学术耶!曰:恶!是何言!学通五明,知周沙界,吾佛所遗教诫具在。既明斯旨,正好遍求差别智。《华严》标善财烟水南巡,五十三参,所见一百八员大善知识,或为外道,或为妓女,或为童子,或为沙门,皆已发菩提之心,成就无边智愿,乃以菩萨身示现,遍于众类;终入弥勒楼阁,方知法界重重,头头是道。若斯之学,皆为参学师,多而无碍,适成其贤,根本深恩,不昧得法。唯具大愿大智大度者,能为是行。若得少为足,我慢先立,何有于入道哉!初祖诫神光曰:"勿轻未悟。"轻人者,适亦自慢耳。慢为道障,未能除斯,云何得度,慎之!戒之!

> 怀琏禅师,持律严甚,仁庙尝赐以龙脑钵盂,师对使者焚之。曰:吾法以坏色衣,以瓦钵食,此钵非法。仁庙益嘉叹。舜老夫为郡吏横,民其衣,走依师。师馆之正寝,自处偏堂,执弟子礼甚恭。贵人过师,见咸怪之!师曰:吾少尝问道焉,其可以像服二吾心哉?仁庙闻之,赐舜再落发,居栖贤。

按:若此事迹,儒家甚多,事师如父,盛德事也。今者,师道不尊,无与伦比!尝观欧美学者,于师承只敬亦重,安可谓此乃时代新风尚哉!虽然,师资足范,道可印

心者,亦不易见。为人师表,但励自行,可以律己者,不必尽以律人,言虽不出,教已大彰,若求人尊之,洵为未可。摩顶放踵,以利天下,自不求尊,实至名归,尚自戒惕,安可有事于求哉!

兜率悦禅师,初谒真净,后出世鹿苑。有清素者,久参慈明,寓居一室,未始与人交。师因食蜜渍荔枝,偶素过门,师呼曰:此老人乡果也,可同食之。素曰:自先师亡后,不得此食久矣!师曰:先师为谁?素曰:慈明也。某忝执事十三年耳!师乃疑骇。曰:十三年堪忍执事,非得其道而何?遂馈以遗果,稍稍亲之。素问:师所见者何人?曰:洞山文。素曰:文见何人?师曰:黄龙南。素曰:南区头见先师不久,道法大振如此!师益疑骇。遂袖香诣素作礼。素起避之。曰:吾以福薄,先师授记,不许为人,师益恭。素乃曰:怜子之诚,违先师之记,子平生所得,试语我。师具通所见。素曰:可以入佛,而不能入魔!师曰:何谓也?素曰:岂不见古人道:末后一句始到牢关。如是累日,素乃印可。仍戒之曰:文示子者,皆正知正见,然子离师太早,不能尽其妙,吾今为子点破,使子受用,得大自在,他日勿嗣吾也。师后嗣真净,如素所戒。

开圣觉,初修长芦夫铁脚,久无所得。闻五祖

演法道,径造席下。一日,室中问云:释迦弥勒,犹是他奴,且道他是阿谁?觉云:胡张三,黑李四。师然其语。时圆悟和尚为座元,师举此语似之。悟云:好则好,恐未实,不可放过,更于言下搜看。次日入室,垂问如前。觉云:昨日向和尚道了。师云:道甚么?觉云:胡张三,黑李四。师云:不是!不是!觉云:和尚为甚昨日道是?师云:昨日是,今日不是。觉于言下大悟。觉后出世,住开圣。见长芦法席大盛,乃嗣夫,不原所得。拈香时,忽觉胸前如捣,遂于痛处发痈成窍,以乳香作饼塞之,久而不愈,竟卒。

按:有儒者曰:大悟后,犹犯此病,可见私欲净尽之难!曰:理须顿悟,事资渐修。此乃冰凌上走,剑刃上行事也,孰谓一悟便休,孰谓无因果哉!曰:涅槃当无因果矣!曰:唯唯,否否,不然!不然!正觉是因,涅槃是果,涅槃是因,无为是果。因果历然,谁曰不是。斯之二则,足为人师及弟子者鉴矣。

香严出世,疏山仁不爽前约,遂往访之。严上堂,僧问:不求诸圣、不重己灵时如何?严曰:万机休罢,千圣不携。疏山在众作呕声,曰:是何言欤!严闻便下座。曰:适来对此僧语,必有不是,致招师叔如是,未审过在甚么处?师曰:万机休罢,犹有物

在,千圣不携,亦从人得,如何无过?严曰:却请师叔道。疏山曰:若教某甲道,须还师资礼始得。严乃礼拜,蹑前问。疏山曰:何不道肯诺不得全。严曰:肯又肯个甚么?诺又诺于阿谁?疏山曰:肯即肯他诸圣,诺即诺于己灵。严曰:师叔怎么道,向去倒屙三十年在!疏山住后,果病吐二十七年而愈。却每于食后抶口令吐曰:香严师兄记我三十年倒屙,尚欠三年在!

按:此则公案,示贡高我慢、好为人师之失,岂可游戏哉!

古灵神赞禅师,遇百丈开悟,却回。受业本师问曰:汝离吾在外,得何事业?曰:并无事业。遂遣执役。一日,因澡身,命师去垢。师乃拊背曰:好所佛堂,而佛不圣。本师回道视之。师曰:佛虽不圣,且能放光。本师又一日在窗下看经,蜂子投窗纸求出,师睹之,曰:世界如许广阔,不肯出,钻他故纸驴年去?遂有偈曰:空门不肯出,投窗也大痴。百年钻故纸,何日出头时?本师置经问曰:汝行脚遇何人?吾前后见汝,发言异常!师曰:某蒙百丈和尚,指个歇处,今欲报慈德耳!本师于是告众致斋,请师说法。师乃登座,举唱百丈门风曰:灵光独耀,迥脱根尘。体露真常,不拘文字。心性无染,本自

圆成。但离妄缘,即如如佛。本师于言下感悟。曰:
何期垂老,得闻极则事!师后住古灵,聚徒数载。临
迁化,剃浴声钟告众曰:汝等诸人,还识无声三昧
否?众曰:不识。师曰:汝等诸人静听,莫别思维。
众皆侧听,师俨然顺寂。

按:此则所举,古灵本师,诚为出格丈夫,学佛出
家,为了本分事,未可以迹拘也。如能若此,师仍不失于
师,惟益见其达耳!不耻下问,圣贤所重。若师见横心,
先塞聪户,何得垂暮之年,闻此极则事耶!

然则,孰为真善知识,孰非善知识,亦难辨矣。曰:
此诚难言,但在当人发真道心,修诸法行,勤行福德,专
志菩提,但能自成法器,因地既真,果自调直,愿力积
至,因缘可凑。如已非法器,纵饶遇得善知识,如一滴狮
乳,可逬散驴乳数斛,反引为过失矣。异道有言曰:"弟
子觅师难,师觅弟子更不易!"诚哉斯言!

复次,宗师者,何谓耶?曰:宗师者,乃禅宗门下,足
堪依止之大德,堪为人善知识者之称谓,非取于庄子所
谓"大宗师"之义也。禅门具足为宗师之条件者,殊非易
事,必也气吞环宇,胸罗百代,胡来胡现,汉来汉现,望
之俨然,即之也温,如寒潭秋月,无物可方者,庶几近
之。

临济祖师曰:"有时夺人不夺境,有时夺境不

夺人,有时人境两俱夺,有时人境俱不夺。"又尝示众曰:"如诸方学人来,山僧此间作三种根器断。"如中下根器来,我便夺其境而不除其法。或中上根器来,我便境法俱夺。如上上根器来,我便境法人俱夺。如有出格见解人来,山僧此间,便全体作用,不历根器。大德!到这里,学人著力处不通风,石火电光,即过了也!学人若眼定动,即没交涉,拟心即差,动念即乖,有人解者,不离目前。

宗慧禅师曰:举唱宗乘,阐扬大教,须法眼精明,方能鉴别缁素。切忌真妄同源,水乳同器,到此难分。沿山寻常以心中眼,观身外相,观之又观,乃辨真伪。若不如是,何名善知识。夫善知识者,驱耕夫之牛,夺饥人之食,方名善知识。即今天下,哪个是真善知识!诸德,参得几个善知识来也?不是等闲,直须参教彻,觑教透,千圣莫能证明,方显大丈夫儿。

故黄檗禅师曰:大唐国里无禅师!时有僧问:诸方尊宿,尽聚众开化,为甚么却道无禅师?师曰:不道无禅,只是无师!时在宗门鼎盛之时,马祖门下,出八十四员善知识,而黄檗犹兴此叹,盖亦睹之机先,惜师资之难,为宗门之师资更难也!明云居戒禅师有鉴于此,著《禅门锻炼说》十三篇,仿《孙子兵法》而作。意谓禅门宗

师者,若用兵之神妙难测,非具奇才,曷克当此。禅客张无诤尝谓:天下有三事,皆妙入精微,而其道相当。三者谓何?曰:禅师妙用,兵家奇计,诗人灵感也。此语颇当。戒禅师立十三篇之目,曰:"坚誓忍苦、辨器授话、入室搜括、落堂开导、垂手锻炼、机权策发、奇巧换回、斩关开眼、研究纲宗、精严操履、磨治学业、简炼才能、谨严付授。"其立意专为宗师者之典范也。虽然,此须天纵之资,多生累劫,勤修德行,乘愿所至,非勉学可及也。戒师之作,徒为狡者自饰,增其行业,愚者却步,望涯兴叹,功过之间,允为难言矣。但赖有斯存,方识宗门之所为者为何,要非笼统真如、颟顸佛性者,所可比也。兹录云居戒《禅门锻炼说》十三篇自序及跋,为禅门宗师之鉴焉。

《禅门锻炼说》十三篇自序

锻炼说而拟之孙武子,何也?以正治国,以奇用兵,柱下之言确矣。佛法中据位者,治丛林如治国,用机法以锻炼众如用兵,奇正相因,不易之道也。拈华一著,兵法之祖。西天四七,东土二三,虽显理教,暗会孙吴。至马驹蹴踏,如光弼军壁垒一变。嗣后黄檗、临济、睦州、云门、汾阳、慈明、东山、圆悟诸老,虚实杀活,纯用兵机。逮乎妙喜,专握竹篦,大肆奇兵,得人最盛。五家建法,各立纲宗,韬

略精严，坚不可破，而兵法全矣。自元及明中叶，锻炼法废，寒灰枯木，坑陷杀人。幸天童悟老人，提三尺法剑，开宗门疆土，三峰藏老人继之，恢复纲宗，重拈竹蓖而锻炼复行，陷阵冲锋，出众龙象。灵隐本师，复加变通，啐啄多方，五花八门，奇计错出，兵书益大备矣。余昔居板首，颇悟其法。卜静匡山，逼住欧阜，空拳赤手，卒伍全无；乃不辞杜撰，创为随众经行、敲击移换、擒啄斩劈之法，一时大验。虽当场苦战，而奏凯多俘，用兵离奇，毒辣盖至尽矣！因思根无利钝，苟得锻法，皆可省悟。以人多执死法，不垂手险崖，虽有人材，多悲钝置。遂不敢秘，著为锻炼之说，流布宗门。老师宿衲，虽得此说，未必能行矣！岂惟不行，或反嗤议。初居曲相者，其身英强，其气猛利，依此兵符，勤加操练，必然省悟多人，出大法将。所愿三玄戈甲，永见雄强，五位旌旗，不致偃息，知我罪我，所弗惜焉！则虽谓之禅门孙武子可也。

《禅门锻炼说》跋

余实见晚近禅门，死守成规，不谙烹锻；每致真宗寂寥，法流断绝，万不获已，立为新法，且作死马医。若论本分一著，言前荐得，犹为滞壳迷封，句下精通，已是触途狂见。悟即不无，争奈落在第二

头。汲汲乎讲钳锤,论锻炼,岂非头上安头,梦中说梦。弄泥团汉,将来认为实法,不知变通,带累山僧,生陷铁围矣!耽源圆相,倘遇仰山,一火焚之。僧合掌云:作家!作家!是真能善用孙武子而不为赵括谈兵矣。果有此人,殆斫额望之也。

参 话 头

今之言禅宗者,动辄便言参话头,大有禅宗即是参话头、参话头即是禅宗之概。古德有言:"正法眼藏,向这瞎驴边灭却!"禅门宗旨衰弱,莫此为甚,可胜慨叹!

唐宋诸师,指示法要,莫不别具手眼。单传直指,如空手夺刃,于言语动作间,立断学者情根意识,开示旨归。所谓有杀人剑,还须有活人刀。既或未通,令彼自参。此所谓参者,要人在事上、理上,足踏实地去证。即如教下所说思惟修,而又非纯为思惟。盖思惟者,犹可用意识寻伺觉察。参者,非思量意识之可及。所谓"离心意识参去"。若能离了心意识之作用,了了无事存心,无境当前,无物碍膺,到得此时,正好一参。故所谓参者,不专指话头而言。及乎宋元之间,禅门已见衰落。中峰以后,参话头之学,于是大行。初则救诸狂禅之弊,继则立橛实地,千古难拔。直至于今,老死话下,永无出期者,不知凡几矣!

话头者,后世解说为一句话之头。即一句未起时,

着力一觑,即看此话头也。如此参话头,实为看话头之方法,非参宗之学,乃观心之法门也。话头者,其原意即谓"话题"也,即此一话,何以如此? 为何如此? 禅门话头约分二种:一为有义味语,一为无义味语。如问:"如何是祖师西来意?"答曰:"镇州大萝卜头。""青州布衫重七斤。""麻三斤。""乾矢橛。""庭前柏树子。"等等,皆无义味语也。如"僧问赵州:狗子还有佛性也无? 州曰:无!""无梦无想时,主人公何在?""万法归一,一归何处?""谁教你拖这死尸来?""念佛是谁?"等等,皆有义味语也。或有不用一句话头,唯单参一则古人可疑公案,如蚊子咬铁牛,死死啮去,此则名为参公案。亦与参有义味话头相类矣。往昔禅门古德,于参究之事,简其扼要中肯者,摘之如次。而以大慧杲之开示,为尤亲切。

黄龙示草堂清语曰:"要如灵猫捕鼠,目睛不瞬,四足据地,诸根顺向,首尾一直,拟无不中。子诚能如是,心无异缘,六根自静,默然而究,万无一失也。"

大慧杲语:

常以生不知来处,死不知去处二事,贴在鼻孔尖上。茶里、饭里、静处、闹处,念念孜孜,常似欠人百万贯钱,无所从出。心胸烦闷,回避无门,求生不得,救死不得,当恁么时,善恶路头,相次绝也。觉

得如此时,正好着力,只就这里看个话头。僧问赵州:"狗子还有佛性也无?"州曰:"无!"看时不用博量,不用注解,不用要得分晓,不用向开口处承当,不用向举起处作道理,不用堕在空寂处,不用将心等悟,不用向宗师说处领略,不用掉在无事甲里。但行住坐卧,时时提撕,狗子还有佛性也无?无!提撕得熟,口议心思不及,方寸里七上八下,如咬生铁橛,没滋味时,切莫退志。得如此时,正是好底消息。(示吕舜元)

僧问赵州:狗子还有佛性也无?州云:无!此一字,便是个破生死疑心底刀子也。这刀子把柄,只在当人手中,教别人下手不得,须是自家下手始得。若舍得性命,方肯自下手。若舍性命不得,且只管在疑不破处捱将去。蓦然自得,舍命一下便了。那时方信静时便是闹时底,闹时便是静时底,语时便是默时底,默时便是语时底。不著问人,亦自然不受邪师胡说乱道也。又云:日用二六时中,不得执生死佛道是有,不得拨生死佛道是无。但只看个狗子有佛性也无?赵州曰:无!(答陈季仕)

士大夫学道,与我出家大不同。出家儿,父母不供甘旨,六亲固已弃离,一瓶一钵,日用应缘处,无许多障道的冤家,一心一意,体究此事而已。士

大夫开眼合眼处，无非障道的冤魂。若是个有智慧
者，只就里许做工夫。净名所谓："尘劳之俦，为如
来种。"怕人坏世间相而求实相。又设个喻云："譬
如高原陆地，不生莲花，卑湿污泥，乃生此花。"若
就里许，如杨文公（大年）、李文和、张无尽（商英）
三大老，打得透，其力胜我出家儿二十倍。何以故？
我出家儿在外打入，士大夫在内打出。在外打入者
其力弱，在内打出者，其力强；强者谓所乖处重，而
转处有力；弱者，谓所乖处轻，而转处少力。虽力有
强弱，而所乖则一也。

万峰蔚禅师语：

　　大凡参禅做工夫者，不得安然静坐，忘形死
心，沉空守寂，昏沉散乱。须是抖擞精神，猛著精
彩，急下手脚，剔起眉毛，咬定牙关，提起话头，立
地要知。分晓不得，今日也怎么，明日也怎么，便就
万法归一，一归何处上大起疑情，疑个一归何处。
即将此一则公案，尽平生气力，提在手中，如一柄
铁扫帚相似；佛来也扫，魔来也扫，邪来也扫，正来
也扫，是也扫，非也扫，有也扫，无也扫，扫来扫去，
扫到无下手处，无著力处，正好著力，无扫荡处，正
好扫荡；忽然扫破虚空，突出一个扫帚柄来，囡！原
来却在这里；在这里，依然是个张上座。一翻翻转，

山河大地，明暗色空，尽是自家珍宝。草木砂砾，尽是自己法身。到这里，说甚么一归何处。只这一柄铁扫帚，亦乃和身放下。坐断常寂光，超出无生界，唤作无为无事人也。若是打不彻，透不过，切莫匆匆草草，道我会禅会道，不用参疑。问你腊月三十日到来，从前会得的道禅，用得着么？所以参须真参，悟须实悟。不可弄虚头，认光影，不求正悟。须向这里将本参公案、三百六十骨节、八万四千毫窍，并作一个疑团，并在眉毛眼睫上，看定通身是个万法归一，一归何处？行也如是参，坐也如是参，静也如是参，动也如是参，参来参去，通身是个话头，物我俱忘，心识路绝，澄澄湛湛，寂静无为；蓦然疑团子，爆地一声，直得须弥粉碎，大地平沉，迸出一轮杲日，照耀山川，遮藏不得。那时却来嵩山门下，吃痛棒。（《续指月录》卷九之五）

观此数则话，则知宋元以来，参禅方法之渐变，终至成参话头一途。参话头之学兴，禅宗真面目灭矣！宗门与禅定已不可分。大慧杲只教人参话头，如何用工，无别指示。万峰蔚之说，则有参禅做工夫，并发疑情之事。自是以后，参话头、做工夫、疑情之说，常混为一谈。历传至今，遍据丛席。试略论之。

一、参话头，约分二类：（一）单提一念，看个话头，

于此念未起时，内观返究，看从何处来？灭向何处去？
（此法亦可谓看话尾）或看其是有是无（空），如此用工，
实为观心别法，乃参话头之变相耳。但能用志不纷，收
拾六根，归此一念，久而久之，偶或见得前念已灭，后念
未生，当体一念，了无一物。此心此身，忽焉皆寂。心光
透发，三际空悬。到了此时，外对六尘情境，如境里梦
中，一切是幻非实，妄想亦起不来；即或有起，亦如游丝
易断，无碍此心寂止。学人到此，往往自以为悟，已明得
此心。倘一著此境，慧力勃发，所谓自心常生智慧。或
有平素不善文字，亦能吟诗作偈，心身轻快，无与伦比。
甚之，或踊跃欢喜，不知所以。或涕泪悲泣，不知何由。
更有甚者，眼通迸发，彻见山河大地，如琉璃，如水月，
如观掌中果。乃至耳闻虫鸣，如听雷震，彻闻千里，不隔
毫端。凡此等等，一有执著，即入魔境，此所谓禅病也。
此时若无明师，往往不堪救药，但熟睡可治。须知此乃
用心致力既久，念体忽空，光影焕发，孤光偶露也。到得
此时，应觌面不觑，更令放下，不必再起观心看念头作
用。若有光明影像，乃至喜笑悲啼、吟诗作偈等，皆为妄
念所生，唯微细难察耳。苟无妄念，谁起觉受见闻耶？毫
厘之差，千里之失，不可不审。（二）提起一句话头，迸发
疑情（所谓疑情者，心思不可解，疑问究竟其事，并非揣
摩猜度也）。初则话头时断时续，妄想纷飞，疑情亦似有

似无，不生紧切关系。渐渐久之，话头得力，疑情发起，心胸闷作一团，如有物碍膺，欲吐不出，欲罢不能，茶里饭里，行时坐时，终如有事不了，对境无心，对痴如憨。若在此时，身有不适，面带病容，切忌著力，应须放松此念，调摄此身，教令自在，亦可稍放此心，不再参究。否则，易得禅病，或至呕血，或至发狂。必使身安神爽，直参疑下去，忽然话头提亦提不起，疑情说有似无，说无似有，身止不动，六根无用，只有一些子管带。参如不参，放亦放不下，忽尔心身如忘，久坐不知时间。到得此时，有谓正是工夫落堂，是疑情的好时节。一般说法，要人于此时努力提起话头再参。有则要人就此放下去。后者，往往掉在无事甲里。前者，往往箭过西天，又复十万八千里也。若有明眼宗师，当时一展手眼，即可令其自明自肯。或有大根器者，忽然触物遇缘，打开漆桶，认得从前。但今时禅人，陷于此中者，确实不少。莫说不能悟，即此打翻漆桶，纵饶悟去，亦只是澄澄湛湛，灵明自在。认得这个而已。要说明心见性，透顶透底，前途九九八十一难，大有事在。不可笼统颟顸，妄自肯许，欺人固非，自欺何苦！

二、做工夫。本为修定修观之俗语别名也。今与参禅合一而言，颇有说焉。工夫一途，在禅门即谓行履，或称工用，亦称日用事；若在未明心地以前，皆属于参话

头之事，已简如上述。今言其已明心者，初见之时，心身空寂，了无一物，山河大地，人我众生，皆成一片，如在大圆镜中。虽不起分别念虑，而于见闻觉知，了了分明，如飞鸟行空，清风疏竹，了无挂碍。心明境寂，如万里晴空，身轻愉快，如春风吹絮。此时须保任（保任者，保护任运自在之意）。有者，即于山边林下，涵养腾腾。或有掩空入关，杜绝外缘。凡此皆为顺缘直道，尚易着力。若处尘世中，行平常事，于热闹场中，灯红酒绿处，着力保任，事实为难。稍有不慎，反为境牵。一回放将去，再转殊不易。然道力坚固，智慧极顶者，觌面相逢，随时认得。虽然，到得此时，直须如丧考妣，潜符密行，只许自行将养，缄默自修，久而久之，忽焉有一日，或一时，此境放去，心身顿寂，兀尔若忘，人我天地，皆已抛向那边，更无一法存在。如冰消于水，踪迹全无。所谓"羚羊挂角无踪迹，一任东风满太空"。此时住定，或经短时，或经数日，乃至更久。忽复觉来，如雨过天青，昔之扰扰者，皆如昨梦，此心此身，语默动静，皆如在梦中镜里。"我自无心于万物，何妨万物常围绕。"但初则于不知不觉间，偶然碰到，自己无能作主。偶或一次，或时常碰到，皆是幸值。譬如瞎猫撞着死老鼠，一点无自力可用处。久久工深，捉住关捩子，随时随地，要抛向那边，即离此界。要翻身入此，即出彼中。到此可见来去空有之

实义,佛法现前矣。虽然,犹未也,直待脉解心开,六般神用,无不自在。凡悟性之人,自解作活计,更不须乎显说。此正三昧耶所戒处也。至此即可谓悟乎?曰:非关悟与不悟,仍所谓工夫边事耳!沩山云:"只贵子见正,不说子行履。"上根利器者,凡此种种,皆是剩语,一堆老烂葛藤,何须把捉。须顶天立地,本来平常,一个大丈夫,何有于此哉!然"高高山顶立,深深海底行"。花样翻新,无妨旧版。但切记取,最初的,即是最后的,最后的,即是最初的。佛法之基础处,为小乘说处,尽是上上大乘妙密之行,并无奇特玄妙存在。如执此等工夫为实者,法执未脱,痴狂正甚。以禅门正眼观来,终是钝根小智耳!固真是过来人,具眼宗匠,不待学人开口问答,一望而知,已识其住在何境。学人命根,咸在自手,巧施锻炼,无不相应。倘为知解宗徒,只知说道理,如能言鹦鹉,中心无物,学人已到前站,请教指示,往往又作马后语,误人子弟,过不自知,滔滔者大多如此。殊可叹矣!真为善知识,逢学人入室请示,必须审慎观察,在定当机,视其根器差别,然后授以何种话头,方能相应。譬如学者病在大寒,应投以热药。病在大热,应施凉剂。若一味笼统,无论其相应不相应,只教人参一话头,此如万病一方,必至误人性命不少矣!

　　复如古德有言:"三条篾籈住肚皮,香炉古庙,冷湫

湫底去,寒灰枯木,一念万年去,一条白练去。""欲明此事,必须大死一番始得。""此事如枯木生花,如冷灰爆豆。""悬崖撒手,自肯承当。绝后再苏,欺君不得。"等等言语,皆禅师当机之开示。以实地工用与见悟同超,并非泛泛口头之事。但须视学人已到何种程度,因病施药,未可草草匆匆,拾古人牙慧而冒充善知识,如陈列古董死语,一味铺排,概无用也。若然,上来诸说,皆为魇语,亦切莫作为实法会。然则,又何须作此说耶?譬若有人于用铁板铜琶,高唱"大江东去"之余,不妨再取红牙檀板,低唱"杨柳岸,晓风残月"也。何以如此?曰:"纵然一夜风吹去,只在芦花浅水边"故耳!

神 通 妙 用

　　一般学佛习道者，最初或存有一神秘观念，亦可由此为入道之动机焉。常人对此问题，或为不信，或为存疑。无论信之与疑，而神秘心理之存在，乃随之俱来。盖宇宙间有若干事理与知识，终难凭见、闻、觉、知可思量而尽知者。此不可知者，即为神秘之泉源也。佛法原尚平实，极言心性之理、空有之义，为学为道，皆至矣尽矣！唯佛经记述，大部分掺杂神通之说，而烘托之，言之凿凿，直同演义小说中之神话然。卫教者力持其说为实，毁之者力辟其说为诞。不独佛经若此，凡宗教之学，莫不皆有其神秘性。佛法之言神通与鬼神者，皆有权实两种涵义，其中抉择，为说不一。禅宗在吾国，为佛法之中坚宗乘，曰心佛众生，三无差别，似已完全摆脱神秘色彩，崇尚真理之学。但言心法者，皆以悟心即佛；而佛具足神通，禅者固具足此乎？且往昔禅门大德，神通自在者，亦颇有人，今天能之者乎？复以佛法为学术思想者，则认神通，为另一种权说法门，不足论也。且佛戒神

通甚力，律有明文，苟言神通者，不为病态，即为魔外之
见，群以白眼加之矣。近有某大德，辟禅宗甚力。唱言：
孰能见性？如有真见性者，请其一试神通，曾不见其顶
有圆光，身长丈六，具足六通，及人与言学，则力斥神通
之谬。若此之说，极尽模棱。若有神通，即为荒诞，若无
神通，即为未悟。大德之言，固如是乎？此如戏言者，若
日出，则曰慧日增辉，若阴雨，则曰慈云法雨。两可之
词，佛法固若此乎？恰如顾亭林《日知录》中有言：佛说
如有两桶，一则盛水，一则中空，彼此互注，总是此一桶
水耳。彼大德之言，实乃以好恶心诋学禅人，我见横胸，
言下辞误，辟禅人而误诋禅宗，不足辩矣。

　　如习密宗及道家者，虽曰及其至也，唯道而不言
通。然莫不以神通之有无，断其人道之成就。知见传习，
谬实千里。密宗谓禅宗及显教诸宗，不修气脉，终不能
"即身成就"，故神通功德不能发生。道家则言：佛法只
知修性，不知修命，故不能"形神俱妙，与道合真"，是以
无通。二说如出一辙。甚矣！穷理而证如来藏性之难
也！近年欧美学者，重视印度瑜伽学术（常见于各报纸
及刊物），并催眠术等。因疑神通固有，学佛者特未能
耳。凡此诸说，益滋群疑，姑妄言之：

　　　　神通云者，先须顾名而思义，佛法术语，含义
　　皆有定则，非可妄拟。神通又别曰神通力，神为妙

用不测之义，通为通融自在之义，力为力用之义；全之，即谓有不测妙力能变融通自在也。是乃定慧之所生。《法华经》序品偈曰："诸佛神通，智慧希有。"佛经说神通者，有谓十种神通，有谓六种神通（简曰六通），皆此名数也。今但言六通，即概余矣（天眼通、天耳通、他心通、宿命通、神足通、漏尽通）。《法华文句》三之一，言神变曰："神变者，神，内也。变，外也。神名天心，即是天然内慧。变名变动，即是六瑞外彰。"《法华义疏》三曰："神变者，阴阳不测为神，改常之事曰变。"《法华玄赞》二曰："妙用无方曰神。神通变易曰变。"此所言神言变，言阴阳不测，皆取义于《易经》也明甚。天心之说，乃道家语。《孟子》曰："大而化之之谓圣，圣而不可知之之谓神。"若神而通之，则可以明阴阳之变，参赞天地之化育矣。以上诸说，简纳其意，为神通之定义，曰：使神能通达无碍，善通诸变化者，则为神通。佛法言神通，有二种事理：一、为法身神通。二、为报应身神通。何谓法身？即佛之法性身也。何者为法性身？佛与众生宇宙万有同一之如来藏性（即本体）。然则法身神通，不但佛为具足，一切众生心物之现，皆具神通神变者也。何以故？本体为空寂不可见，不可知，不可思议（即不可以用心思

想,不可以言语彰之之谓。)及其发而为用,则能生万物,变易莫测,岂非神而通之神变乎?故曰:一切众生,本皆具足,何待外求。若人之见、闻、觉、知,能役使身心外物,而终不知其主此者为何?岂非神通变化之不可测者乎?故经言:佛菩萨之神通不可思议,其为法身神通者若此。佛之神通诚不可思议,孰知众生之业力,亦不可思议。众生若能转业力而证入自性法身,即为法身之神通矣。故古德曰:"青青翠竹,悉是法身。郁郁黄花,无非般若。"庞居士曰:"神通与妙用,运水及搬柴。"此诚实语者、如语者、不妄语者也。然又何谓报身神通耶?人之有生,即有身心,此身即报得也。此身此心之用,五官百骸之所能及,为有限也。人即为宇宙万有本体而同一体性功能,何以徒限于形躯?心欲飞腾,足不能离于跬步,思可入于风云,身终陷于咫尺。不能返与本体合一而起诸妙用者,果何故耶?临济祖师曰:"人人赤肉团上,有一无位真人,常从汝等面门出入,未证据者看看?"云门禅师曰:"乾坤之内,宇宙之间,中有一宝,秘在形山"。又自代云:"逐物意移,云起雷兴。"皆言其局限于形质也。道家有言,陷于五行中者,当亦同此意。若欲破此形质之限,而返同于本体自然功能之妙用者,须得其

天心灵明之神，以内慧而照大千，以定力充其用。故佛示为通从定发，无定慧之力，不能神通于万变。为此身心，作定慧之主者，即法身也，性也，亦本体法尔之功能也。

报身神通，何以能发起？佛说有五。曰：修通、报通、依通、妖通、鬼通。报通者：自然而有，天神所能。人亦有之，中阴身即具五通。或多生修定修通，功德庄严之所生也。依通者：如用符咒法术之所起，依仗他力而起用也。妖通者：因魔附身所得也。鬼通者：因鬼附身而起，其力有限。修通者：乃定慧薰修之力所生，可以力学而得。但皆限于五通而言。第六漏尽通者，即证正觉之道也。如罗汉或有神通，而不能圆满具足如佛也。须知神通乃幻法耳，妄意之所生，终非究竟道。故佛具足神通，而复力辟神通，以其虚妄不可执耳！如佛弟子目犍连尊者，神通第一，及无常到来，避入天堂地狱，乃至入二铁围山中，尽其神力，不可避免。佛乃告曰：神通不足恃也。幻法耳！唯法身寂灭，性空缘起为真实法耳！此又何故耶？若以法性本体而言，一切宇宙万有，人物众生，皆变化之偶存耳！偶存终坏，假借而有一期之形质，终归于空，岂非幻乎？心力形器，尚不可能长存而终幻灭，况神通之变现，岂可为实而足恃哉！此理也，须参明之。然后知神通非无，乃幻变而有。今论定慧所生修得

神通之概：

欲明此理此事，须知心物本为一元。心为其主，通灵明妙性之功能。物为其用，依附妙性之形质。然实二即一，一即二也。《楞严经》云："不知色身，外洎山河虚空大地，咸是妙明真心中物。"故知山河大地（物质）与此身心（身亦物质），同为一体之所生。唯识之理，亦同此说，谓皆为第八阿赖耶识所变生者。姑置宇宙万有山河大地而不言，此之心身，实为心物一元体性之二用也。今修定者，不徒以治心得定为可；若身不调，心何能定？换言之，若心不定，身岂能调哉！故修定慧者，首当调此心身，心身初既得调，定力已生，工力日久，此心此身，打成一片，与虚空相同，进而返合于本体，起而用之，与本体功能相应，既感而通，即可得神而通之之妙用矣。

幻境相似神通之错误

举凡学佛参禅，或其他宗教，乃至各类外道，原其用工之基，无不从事禅定。但此所谓禅定，即通常所谓静也。如练习打坐者，乃禅定工用之一种姿势，非打坐即禅定也。即事禅定矣，初则不易宁静，及其稍得静相，

有二种现象，最易发生。

一、感觉身体起变化，如气血流通，丹田发暖，或一身发冷发热、发痒发汗，或不知不觉中，自起动摇，或感轻松愉快，或如有物流动，如此状态，不定何种，或有规律，或无定则，随时发生。身体胜常，似感健康增进，头脑清利，耳目聪明，色气光润。凡此种种，皆静中发生之必然现象。何以有此状态之发现？须知吾人身体，潜在功能，有一种生机不绝之力量，在生理学上，称之曰本能活动。此本能活动，通常人于不知不觉间，皆起作用。试举二例：如人睡眠，右侧卧久，不待知觉另起作用，自然向左翻卧睡。当左右调换时，意识不知也。如人骤然跌倒，两手两足，于刹那紧急之顷，自然据地支身。此即本能活动之显著现状也。此种本能，即为身体新生力量之生机，不待意识作用而起。如以意识作用，反而障碍此本能之活动矣。故思虑劳动过多，则损伤健康而感疲劳。故病人须休息，以恢复健康，休息与睡眠，医称为不要钱之多种维他命。因人在休息睡眠之时意识潜伏，可使生理本能活动，自然起作用，故健康可复，精神骤长。人在习静禅定中，自然走入宁静状态，故本能活动作用，渐感恢复。因静中意识之感觉未尽灭也，故本能之种种现象，发生知觉。一般人以为吾有工夫，有道行，自己不同于常人，即生胜解，自以为通矣。执著

此事,即生种种幻觉境界,即佛所说之魔境,当知此乃自然静相中之自然、必然、当然现象,不足为奇。

二、静中忽感光明显现,或眼闭时,感觉头上,或目前,或全身,或内部发光。甚之,暗室见物,夜视如昼。如贪著其事,渐于此光中,显现许多幻境。初则如云雾,如梦影,乃至一切人物鲜明,随心可见。念见菩萨,菩萨即至。念见上帝,上帝即现。念见鬼神,鬼神即出。不但见之,且可闻其声,日久工深,乃至可见人事上之种种事实,试之亦验。于是自谓得道得通,位入仙佛,不同凡人。甚之,如另有一身,完全同我,可自由出入于此身之外,神游远近,一切如意,称为出神。若此等等,乃静境中偶与本体功能宇宙之光与电磁,骤起一种变幻相似之通。贪著其事,即入魔境。何以静中有此现象发生耶?此乃心理与生理自然功能之一种变幻现象也。静中之时,心理上明了意识,渐渐沉寂不起,思虑作用,陷入昏迷状态,其潜意识(唯识学称独头意识,亦名独影意识)忽起作用,可发生以上种种现象。然不尽为心理作用,人之生理,纯为物质,此物质与宇宙间之声光电化等功能,同一活动,互相感通。故道家称人身乃一小天地,盖谓人之身体,为一具体而微之大宇宙也。平常吾人,都在运动中,与万物相同,皆在放射,皆在消散。忽在静中,生理之自然功能,偶感外光外力之交互作

用,由动至静,如两力摩擦,忽然发声、发热、发光,于是引起心理上之幻觉。渐至心理久习于变态幻觉,生理亦入于变态幻觉。自以为道为通,不智孰甚!凡此之类,上者终日在幻觉幻想中过其生活,下者因习此而使生理上之消耗过甚,终至夭折而亡。若发狂,或至脑充血,皆当然现象,必然结果也。以前香港有一小僧,在打坐时,用小电泡安放手中,可使发光,众以为神,常作表演,一二年后,即告夭折,其愚可愍!凡静中感种种魔境事,《楞严经》言之极详,不待赘说。佛经初期翻译,"魔"之一字,译为"磨",磨者,有磨炼磨折之义。后译佛经,改为魔字,乃与魔鬼妖精发生联想,走入神秘范围矣。学者当以智勘慧察,不可妄从,否则,即为精神症,或精神分裂症,实非得道,切勿自误。

凡习禅定静行者,发生第二类光幻现象,以女性较多,幼童亦易。此外,以生理有病态,心理多幻想,或智虑暗昧者,最易发生。何以如此?皆与生理心理有关,剖析至繁,姑不具论。唯女性与幼童,定力易至,慧力稍差,男性以慧力易得,定力难坚,此二种不能调和,亦心理与生理上天然之等差,非修持有素,殊不易得定慧等持之正三昧也。禅定习静者,发生以上光影幻觉作用,大抵皆在昏沉(迷惘)状态,犹如催眠时之昏迷情状,自不觉察,潜意识发起作用,习此用力既久,贪著其事,心

理意识,完全趋入幻觉、错觉之中,即为魔事矣。若能当此现状发生时,智照了然,不随任感觉、幻觉、错觉之转移,于一切光色音声幻境而不著,终至灭尽感觉,不落昏沉,亦不散乱,灵明无物,方可得正定也。《金刚经》云:"凡所有相,皆是虚妄。若见诸相非相,即见如来。"又云:"若以色见我,以音声求我,是人行邪道,不得见如来。"故知一切幻境,即皆是虚妄,不可取著。不但幻境不可取,即定相现前,亦不可取。如有定相,亦在一切凡所有相,即皆虚妄之中。世之习佛道者,闭目藏睛,贪看光景,为人判断祸福,自以为得道,其慎戒哉!

若能不取著此种现象,于静中生理上起任何变相,了知其不过是心意识所起之感觉,即猛自检查,使心念不动,自然如雨过天青,终归平静宁谧之境矣。

正定所发之通明

经谓"通自定发"。此所谓定,乃正三昧,非相似静境。若至九次第定之第四禅定,久住功深,然后起用,依诸教授方法修持,渐使色身气脉一一转变,终使心身融合无间,心息自由控制,迅即入定,觉受尽灭,如欲出定,随意发用,常光现前,与本体合其功能,然后通明之

力,可随意发起。《楞严经》云:"随拔一根,脱粘内伏。伏归元真,发本明耀。耀性发明,诸余五粘,应拔圆脱,不由前尘所起知见;明不循根,寄根明发,由是六根互相为用。"此所谓伏归元真者,即心身寂定,返伏体性。住此定久,体性功能,自在发耀光明。此中事相理趣,未可尽以言语文字传之,恐落筌蹄。要之,能了一心,不再随妄流转,仍是一色边事,必再能转得此身(物),则心物同返于法尔本性,体用皆可自由矣。习密宗者谓:显教与禅宗,不修气脉,终不能即身成就,故神通不得发起。孰知禅宗法门,以直见本性为学,若果能彻见本性,则神通妙用,自然具足。岂不见《楞严经》云:"性火真空,性空真火。"地、水、风等,亦复如是。得见本性者,自然应用无碍,自家故物,不待外求。苟有未能,以其功未齐于诸圣,力不充也。唯神通虽是妙用,终为幻妄;未得漏尽通者,如偶发神通(五通),必至随妄流转,堕于魔外数中。佛法以正知正见教导世间,使一切众生,皆得般若,度为究竟,若以神通设教,反使众生易着幻秘,难入正觉之途。故吾佛遗教,制戒神通,经谓大阿罗汉,亦有神通,亦无神通,而其得漏尽通者一也(义见《大智度论》)。禅宗正见,尤不重此,丛林规范,以神通惑众者,迁单(放逐)。佛之正法眼藏,不至入于外道之流,端赖有此戒制。故禅门宗师,或有以神通示迹者,必故示狂

颠,不提持正印。荷担慧命者,则不言神通,以平实为人,作人天表率。今录禅门古德行迹,有关于神通者数则附后,以见禅宗非不能即身成佛,形神俱妙,第所不取耳。

隐峰禅师……冬居衡岳,夏止清凉。唐元和中,荐登五台。路出淮泗,属吴元济阻兵,违拒王命。官军与贼交锋,未决胜负。师曰:吾当去解其患。乃掷锡空中,飞身而过。两军将士仰视,事符预梦,斗心顿息。师既显神异,虑成惑众,遂入五台示灭。

普化禅师。临济初开堂,师首往赞佐。唐咸通初,将示灭,乃入市谓人曰:乞我一个直裰!人或与披袄,或为布裘,皆不受,振铎而去。临济令人送与一棺。师笑曰:临济厮儿饶舌,便受之。乃辞众曰:普化明日去东门死也。郡人相率送出城。师厉声曰:今日葬不合青乌。乃曰:明日南门迁化。人亦随之。又曰:明日出西门方吉。人出渐稀。出已复还,人意稍怠。第四日,自擎棺出北门外,振铎入棺而逝。郡人奔走出城,揭棺视之,已不见。惟闻空中铎声渐远,莫测其由。

瑞岩彦禅师。尝有三僧,胡形清峭,目若流电,差肩并足致礼。师问曰:子从何来?曰:天竺。曰:

何时发？曰：朝行适至。曰：得无劳乎？曰：为法忘劳。谛视之，足皆不踏地。师令入堂，上位安置。明旦，忽焉不见。又尝有村媪来礼，师曰：汝莫拜，急归救取数百物命。媪归，见其妇方拾田螺归，媪因亟投水中。又数家召斋，一一同时见师来赴。生平神异之迹，不可胜述云。

大道谷泉禅师，性耐垢污，拨置戒律，眼盖衲子；所至丛林辄删去，师不以介意。得法于汾阳昭禅师。⋯⋯山有湫，毒龙所蛰；堕叶触波，必雷雨连日，过者不敢喘。师与慈明暮归，时，秋暑。捉明衣曰：可同浴。明掣肘迳去。于是师解衣跃入，霹雳随至，腥风吹雨，林木振摇。明蹲草中，意师死矣！须臾，晴霁，忽引颈出波间曰：团！明尝遣南公谒师，师与语，惊曰：五州管内，乃有此南扁头道人耶！及南公住法轮，师复以偈招之。南公以师坦荡忽绳墨，戏酬以偈曰：饮光论劫坐禅，布袋经年落魄。疥狗不愿生天，却笑云中白鹤。后住保真庵，盖衡湘最险绝处。夜地坐祝融峰下，有大蟒盘绕之。师解衣带缚其腰，中夜不见。明日，策杖遍山寻之，衣带缠枯松上，盖松妖也。⋯⋯尝过衡山县，见屠者斫肉，立其旁，作可怜态，指其肉，又指其口，屠问曰：汝哑耶？即首肯。屠怜之，割巨脔置钵

中,师喜出望外,发谢而去;一市大笑,而师自若。以杖荷大酒瓢,往来山中,人问瓢中何物?曰:大道浆也。……嘉祐中,男子冷清,妖言诛。师坐清曾经由庵中,决杖配郴州牢城。盛暑负土经衢,弛担作偈曰:今朝六月六,谷泉被气塈。不是上天堂,便是入地狱。言讫,微笑,泊然如委蜕。阇维,舍利不可胜数,郴人塔之,至今祠焉。

云居膺禅师,结庵于三峰,经旬不赴堂。洞山问:子近日何不赴斋?师曰:每日自有天神送食。山曰:我将谓汝是个人,犹作这个见解在!汝晚间来。师晚至,山召膺庵主,师应诺。山曰:不思善,不思恶,是甚么?师回庵,寂然宴坐,天神自此觅寻不见。如是三日乃绝。

仰山禅师。有梵僧从空而至。师曰:近离甚处?曰:西天。师曰:几时离彼?曰:今早。师曰:何太迟?曰:游山玩水。师曰:神通游戏则不无阇黎,佛法须还老僧始得!曰:特来东土礼文殊,却遇小释迦。遂出梵书贝多页与师,作礼乘空而去。自此号小释迦。

黄檗禅师,闽人也。幼于本州黄檗山出家。额间隆起如珠,音辞朗润,志意冲澹。后游天台,逢一僧,与之言笑,如旧相识。熟视之,目光射人,乃偕

行。属涧水暴涨，捐笠植杖而止，其僧率师同渡。师
曰：兄要渡自渡。彼即褰衣蹑波，若履平地。回顾
曰：渡来！渡来！师曰：咄！这自了汉，吾早知，当
斫汝胫。其僧叹曰：真大乘法器，我所不及！言讫
不见。

生 死 之 间

　　凡诸哲学,皆以探讨宇宙万有之真理为极则。凡诸宗教,皆以可作生死依归相号召。人孰恶生而祈死,求不死者,皆有望于永生,故曰死生亦大矣!世之学佛者,尤其禅宗,咸曰为"了生脱死"。综诸哲学与宗教之言死生者,约有三说:(一)谓死后即灭,与草木同腐,持唯物论者,大抵主此。此在佛法,目为断见。(二)谓死乃形器消灭,精神长存。此复有二说:一则精神长存,存而不论。二则精神随善恶等差别,或升天堂,或入地狱。前者为通常之见,后者为宗教之言,此在佛法,目为常见。(三)谓死后生前,渺不可知,但重现实人生,尽其人生本位之分,或主追求人世幸福,或主顺其自然,故庄子有目生死于一条之说。

　　独佛教于生死理趣,迥异如上诸说,佛言宇宙万有之本体为一元,以空为体(空非虚空之义),以一切用为用,以一切相为相,心物二者,为其二有之用。人有生命存在,乃本体之一环耳。故常以海水喻其体,以水泡喻

生命之存在。生命有变迁,如轮之回转不停(简曰轮
回),不见其端。而此轮转变易生命,此死彼生,大体分
为六类(六道)。生死之间,归纳则曰三世。三世者,过
去、现在、未来之三时也。言时间则无始无终,言空间则
无量无边。生死如轮之旋转于时空之间,生之与死,为
生命之一变迁耳。言其整体,则与天地同根,万物一体。
生命变迁,如波分水合。故称生死者,为分段式之变迁
也。然当此生命旋转不停于轮回之间,谁为之主宰欤?
曰:无主宰,非自然,乃因缘之所生。因缘者,由各种条
件与因素,彼此如钩锁连环,相排相吸,而互发为矛盾
之结合也。生命之存在,以自己心识为"亲因缘"(种
子)。以依凭物质形器为"增上缘"(父精母血),聚合而
成。以生命之有存在,而继续不断者为"所缘之缘"(所
缘缘)。以生生不已为"等遍无间"之缘(等无间缘)。故
非自然而有。未见天地间生物之无因而来者,因皆乃自
有与依他共同存在,非另有不可知之神,或同人格之命
运可自由制造者。若果如此,主宰者何以不能不借各种
因素之结合,而独立创出另一生命之存在乎?故佛谓生
命存在,为一种"力"之表现,此力者,由心识所成,名
曰:"业力"。业者如作用运动之意。凡有作用运动,必
起力之存在,其间力有强弱之不同,有时间久暂之区
别,有相排(如离心力),有相吸(如向心力)之矛盾。基

于心与力言，比类可明，心力相荡，物质以生，其间微妙甚深（参看《心物一元之佛法概论》篇）。而心理有善恶念力之不同，因此不同之力，发生同类易感之用。故有天堂地狱六道异生之分途。聚其因缘之总和，得其果报之应得。故忠臣孝子，义士仁人，宁舍非理性之生，而趋理性之死。使此另一存在之生命，迁住于胜善之理性境域，此一切圣贤立足之点也。佛法尚了生脱死者，使能外其形器，超脱分段生命之变迁，永返于寂然不动、常寂光明之本性，与本体合一，处于无为之域。如波返于水，力止不流。然此犹为小乘之造诣。大乘者，了知全波是水，全水是波。波水之成坏，虽曰借因缘之所生，而缘生终灭，灭返于空。故曰：既非因缘，又非自然。此乃法尔（天然）之运动。随此运动而轮转无穷者，即众庶之徇生趣也。止此运动之流，而归还寂然，空无一物一法之本体者，二乘之极果。而沉空住寂，非究竟也。何以非究竟？盖本体常有而常空，虽生而无生，有成者如水之波，乃一期之幻质，动态也。空之寂者，如还波之全水，静态也。动、静、空、有，皆为本体法尔天然之用相，如阴阳翕辟之交互往来。当其运动之时，静止之体已在动中，动极则终于静。当其静止之时，动向之用，已在静止之中，静极则必动。本体之于动静，均为体相之二用。故大乘菩萨道中，旷观生死与涅槃，皆如梦幻之不可

住,不可得,不可把握。唯众生痴迷,智慧暗钝,不能了知此理,不能证入此事,乃兴同体之悲、无缘之慈,往来于生死轮转之流,牺牲自我,救度群迷。虽曰住于有生,而实无生,虽曰入灭,而实无灭。故曰:涅槃与生死,如梦幻空花,两不可执,执则终为病态耳。知此病态,见及本体,证入不生不灭。往来自由,去住由我,则非唯理可了,须理事双致,此吾佛之教也。

此土圣人孔子之教,则曰:"未知生,焉知死?"释其义者众矣,若以上述理观,孔子之意,亦谓生与死乃一事。换言之,即为若知生从何处来?即知死向何处去矣!孔子又曰:"逝者如斯夫,不舍昼夜!"若以此观,皆比类可明。道家以"生者寄也,死者归也。"道家所谓:"即生即死,即死即生。"则皆于生死之道,别有会心之见也。是同是别,在仁智所见各异,留为参详。至若诗人所谓:"悟到往来唯一气,不妨胡越与同丘。"此乃文人学士,旷达之辞,笔墨游戏,偶合于道耳。若文天祥之《正气歌》,则极尽死生之义,非平常学养有得于心,曷能至此哉!其从容就义,炳耀千秋者,岂偶然乎!

佛说生死,极尽精详,如为阿难所说《住胎经》等,剖析人之入胎,七日一变化,十月而胎全,方得其生。远在二千余年前,绝无现代科学知识,而其精辟独到,超乎新说,非今日生理学所可几及,岂不奇哉!由生而至

死,由死而至生,则有《唯识》、《瑜伽师地》诸论,阐说其理。密宗之中阴身救度密法、六成就之"颇哇"法等,显说其事。集生死学说之大成者,莫胜于此矣。以理事过繁,兹不具说。

佛法之言人生者,则以现实人生为本位。我为正业之存在。形器与人间世,乃我相依之存在。物我同体,如儒家所谓"民胞物与"同一观念,且皆具仁慈之大悲。既有生矣,则如《法华经》所云:"是法住法位,世间相常住。"又云:"一切治生产业,皆与实相不相违背。"六祖所谓:"佛法在世间,不离世间觉。出世觅菩提,犹如求兔角。"近如太虚法师有言:"仰止唯佛陀,完成在人格。人成即佛成,是名真现实。"故佛说人生阶段,则以针对现实,牺牲自我,救度大我中之众生。说大乘六度万行,乃充伦理之极致,使行为人格,完成至真至善至美之大成。说"缘生性空,性空缘生"之理性,使精神超拔于现实形器之世间,升华于真善美光明之域。而入世较之出世,犹为难甚!乃教诫行于菩萨道者,须具大慈、大悲、大愿、大行之精神,难行能行,难忍能忍,若地藏菩萨之愿,度尽地狱众生,我方成佛。南泉禅师曰:"所以那边会了,却来这边行履,始得自由分。今时学人,多分出家,好处即认,恶处即不认,争得!所以菩萨行于非道,是为通达佛道。"其意亦极言入世之难。药山禅师所谓:

"高高山顶立，深深海底行。"岂非皆教人要"极高明而
道中庸"乎?宗门古德，无论在家出家，观其临生死患难
之际，类皆从容不迫。至若坐脱立亡于指顾之间，尤难
枚举。平生行迹，取义成仁，尤为至伙。苟或事不得已，
宁以身殉道，高山景仰，殊增企慕之思。如古德临危之
际，有偈曰："四大原无我，五蕴本来空。将头临白刃，犹
似斩春风。"寥寥二十字，足与《正气歌》互相媲美。他如
高僧大德，谈笑脱去，指不胜屈。永觉和尚有言："欧阳
修作《五代史》，谓五代无人物。余谓非无人物，乃厄于
时也。至若隐于山林，如五宗诸哲，则耀古腾今，后世鲜
能及者。余故曰：非无人物，乃厄于时也。"此论极是。凡
禅门大德，足为宗师者，类皆气宇如王，见识学问，人品
修养，皆足彪炳千秋。以无意用世，恬退山林，苟时会所
际，欲其舍出世之业，入世而成人成物者，必能临危授
命，而为忠贞伟烈人物矣。今简禅宗居士中，死生之际，
足为道范者，略举数人，以为景行之资。

　　都尉李遵勖居士，谒谷隐，问出家事。隐以崔
赵公问径山公案答之。公于言下大悟，作偈曰：学
道须是铁汉，著手心头便判。直趋无上菩提，一切
是非莫管。宝元戊寅，遣使邀慈明曰：海内法友，惟
师与杨大年耳。大年弃我而先，仆年来顿觉衰落，
忍死以一见公。乃书以抵潭帅邀之。慈明测然!与

侍者舟而东下,舟中作偈曰:长江行不尽,帝里到
何时?既得凉风便,休将橹棹施。至京师与李公会。
月余而李公果殁。临终画一圆相。又作偈献师:世
界无依,山河非碍,大海微尘,须弥纳芥,拈起幞
头,解下腰带,欲觅生死,问取皮袋?慈明曰:如何
是本来佛性?公曰:今日热如昨日。即随声便问临
行一句作么生,慈曰:本来无挂碍,随处任方圆。公
曰:晚来倦甚。更不答话。慈曰:无佛处作佛。公
于是泊然而逝。仁宗皇帝,尤留心空宗,闻李公之
化,与慈明问答,嘉叹久之。师哭之恸,临圹而别,
有旨赐官舟南归。

　　文公杨亿居士,字大年。于广慧禅师处得法。
有偈曰:八角磨盘空里走,金毛狮子变作狗。拟欲
将身北斗藏,须应合掌南辰后。临终书偈遗李都尉
曰:沤生与沤灭,二法本来齐。欲识真归处,赵州东
院西。尉见遂曰:泰山庙里卖纸钱。尉既至,公已
逝矣。

　　丞相张商英居士,字天觉,号无尽。得法于云
峰悦(事具详《指月录》)。公尝云:先佛所说:于一
毛端现宝王刹,坐微尘里转大法轮,是真实义。法
华会上,多宝如来,在宝塔中,分半座与释迦文佛,
过去佛,与现在佛,同坐一处,实有如是事,非谓表

法。公于宣和四十年十一月黎明,口占遗表,命子弟书之。俄取枕掷门窗上,声如雷震,众视之,已蜕矣。(以上皆载《指月录》)

参政李邴居士,字汉老。参大慧杲得悟。疾革,以偈寄教忠晦庵禅师,偈和毕,怡然而寂。

参政钱端礼居士,字处和,号松窗,从此庵净发明己事。丁酉秋示疾,修书延简堂机,及国清瑞岩主僧,有诀别之语。机与二禅师诣榻次,公起趺坐,言笑移时而书曰:浮世虚幻,本无去来。四大五蕴,必归终尽。虽佛祖具大威力,亦不能免这一著子。天下老和尚,一切善知识,还有跳得过者无?盖为地、水、火、风,因缘和合,暂时凑泊,不可错认为己。有大丈夫磊磊落落,当用处把定,如顺风使帆,上下水皆可。今吾如是,岂不快哉!尘劳外缘,一时扫尽。荷诸山垂顾,咸赐证明,伏维珍重。置笔顾机曰:某坐去好?卧去好?堂曰:相公去便了,理会甚坐与卧!公笑曰:法兄当为祖道自爱。遂敛目而逝。

知府葛郯居士,字谦问,号信斋。得法于灵隐远。宋孝宗淳熙六年,守临川,有仁政。至八年,感疾。一日忽索笔书偈曰:大洋海里打鼓,须弥山上闻钟。业镜忽然扑破,翻身透出虚空。召僚属示之

曰：生之与死，如昼与夜，无足怪者。若以道论，安得生死！若作生死会，则去道远矣。语毕，端坐而化。

扬州素庵田居士，世为江都名族。以弟子员屡试不第，遂一意空宗，猛力参究。时何密庵太守，唱道东南，士为入室高弟。钳锤久之，顿付心印。士乃手握竹篦，勘验僧徒。四方来学，无不仰其为现在古佛，通国称田大士而不名。士居城之田家巷，以宅为庵，四方参叩之士，日拥座下。一日与众禅人茶话，忽然掷杯合掌，别众而逝。（聂先乐按语，谓嘉隆以前，临济有扬州田大士一宗，盛行大江南北云。）

江阴黄毓祺介子居士，久依密云悟和尚，大有入处。悟化后，同门法嗣诸士，结集《悟和尚语录》，书问行世。后鼎迁（清兵入关），士被执石头城狱，越三日，将决矣，作绝命诗曰：剑树刀山掉臂过，长伸两脚自为摩。三千善逝原非佛，百万波旬岂是魔？潦倒不妨天外醉，掀翻一任水生波！夜来梦作修罗手，其奈双丸忽跳何！以破幛书寄牧云门禅师，然后坐脱圄中（即狱中也）。

太史蒋超虎臣居士，悟缘于金山铁舟海禅师。后入都，寄书于孝则居士曰：此行良苦，幸早为我

赋招魂也！孝复曰：安得便心动，北风有何恶？士请告归，道经高邮，乃别孝曰：子将浪荡了此一生！孝曰：何处去？士曰：过得庐山，又峨岭矣！后果终于峨眉伏虎寺。临寂留诗一律云：悠然猿鹤自相亲，老衲无端堕业尘。直向镬汤求避热，又从大海去翻身。功名傀儡场中物，妻子骷髅队里人。只有君亲无报答，生生一念祝能仁。题毕，跌坐掷笔而逝。（以上皆载《续指月录》）

　　张钰居士，字凤麓，广西人（待考）。因父母皆参学禅宗，八岁即有入处。前清时，随父宦游，后为某县令主幕。有寡妇受欺于族，讼涉冤诬，某令因受赂，拟曲断。鞫审次，士坐内室，愤然不平，以手击桌厉声曰：天下有此等冤屈事，岂神明所许哉！言甫毕，天际忽起霹雳，击断公堂梁木。令惊悸木然，冤赖以白。从此终生无疾言怒色。常云：学般若菩萨，不可妄动嗔心。旋出任川南某县令（待考），有仁政。一日坐堂审案，吏报夷人反，兵已临南门。士曰：无恐，我已有却敌策矣。即亲出率勇卒与夷人战，败之，追逐数十里。众返城，而士犹坐堂问案未辍，人惊为神。自显神通后，不肯留任，即辞官遁去。晚年，隐于蜀之新都桂湖畔，茅屋三椽，破釜啜粥，优游卒岁。新都距成都四十里，常徒步

晋省,访诸禅人。一日暮归,出成都北门,过毗河;
河阔甚,误堕水中。及旦,有舟过,见河中有人,顶
出水面,从容而动。亟拯之。见是居士,手持念珠,
口喃喃宣佛号不辍。询之何以在水中?曰:不知也!
我惟觉仍在坦途中行耳! 有法国神父某,慕名访
之,与论义,折服甚。一日,某神父携西药"杀虫
剂"一瓶过士。曰:服之必戕命。士曰:有是哉? 我
愿尝之。坚阻不顾。饮尽一瓶,谈笑自若,唯略感
倦容,移时如故。神父惊异赞叹久之。民国肇建,
士喜甚,趋成都,行市中,左右顾盼,中途即洒泪而
返。曰:今后世将大变,苍生苦甚! 我必再来也! 不
一月果殁。其著作,成都志古堂有刻板。抗战初,
其长公子任成都高等法院首席检察官。当访问士
之遗事,曰:家父在日,视一切众生如子女,唯视我
辈子女如一切众生,他不悉也。又闻士于其长子,
不惟钟爱,且常敬之如对大宾。人询其故,曰:其为
我祖再来身也,不敢以异世易之。(士之事迹,常闻
吾师盐亭袁公,及成都谢子厚老居士,言之极详。
盖皆亲沐法化者。今以时变,士之遗书散佚殆尽,
附志之,以备他日参考。)

上举诸公案,皆为禅门之居士兼宰官身,其生死之
际事迹之大略也。《易经》示人生责任,为"裁成辅相",

"参赞天地之化育"。其意盖谓此娑婆世界(娑婆有堪忍缺陷意),人之为人,应尽人事以救此本然之缺憾耳。故无论出世入世,出家在家,各须尽一己之分,以求利他者。况幸而学佛,更幸而参禅,参禅而有成者,安可自遁以求适了乎!唯在家入世,较出家出世尤难。因缘时节,步步维艰。福德资粮,积修不易。妻儿宾客,晋接周旋,处处动心拂志,开眼闭眼,尽是障道冤魂。能于此中行得过,打得透,其力大难。永嘉曰:"在欲行禅知见力,火中生莲终不坏。"夫在欲行禅,如火里栽莲,岂易事哉!当此国家多难,修罗攘据大地,时会澍屯,莫此为甚。望诸学者,进德修业,以待天心之转换。此处所谓在家尤难者,非指在家学佛,胜于出家,但谓在家修行为更难耳!何则?既已出家,身为人天师表,一意专修,坚心向道,时时处处念念皆在定慧中,迨其生死之际,悠然脱去,已于平素积力有成矣。较之在家之众,工深力锐,必当有进焉。例如:

隐峰禅师,邓氏子,相传皆呼为邓隐峰。临化时,先问众曰:诸方迁化,坐去卧去,吾尝见之,还有立化也无?曰:有。师曰:还有倒立者否?曰:未尝见有!师乃倒立而化。亭亭然其顺体。时众议异就茶毗(火化),屹然不动,远近瞻视,惊叹无已。师有妹为尼,时亦在彼。乃拊而咄曰:老兄畴昔不

循法律,死更荧惑于人。于是以手推之,偾然而踣。
遂就阇维(火化),收舍利建塔。

华亭性空妙普庵主,得法于死心新禅师。尝有
偈警众曰:学道犹如守禁城,朝防六贼夜惺惺。中
军主将能行令,不动干戈致太平。绍兴甲子冬,造
大盆,穴而塞之,修书寄雪窦持禅师曰:吾将水葬
矣。壬戌岁,持至,见其尚存,作偈嘲之曰:咄哉老
性空,刚要喂鱼鳖。去不索性去,只管向人说。师
阅偈笑曰:待兄来证明耳。令遍告四众,众集,师为
说法要,乃说偈曰:坐脱立亡,不若水葬。一省烧
柴,二省开圹。撒手便行,不妨快畅。谁是知音,船
子和尚。高风难继百千年,一曲渔歌少人唱。遂盘
坐盆中,顺流而下。众皆随至海滨,望欲断目,师取
塞戽水而回。众拥视,水无所入。复乘流而往。唱
曰:船子当年返故乡,没踪迹处妙难量。真风遍寄
知音者,铁笛横吹作散场。其笛声呜咽。顷于苍茫
间,见以笛掷空而没。众号慕,图像事之。后三日,
于沙上趺坐,颜色如生,道俗争往迎归。留五日,阇
维,舍利大如菽者莫计。二鹤徘徊空中,火尽始去。
塔于青龙。

上举两则,为诸禅德坐脱立亡之尤具奇特风趣者,
余多未引。虽然,禅宗尚正知正见,不斤斤于生死间以

坐脱立亡为极则也。若预知时至,悠然坐化,不唯专事参禅者始能之。通常修行念佛之人,临终若此者众矣。其故何在?此但能一心不乱,专志在定,用工既久,自可达矣。但问耕耘,莫问收获。此乃工用,于见地不尽攸关。惟见行俱圆,尤为殊胜。有医者曰:此类人临殁,殆皆为脑溢血耳!曰:不尽然也,凡溢血症亡者,必皆昏迷。临殁前,谈笑自若,从容而去,岂病态乎?至已神迁形遗,事后验之,皆有溢血症状,盖亦形躯委蜕后之当然事耳!况复有不尽如此者。夫死亡于顷刻之间,毫无疾苦,即为溢血症,亦人生最后阶段之得大自在者,胜于通常之呻吟迷乱者多矣,庸何伤哉!

复次,深于禅定工夫者,有时偶入空定,或忽气住脉停,如大死者,实非死亡,乃定相耳。旁人不知,往往认为已死,即为之火化或埋葬者,此大误也。凡此之类,不知埋没几多道人,深可太息!当视其平生定力行径,仔细判断,且须常备击子(俗名引磬),平常嘱咐道侣,于入定时,向其耳边敲击,徐徐轻呼之,即可出定。倘仍不出,久而发生异相,则为真寂矣。此事极须注意也。

或问:通常言生死之间,皆为鬼神之说,系合为一,意谓如何?曰:佛法言鬼神者,乃天道,或修罗,或鬼道所摄,非如俗所言人死即为鬼。人死之灵魂,在佛法曰中阴身,或称中有身。中有者,由舍此而未取彼,中间所

有之存在也。俗称为鬼，习惯之观念耳。佛法至极处，实为破除迷信之至理。虽设六道轮回，有天堂、地狱之说，而皆剖明为三界万有之本体所变化。此本体之功能，在人含义于心性中，故曰"三界惟心，一切唯识。"《华严经》曰："若人欲了知，三世一切佛。应观法界性，一切惟心造。"三途六趣，九幽十二有之分析，总归纳于自他同体之心性所变化耳！明乎此，则知生死之说、鬼神之情状。如《易经·系辞传》所谓："仰以观于天文，俯以察于地理，是故知幽明之故。原始反终，故知生死之说。精气为物，游魂为变，是故知鬼神之情状。"然则，既皆唯心所造，所谓鬼神六道之说，皆虚妄耳！曰：是又不然！此理至繁，且录智藏禅师之言以明之：

　　有一士人，问智藏禅师曰：有天堂地狱否？师曰：有。曰：有佛、法、僧三宝否？曰：有。更有多问，尽答：有。曰：和尚恁么道，莫错否？师曰：汝曾见尊宿来耶？曰：某甲尝参径山和尚来！师曰：径山向汝道作么？生曰：他道一切总无。师曰：汝有妻否？曰：有。师曰：径山和尚有妻否？曰：无。师曰：径山和尚道无即得。俗士礼谢而去。此则问答虽简，理实至邃。

　　复曰：既有此说，则一切迷信者，求神拜佛、祈祷冥佑者，皆为合理乎？曰：此有说也。所谓迷信，以迷其真

理所在而即妄信者，斯为迷信。岂但诸宗教之说，凡事之未至，理之未明，遽加相信，皆迷信也。例如曰：前途有梅可止渴，众信其说，而实不知前途有梅否？类此之信，世间事例多矣，皆迷信也。故佛法尚理明事圆，有隐而不明示者，为愚昧众生，入此一信之途。若精神信仰有托，则渐可离非向善矣，不尽求必知可矣。况知亦不能尽者，庄子有言曰："生也有涯，知也无涯。以有涯之生，穷无涯之知，殆矣！"诚哉言乎！培养功德，敬事鬼神之说，以人间世本位而言，即"居敬存诚"励德之阶也。及其至也，当不可自我执著此事。若有一毫染著，何得自在无为哉！为道为学者，既不能染著，则于功名富贵等诸行业，皆一视为幻境，但为成德权宜之用耳！即功满人寰，德遍沙界，亦当空其所有。名立而退，功成不居，方得至乎灵光独耀，迥脱根尘。若心系此事物之中，佞于功德而为道者，适为害道种子。故于立德、立功、立言，三不朽之业，功参造化，德配天地者，亦只为仁心仁行之当然事。夫然后可以亲民，可以入道，外王而内圣矣。须知以道体而言，功德原为外事，非关本分，但堪为尽性至命之基，作后世之楷模也。而道体亦非德行无以明，德业非体道而成滞，取舍之间，智者方达。鬼神无亲，唯德是辅。德业既至，诸为顺缘矣。儒家"慎独"，不欺暗室，懔十手十目之指视者，恰如禅门古德所谓"无

边刹境,自他不隔于毫端"也。十方圣者,同此明示,无可疑矣。"居敬存诚"者,亦即为禅定之一端。积久工深,自通于神明,其于生死之间洒然矣,何独有于鬼神哉!曰:吾已明矣!故达摩祖师对梁武帝论功德之事曰:此乃"人天小果,有漏之因"耳!曰:此又不然!人天小果,尚未能至,更何能透脱而入于大道哉!故由人天乘至二乘,以及大乘佛果,步步上进,未可遗前而失后。祖师之答,为对一时之机耳,不可刻豆腐为宝印也。

中 阴 身 略 述

　　佛法基本,在说明三世因果、六道轮回之可畏,故所期在了生脱死,而修解脱道。三世者,指过去、现在、未来之时间言。六道者,指分段生死之种类言。而空间则无量无边,涵在其中矣。今论死生之际,为便于说明,使易于了解,顺现实人生由生而至于老死,首先说明死之现状与过程。夫人之由生而至于死,古人谓之大事。致死之由,约为二类:一、顺天年而老死。二、遭意外而暴亡。前者谓之善终,后者谓之横折。兹分述其情状。

临 命 终 时

　　临命终时,经谓先由地大分离,所谓地大,即筋、骨、肢体等生理固体之机能。此时临终之人,必感觉身体之骨节四肢,初如重物下压,痛楚难言,或麻木不仁,渐失其知觉运用之功能。眼之瞳孔放大,耳之听觉渐

失，视目前物，或分裂为二为多，或大而为小，小而为大，渐离渐远。耳边之声，虽近如远，或骤闻崩裂之巨声，极为惊怖，此即地大分离现状。然如业命未断，犹可为医药所强支，如业命临断，则非医药所能为力矣。次则水大分离，所谓水大者，即血、汗、涕、唾、便、溺等。此时身发冷汗，或任意便溺，一切知觉已渐丧失；或闻波涛巨浪汹涌之声。再次，乃火大与风大分离。所谓火者，即身中暖热。风者，即呼吸气息。此之二者，相依为命。息之所在，热亦随之，气息一断，暖热顿消，发生冷觉，或感风骤寒生，异常懔悸。火大分离时，与气息同时消失。常言所谓人在命终时，叹出最后一口气，全身之热力亦失。死之情状，约略如此。

中阴身缘起

唯死者，神识至临死一刹那间，其与躯体之关系，有如遗蜕者然。觉一切痛苦消失，轻快安乐无比。但如石火电光，刹那即逝，完全入于不知不觉死寂之境。忽尔如梦初觉，如醉方醒，有如梦中身之存在。一切见、闻、觉、知，皆历历如故。闻人之哭泣呼号，或自发回忆感觉，乃知吾身已死。虽亦如人之有声音笑貌，但非生

人所可感知，此即所谓中阴身，亦有称为中有身者，即
俗所谓人死为鬼之鬼身也。所谓中有者，即舍此而未入
彼，中间存在之身，乃意识所生也。经云：由死寂境而至
中阴身之生起，约人间时计一昼夜。有云：约人世三日
又半，或四日。此中时间之长短，殆无一定之计数。而
由临终死寂境至中阴身生起阶段，其中有几种现象：当
此之时，忽有一道强烈之光明现前，其光非如世间日月
电灯等可比，其强度甚大，晃耀至烈。当此光明现前时，
必生起一极度恐怖之感觉，由此感觉，复入于一昏迷状
态，经时不久。如素习佛法，或平生修持于戒定慧之力
有成就者，认知一切色象之光明现前，皆如定中所习见
之自性所生幻想光明。一念灵明照了，迅断念力之流，
寂然入此光明本体之无相定中，即可顿断生死。然去究
竟菩提、无上之果，尚不可以道里计。但常人之中阴身，
未有不随此强烈之光明而旋转者。或有于此种光明照
耀之中，回忆生前或往世所为善恶等事，一如世间之影
戏然，则于此中自起理性之审判，随业转身矣。然此所
述，犹为平生修善道，或稍具定力现象。如为通常之人，
当临终各种痛苦恐怖之现象发生时，意识完全慌乱，或
奔驰逃逸，即受他道之轮转。如遇险峻之峭壁，或见各
种颜色之境象，俯视莫穷其底，偶一不慎，即坠于中，即
入三恶道之轮回中矣。堕白色峭壁者，生于天趣。红色

者,生于饿鬼趣。黑色者,生于地狱趣。或谓此之三色道,即由于贪、嗔、痴三业力之所感。又或现五种光明径道,如平生修习有素者,此时现前,即知了别。如白色光径,乃导入天道者。如烟雾光径,乃导入地狱道者。黄色光径,乃导入人道者。红色光径,乃导入饿鬼道者。绿色光径,乃导入阿修罗(魔)道者。此外,尚有其他种种现象,亦常发生,如见强烈之巨光,夹杂无边之火焰,喷射炽烈。或见闻中有极可怖之狂风暴雨,交迫而至。或出现狰狞丑恶之鬼物,来相攫啖。或见地狱境相中,阎罗恶鬼,惨刑迫害。或见种种极可怖恶之地狱现相,一生恐惧、避免之情,即不期然而随业往生。如堕湖中,水面有雁类游行者,即生"东胜神洲"。若湖岸有牛啮草而食者,即生"西牛贺洲"。若岸际有马啮草者,即生"北俱卢洲"。若见有房舍,其中有男女正行房事者,即生"南赡部洲"。若见天宫辉煌庄严,喜爱而入者,即得生天趣矣。凡此之类,皆根于自心三世业力所现,随因缘业力而生。(具如经说)

　　中阴至此时期,求生之趣,极为炽盛。若独简人中趣生者,则于此时,随其光象因缘业力之所牵引,见有男女房事,如磁电吸力,骤尔亲近,不见男女之相,唯见二根。于男生贪,即自感为女身。反之,即为男身。以此中阴凝合男女精血,三缘和合,即尔入胎。初入胎时,

又入极昏迷状态。将满十月而出产门,又经一极大痛苦。且住胎期间,七日一变,种种现象,具如佛为阿难所说《入胎经》所述。唯人中趣生,或不定现此种景象。如忽于中阴境时,感狂风暴雨而避,或见天日晴和而游林园等境,亦即可托生。或当生畜生道者,见彼欲事,亦同人间,随业感召,即入斯类;种种现象,不一而足。穷通富贵,随业而转。既无主宰之者,又非自然之力,乃因缘力之所生。业由心造,心赅时间之三世、空间之无边,六道生趣,皆自心体性之所变现。随累积之业力而自个别于果报之不同。业力为因,趣生为果也。

善根至熟,当生天道。恶业至深,当入地狱。皆无中阴身阶段。当此命终,即往生彼。如修净土法门,或专志往生他方佛土者,临终即应念而生。中阴身者,乃意识所生之身。经七日一生死,至多为七个七日,未有不转生者。若生于鬼趣,或属修罗道中所摄,或属饿鬼道中所摄,则于多生之事,仍可记忆。故俗称鬼神者,能记前生,非无因也。中阴身不若吾人为色身业力所囿,一得其身,即具五通之力。唯力有强弱,独无漏尽通耳。故曰:中阴身可自在至一切处,唯有二处不能入,一者菩提道中,一者产门。盖中阴若入菩提道中,即正觉无漏。若入产门,即生他趣矣。中阴之神识力量,自由自在,山河金石,所不能阻碍。倘一时尚未能转胎,往来一

大千世界,随其念力,随想即能。且在中阴境中,彼此之因缘业力相同者,亦可相见,如人间世之对晤然。若生天趣,自然报得神通,于其宿命,更所知晓。唯是有限神通,非为无限。中阴境中,唯以香嗅为食,界中日月不见,故无昼夜,常处于似明似暗中,如天之将曙,或黄昏时之景象。

　　人当临命终时,乃至中阴将生未生时期,依诸经教,其所趣生,可以验知。如由下部渐冷至头面,或眼部热力最后灭者,即生天道或阿修罗道。唯此中有别,生于天道者,死状吉祥,临终洁净,或无疾而终。若入修罗道者,则临终有起嗔恚忿怒之容。如心胸部分,热力最后灭者,即生人中,且现象亦佳,于人世间事,大多有留恋意者。如腹部热力后灭者,则生饿鬼。膝部如此,则至旁生(畜生)。足心如此,即入地狱。而下三道现象,极为丑恶,或昏迷狂号,屎溺满身。至若暴横夭折,虽急骤无此现象,趣生与中阴之理,应无异也。故佛诫在临命终时,切勿骤为沐浴移动。因其余命未断,知觉尚未全失,一遇动触,痛苦难言,必使其起嗔恨之念。复诫人对于死者,不可悲号。盖生死乃必然之事,悲泣何益。但在耳边或顶上,为说法要,最好嘱其提起正念,念佛求生西方。因此时悲号,中阴之见、闻、觉、知依然,徒增其意念之乱。若平时于佛法薰修有素,或念佛志专者,临

终由顶超出,即随念往生佛国,不在此例矣。凡此生死之间,与中阴现状,可参究"唯识"诸论,及藏密中之中阴身救度密法,及六种成就法(此二种皆有美国伊文思温慈博士纂集,张妙定居士译本),佛与阿难所说《入胎经》等。

生 死 决 疑

俗谓人死如灯灭,他生来世,因果业报之说,皆诞言也。佛称此为断见。今世信唯物论者,率皆类此。或有问曰:果有三世轮回之说,人何不自知耶?曰:转世不迷,世间此类事实亦随在而有。唯言之者,人非目为诞而不言,即一人一时一地见之闻之,亦无法使千万人同时得见得闻。兹依理而言,科学犹称质量互变。唯今日科学尚在进步,未可遽以为确定之真理;况现代学者,亦有灵魂不灭之说。欲明乎此,首当了解佛法所称业力之究为何物?佛说业而曰力,亦曰念力。所谓业者,若善若恶,或非善非恶,凡有意识思维之言行动作,皆谓之业。业者,事也,由心意识之所生。西洋哲学家笛卡儿见仅及此,故曰:"吾思则吾存。"此吾思吾存者,业力也,念力也。吾人与宇宙万有同体,此之谓体,即心物一

元本体之体性也。在人具于一心。身者，心之附庸，佛说为依报，物也。体性能生万法，具足一切。故心身亦具足一切，亦能生万法。人之所不能者，心意识之念力，如轮之旋转，无时或已，率染于外境他物之力而囿于物矣。故此心念之业力，即同电磁之力。唯电磁为物质，异性相吸，同性相排，人之于男女亦然。人之于事物，有同具电磁为力之用，其现象不仅止于同异性之相吸排。或有心念业力之强者，排时同异性俱排，吸时同异性俱吸。世间事物之例如此者固多。凡此业力，亦如电磁之在空间，虽不见其形，实能起用，不受时空所限。当因缘遇会之时，即随业生矣。中阴之存在，如强以科学名词解释，殆如纯为阴性磁电乎？唯昔时英国有菩提学会，有根据佛法所说，研究中阴问题者，名曰"死的科学之研究"。终经证明中阴存在之有。且谓男女精血若无中阴神识之加入，不能受胎云云。唯彼另取以名曰：此非物质，亦非精神，姑名之曰"超等的电磁波"。今于此学，当尚在继续研究之中，姑俟其新说。然则人之生死，何以不能自知耶？曰：吾人昨日所为之事，今日尚忘。不但经昼夜而忘，且时刻而忘。人于过去之事，能历历分明，如对当前之境者，能有几耶？且人受刺激，或遭外境之大变故者，往往变易心理，如痴如呆。现代心理学所谓之人格变换者，其故又安在？故佛说善恶二性外，尚

有无记性也。神识于生死间,中阴几度昏迷,入胎长住十月,出胎又经剧烈之痛若,皆能使记忆丧失,人于无记,庸有何疑!故经称罗汉有隔阴之迷,圣者如斯,其他何论。欲有转生而不迷,非仗戒、定、慧薰修之力,终不可得。此中禅定法门,犹须依特别教授,非浅见所知也。又曰:依诸科学,人从物种嬗变而生,遗传所禀,今乃云有中阴神识之加入,殊难置信。曰:若纯为遗传,则尧之子何以有丹朱,舜之何以有父瞽瞍。谚云:"一娘生九子,九子各不同。"此又何故耶?何其遗传之各别如此。曰:此视受胎时之环境思想等等,以为区别也。曰:理虽近似,终非究竟之旨。佛说入胎时,即第八阿赖耶识(种子识)和合男女精血而成。如无此神识持种住胎,胎必死坠。婴儿初生,唯有赖耶与第七末那识(俱生我执)。色身日长,六根之用日具,方渐有意识及前五识分别起用。故曰:赖耶种子本识,为"亲因缘";男女精血合成形身,为"所缘缘";遗传影响等为"增上缘";生生不已,为"等无间缘"。万事万物,相资为生者,因缘互为因果,统名之曰因缘所生。故极称无主宰,非自然。人也,物也,固皆如此。唯其体性功能,如来藏性之本然,则非自然、非因缘之所及,强名之曰真如。顺世俗之见而谓其为宇宙万有之主者。理析玄微,事通幽奥,宁非至理乎?又曰:道家所谓,人在母胎,犹为一囫囵先天之太极全体。

一出娘胎,脐带剪断,一点灵光,方入其窍,岂不近于科学耶?曰:科学之为学,今尚在未定之天,何必以近似科学为真耶?其迷也孰甚!即依此论,先天之性与后天之性,宁非一体乎?若为二者,各不相干。若为一者,分而为二之阶段,体宁非同?其说含糊,不值一辩。此皆后世方士之托言,非至论也。

了　生　脱　死

如来藏性,常寂光往。耀明力久,动而暗生。灵知之性,本了明耀。一念之动,变易而为无明。无明为用,不知返于本然体性,随念力而行,故曰无明缘行。行者,念也,亦名为识,故曰行缘识。心识遇缘,即住生趣。生之为用,依附于物体而得。即依附于物体,有其名,即有色。色者,物之总称也。故曰识缘名色。名色既得,六根以生。故曰名色缘六入。六入所用,即发感触,故曰六入缘触。触之感者,必有受,故曰触缘受。受之贪者,必有爱,故曰受缘爱。爱难以舍,数取不失,故曰爱缘取。有取因有物,故曰取缘有。有则方生,故曰有缘生。有生则有老死,故曰生缘老死。此佛说十二因缘。凡人与物之生住异灭,皆可循此因缘旋转不息之定律以说

明之。老死而又缘无明而至生，故见人世之生生不已。今脱此生之力，必须了其死之阶段。故曰了生脱死。若得不生，何死之有？如前述生死中阴之义，例彼可知。故谓无明缘行为过去阶段之"因"。识至受为现阶段之"果"。爱至有为现阶段之因。生缘老死为未来世之果。故云："欲知前世因，今生受者是，欲知来世果，今生作者是。"不但三世因缘、生死之间若此，即吾人日常之间，念念迁流，皆可以例此而观。若依佛所教，奉行修习，即此之生，渐薄生缘，断念力之流，住于寂灭之定，则现前即得不生。现前念力不生，寂灭现前。依此定力薰习既久，业力习气，渐可自在控制。待报尽身离，现前寂然，即入不生之常住定矣。纵有如中阴光色发现，概知为体性自心所变化，性光寂现，不循无明业力，顿断念流，则不循业以生，顿时近其寂灭矣。故曰："诸行无常，为生灭法，生灭灭已，寂灭现前。"此即二乘极果之工用见地。然犹非究意也。若大乘道者，证知本自无生，虽生而常寂。本自无灭，虽灭而犹生，生灭之间，了无一法可得。万象森罗，既不可舍，又不可取。不属死生涅槃之羁锁，故能不畏生死，不入涅槃。行于梦幻生死之道，随流不止，而常流归性海。广度众生，作彼佛事。固已自证自知其生死涅槃皆如昨梦矣！虽然，此岂思议中事，稍有未实，是谓自欺。若为出格超人，冷暖自知，则

虚空有尽，我愿无穷。大地众生，亟待援手，此之所云，
皆如呓语耳！

醒 与 梦

昔人云:"浮生若梦"。然则人生而有梦,殆乃梦中说梦耳。佛法常引梦以为喻,古今论此者,多矣。《礼记》列梦为数十种,《列子》亦为梦作分类。《黄帝内经》亦有梦与病之分类。现代心理学,谓梦乃潜意识之作用。亦有谓乃心理病态之现象,如"梦游症"、"离魂症"等,皆属梦之所摄。

洪迈《容斋随笔》曰:"汉《艺文志·七略》杂占十八家,以黄帝、甘德占梦二书为首。其说曰:杂占者,纪百家之象,候善恶之证,众占非一,而梦为大,故周有其官。周礼太卜掌三梦之法:一曰致梦,二曰觭梦,三曰咸陟。郑氏以为,致梦夏后氏所作,觭梦商人所作,咸陟者,言梦皆得,周人作焉。而占梦专为一官,以日月星辰占六梦之吉凶,其别曰正,曰噩,曰思,曰寤,曰喜,曰惧。季冬聘王梦献吉梦于王,王拜而受之,乃舍萌于四方,以赠恶梦。舍萌者,犹释菜也。赠者,送之也。《诗》、《书》、《礼经》所载,高宗梦得说。周武王梦帝与九

龄，伐纣梦叶朕卜宣王考牧，牧人有熊罴虺蛇之梦，召彼故老，讯之占梦。《左传》所书尤多。孔子梦坐奠于两楹。然则古之圣贤未尝不以梦为大，是以见于《七略》者如此。魏晋方技，犹时时或有之，今人不复留意，此卜虽市井妄术，所在如林，亦无以占梦自名者，其学殆绝矣。"

佛法论梦之起缘，约分为五：一想，二忆，三病，四曾更（经验影像），五行引起（未来事实）。梦之起作用者，乃独头意识，亦称独影意识。相当于心理学上之潜意识。意识具分别明了功能，独头意识乃意识之影子。独于睡眠昏迷，乃至静定境中，自起作用。兹分论五种梦缘。

一、想梦者：如思想专精，意思胶着于人事物欲等，于睡眠时即现梦境。但只能影射事物，或梦境独影中，联合生理病态，以及过去经验等，支离破碎之残存记忆，而构成梦境。其最明显之例，如男女相思，易形梦寐。此皆想之成梦也。

二、忆梦者：亦近于想，而忆之与想，功能不同。想者，意识起思想作用；忆者，于人事物欲，或见、闻、觉、知之事，习惯已深，无须意识运思，不期然如有事存心。例如陆放翁诗云："死去原知万事空，但悲不见九州同。王师北定中原日，家祭无忘告乃翁。"唐人诗云："行过

疏篱到小桥,绿杨阴里有红娇。分明眼界无分别,安置心头未肯消。"此等所谓心头未肯消者,即忆念现象也。复如李后主词云:"剪不断,理还乱,是离愁,别是一般滋味在心头。"皆忆念至深之现象也,凡此形梦寐者,忆梦也。

三、病梦者:如饮食停滞,生理障碍而梦重魇,或被人追逐而足步艰难。又如血液不清、湿盛者,则梦水。生理发炎、火盛者,则梦火。血液循环太速、风气盛者,则梦飞翔。如血压高而梦冲举,血压低而梦下堕,肝病梦色青蓝,心病梦色红紫,脾病梦色黄,肺病梦色白,肾病梦色黑,乃至恐怖惊悸而梦恶,喜悦欢欣而梦祥,皆可统摄于病。亦可通于前之二者。

四、曾更梦者:即于前三种梦象,或牵连过去经验而成梦,或前尘影事,于梦中重温,故梦中之见、闻、觉、知,绝少有超过平常知识经验之印象者。有之,则非梦所诠矣。

五、引起梦者:非常情所可测,如梦入素未历之境,素不相识之人,素无经验之事等,但经若干时日,身之所接,悉与梦符,此即梦有引起之作用也。此种梦理,须研究佛法,知夫"三界唯心,一切唯识。""十世古今,始终不离于当念,无边刹境,自他不隔于毫端。"究明此理,方知心意识与如来藏性之用,具足一切,遍含三际,

含裹十分方矣。

　　知梦之成因若此，然后可知吉祥善梦与惊怖恶梦，皆属意识之变现，来因去果，自有蛛丝马迹可寻，实无奇特之处。观乎世人常有因吉梦而欣悦，或凶梦而忧惧，其实同一颠倒也。庄子不云乎："吾固不知蝶之梦周？抑周之梦蝶？"岂非一大痴事乎！既知为梦，早成过去之幻影，孰此以求验，其与刻舟求剑，事将毋同。藏密中有修梦成就之法，以梦为入道之门。又如判刑待决之囚，一切希望已绝，当亦无梦。佛道中人，知见工用有得者，夜眠往往无梦；或虽在梦中，仍历历耳，盖已达醒梦一如之境地矣。有谓庄子曰："至人无梦"，即误谓圣人皆无梦；实则，非无梦也，醒梦一如耳！苟绝无梦，何以释迦犹梦金鼓，宣尼犹梦周公、奠两楹。庄周梦蝴蝶，此岂非至人之梦欤！其义可深长思也。寻常所谓梦者，皆在睡眠昏迷状态中。梦境所起作用，现代生理学者，谓乃脑神经尚未全部休息所致。唯心唯物，姑置勿辩。其所谓梦者，乃人于醒后，五官感觉依然起用，意识分明时，能记昨梦。凡梦中一切，不可捉摸，不可控制，故称之曰梦。孰知我人日常生活，六根运用，迁流不停，例如眼之视色，一转动间，刹那即逝，与梦无别也；耳之闻声，鼻子辨气，舌之尝味，身之运动，意之思惟，皆无常存之可把捉，其无梦也何别？一日作为既毕，双眼闭而

入睡,一切了不可得,则日间之所为,非即所谓梦乎!已去者不复来,未来者尚未至,年之与月,日之与时,分之与秒,刹那变易,安有一事一法之可得;所谓现实者,不过一刹那间之缘会,缘灭即散矣!若能仔细观察,昼之与夜,梦固无别也。

人如能常空其意念,如庞居士所云:"但愿空诸所有,慎勿实诸所无。"念念之间,于过去不留,未来不逆,现在不住,忽然三际托空,意识不行,则于应缘动作间,但前五识(即五官直接感觉,不再缘意识分别之知觉),对境起用,则此心如无,此身如一真空之球或瓶等,即唯识学所谓之现量境,小乘之人空境,可得现前。此时对缘外境,一切皆如梦中。视山河大地人物动作声音等,皆如活动影象。不但对外境他物觉其如梦、如幻、如影,即我此身心亦同于诸梦。动静行为,皆能行所无事,如永嘉云:"恰恰用心时,恰恰无心用。无心恰恰用,常用恰恰无。"岂不乐哉!虽然,此犹梦语。必曰"百尺竿头须进步,空花镜里莫藏身。"迨至远离颠倒梦想,得究竟涅槃,方可出世入世,一切自在矣。但于圣凡情断、超佛越祖之地,尚须痛吃辣棒。云门云:"此即为慈悲之故,有落草之谈。"若欲究明斯事,当复观云门语:"扇子蹳跳上三十三天,触着帝释鼻孔。东海鲤鱼打一棒,雨如倾盆。"毕竟如何?曰:参!

禅宗与教理

　　佛法之在吾国,大致有十宗之分途,禅宗以外各宗皆依教理经、律、论而言修证,独禅宗标旨为佛之心宗,"不立文字,直指人心,见性成佛。"似与教下诸宗,了不相关。禅宗之徒,并有斥究心教理者为非,岂知佛心者,宁独能自外于文字,教下经藏之学,果非佛说耶? 若为佛说,说岂非心,心生万法,文字岂非万法所涵耶?若不依文字,则凡人之言语及动作表示,乃至默默无语等,皆为未成文之文字也;记之则为文字,弃之皆无所立。纵禅宗仅以动作(如吹布毛、瞬目扬眉等)示法,亦仍未离文字窠臼也。况宗者,乃教理之纲宗;教者,乃宗旨之阐演,离宗旨以何为教,离教理安可标宗。初祖达摩付法,亦授《楞伽》以印心,五祖六祖传心之际,以《金刚经》为依据,永嘉禅师云:"宗亦通,说亦通,定慧圆明不滞空。"宗门古德言:"依文解义,三世佛冤;离经一字,允为魔说。"若六祖之不识文字而解诠义理,靡不深入经藏。禅宗之徒,排弃教理,视为不屑为者,唯恐其笼统

真如,颟顸佛性,又如此郎当去也!故曰:"通宗不通教,开口便乱道。通教不通宗,好比独眼龙。"岂止教理而已,若果明心,一通百通,五明(内明、因明、声明、医方明、工巧明)之学,凡外诸说,无不通达。何则?明心同佛,森罗万法,岂非一法之所印,如其未能,切勿空疏狂妄,以自己罔也。

由 教 入 禅

从上宗门古德,虽非尽皆先由学习教理而入禅,大抵皆于悟前或悟后通晓义理,融会心宗。凡著名宗匠,靡不贯通宗教,岂局守偏隅,闭户称尊者可比。然则,既悟之后,何不起而讲教,而独唱宗旨耶?宗门鼎盛时期,在唐宋之际,义学座主(如今称讲经法师),如麻如粟,佛法宣明,普及社会,修持行人,亦复不少,故悟后宗师,单提向上一著,不预讲座,亦足多矣。若际末法,明心宗师,必肩此责任,宁有于别他途乎!如药山禅师曰:"经有经师,律有律师,争怪得老僧!"兹略举古德之由教入禅者,以资省发。

药山惟俨禅师,绛州韩氏子。年十七出家,纳戒衡岳,博通经论,严持戒律。一日叹曰:大丈夫当

离法自净,谁能屑屑事细行于布巾耶!后见马祖而悟。

德山宣鉴禅师,简州周氏子,早岁出家,依年受具,精究律藏,于性相诸经,贯通旨趣,常讲《金刚般若经》,时谓之周金刚,后于龙潭得悟。

洛浦山元安禅师,早岁出家,通经论,具戒,为临济侍者。济尝称曰:此临济门下一支箭,谁敢当锋。

疏山匡仁禅师,吉州新淦人,投本州元证禅师出家。一日告其师,往东都听习,未经岁月,忽曰:寻行数墨,语不如默,舍己求家,假不如真,遂造洞山。

风穴延沼禅师,余杭刘氏子,少魁磊,有英气,于书无所不观,然无经世意。父兄强之仕,一应举,至京师,即东归,从开元寺智恭律师剃发受具。游讲肆,玩《法华》玄义,修止观定慧,宿师争下之,弃去。

投子义青禅师,青社李氏子,七龄,颖异非常,往妙相寺出家,试经得度,习《百法论》。未几,叹曰:三祇途远,自困何益!乃入洛听《华严》,五年,反观文字,一切如肉受串,处处同其义味;尝讲至诸林菩萨偈曰:即心自性。忽猛省曰:法离文字,宁

可讲乎？即弃去游方，后于浮山远禅师处得法。

五祖法演禅师，绵州邓氏子，年三十五，始弃家祝发受具，往成都习《唯识》《百法论》。因闻菩萨入见道时，智与理冥，境与神会，不分能证所证。西天外道，尝难比丘曰：既不分能证所证，却以何为证？无能对者，外道贬之，令不鸣钟鼓，反披袈裟。三藏玄藏法师至彼，救此义曰：如人饮水，冷暖不知。乃通其难。师曰：冷暖则可知矣，如何是自知底事？遂往质本讲曰：不知自知之理如何？讲莫疏其问，但诱曰：汝欲明此，当往南方扣传佛心宗者。师即负笈出关。

凡此诸师，皆弃教入禅，得乎心法。往昔居士之参禅者，多皆宿学俊彦，不待记摘。然则，习教者，终不得悟佛之心要耶？岂宗门既悟之后，法竟超于教理耶？如作此见，允为魔说。须知悟者，益见其深入经藏，其所得法，固未离于教理之外也。且由经教而悟入心法，而后阐宏教理者，亦大有人。略举如下：

玄沙师备宗一禅师，福州闽县谢氏子，少渔于南台江上，及壮，忽弃舟从芙蓉山灵训禅师断发，诣南昌开元通玄律师所受具足戒，芒鞋布衲，食才接气，宴坐终日，众异之。初，兄事雪峰，既而师承之，峰以其苦行，呼为备头陀。一日，峰问：啊！哪

个是备头陀？师曰：终不敢诳于人。异日，峰召曰：备头陀，何不遍参去？师曰：达摩不来东土，二祖不往西天。峰然之，暨登象骨山，乃与师同力缔构，玄徒臻萃，师入室咨决，罔替晨昏。又阅《楞严》，发明心地，由是应机敏捷，与修多罗（经藏）冥契，诸方玄学，有所未决，必从之请益。至与雪峰征诘，亦当仁不让，峰曰：备头陀再来人也。

圆通居讷禅师，生而英特，读书过目成诵，初以义学冠两川，耆年多下之。会有禅者自南方来，以祖道相策发，因出蜀，放浪荆楚，久之无所得。复西至襄州洞山，留止十年，读《华严论》至"须弥在大海中，高八万四千由旬，非手足攀揽可及，以明八万四千尘劳山，住烦恼大海。众生有能于一切法无思无为，即烦恼自然枯竭，尘劳成一切智之山，烦恼成一切智之海。若更起心思虑，即有攀缘，即尘劳愈高，烦恼愈深，不能以至诸佛智顶也。"三复叹曰：石巩云：无下手处。而马祖曰：这汉旷劫无明，今日一切消灭。非虚语也。

温州瑞鹿寺上方遇安禅师，师事天台，阅《首楞严经》到"知见立知，即无明本，知见无见，斯即涅槃。"师乃破句读曰：知见立，知即无明本，知见无，见斯即涅槃。于此有省。有人语师曰：破句了

也！师曰：此是我悟处。毕生不易，时谓之安楞严。

西蜀鉴法师，通大小乘。佛照谢事，居景德，师问照曰：禅家言多不根何也？照曰：汝习何经论？曰：诸经粗知，颇通《百法》。照曰：只如昨日雨，今日晴，是甚么法中收？师瞢然，照据痒和子击曰：莫道禅家所言不根好！师愤曰：昨日雨，今日晴，毕竟是甚么法中收？照曰：第二十四时分不相应法中收。师恍悟，即礼谢。后归蜀，居讲会，以直道示徒，不泥名相。

建康府华藏安民禅师，初讲《楞严》有声，谒圆悟，闻举国师三唤侍者因缘，赵州拈云：如人暗中书字，字虽不成，文彩已彰，哪里是文彩已彰处？师心疑之，告香入室。悟问座主讲何经？师曰：《楞严》。悟曰：《楞严经》有七处徵心，八还辨见，毕竟心在什么处？师多呈解。悟皆不肯。师复请益，悟令一切处作文彩已彰会。偶僧请益十玄谈，方举"问君心印作何颜？"悟属声曰：文彩已彰！师闻而有省，遂求印证，悟示以本色钳锤，师则罔测。一日，白悟曰：和尚休举话，待某说看，悟诺。师曰：寻常拈槌竖拂，岂不是经中道：一切世界，诸所有相，皆即菩提妙明真心？悟笑曰：你元来在这里作活计？师又曰：喝敲床时，岂不是返闻闻自性，性成无

上道？悟曰：你岂不见经中道：妙性圆明，离诸名
相。师于言下大释然。

嘉兴府报恩法常首座，于《楞严经》深入义海，
谒雪窦，机契，命掌笺翰，首众报恩室中；惟有矮
榻，余无长物。宣和庚子九月中，语寺僧曰：一月后
不复留此。十月二十一，往方丈谒饭，将晓，书渔父
词于室门，就榻收足而逝。词曰：此事楞严曾露布，
梅花雪月交光处，一笑寥寥空万古。风瓯语，迥然
银汉横天宇，蝶梦南华方栩栩，斑斑谁跨丰干虎？
而今忘却来时路。江山暮，天涯目送飞鸿去。

除上述诸师外，若行思、圭峰、永嘉、本净、子浚，皆
研习教理，契证行果，而复阐扬教乘者，多不备载。禅宗
之所以呵斥研习教理者，乃以其寻行数墨，浮于义海而
忘返归航，则于行证之事，终不相应；致使青春数典，白
首空劳！禅宗之徒，首重事入，如空手夺刃，直探骊珠，
及其事至，则理自圆通，此诚佛所教诫，以修证为上也。
故德山悟后，举其平生《疏钞》，投之一火，且复叹曰：
"穷诸玄辩，似一毫置于太虚。彻世机枢，如一滴投于巨
壑。"世之知解宗徒，不尚行证，徒于只字片语，文字理
趣中，偶有会心，自夸为得；终日缘心不息，称谓思维之
修，视人皆狂，不知自狂之甚也，殊为可叹！若能息心澄
虑，照见真头，则当下理事圆融，不落筌象矣。如净因禅

师论宗与教云：

东京净因继成禅师，同圆悟、法真、慈受，并十大法师，禅讲千僧，赴大尉陈公良弼府斋。时徽宗私幸观之。有善《华严》者，贤首宗之义虎也。对众问曰：吾佛设教，自小乘至圆顿，扫除空有，独证真常，然后万德庄严，方名为佛。常闻禅宗一喝能转凡成圣，与诸经论，似相违背。今一喝若能入吾宗五教，是为正说，若不能入，是为邪说！诸禅视师，师曰：如法师所问，不足三大禅师之酬，净因小长老，可以使法师无惑也。师召善，善方应诺。师曰：法师所谓愚法小乘教者，乃有义也。大乘始教者，乃空义也。大乘终教者，乃不有不空义也。大乘顿教者，乃即有即空义也。一乘圆教者，乃不有而有，不空而不空义也。如我一喝，非唯能入五教，至于工巧技艺，诸子百家，悉皆能入。师震声喝一喝，问善曰：闻么？曰：闻！师曰：汝既闻此一喝，是有，能入小乘教。须臾又问善曰：闻么？曰：不闻。师曰：汝既不闻，适来一喝，是无，能入始教。遂顾善曰：我初一喝，汝既道有，喝久声消，汝既道无，道无，则原初实有，道有，则而今实无，不有不无，能入终教。我有一喝之时，有非是有，因无故有，无一喝之时，无非是无，因有故无，即有既无，能入顿教。须

知我此一喝，不作一喝用，有无不及，情解俱忘，道有之时，纤尘不立，道无之时，横遍虚空，即此一喝，入百千万亿喝，百千万亿喝，入此一喝，是故能入圆教。善乃起再拜。师复谓曰：非唯一喝为然，乃至一语一默，一动一静，从古至今，十方虚空，万象森罗，六趣四生，三世诸佛，一切圣贤，八万四千法门，百千三昧，无量妙义，契理契机，与天地万物一体，谓之法身。三界唯心，万法唯识，四时八节，阴阳一致，谓之法性。是故《华严经》云："法性遍在一切处。"有相无相，一声一色，全在一尘中含四义，事理无边，周遍无余，参而不杂，混而不一，于此一喝中，皆悉具足，犹是建化门庭，随机方便，谓之小歇场，未至宝所。殊不知吾祖师门下，以心传心，以法印法，不立文字，见性成佛，有千圣不传底向上一路在！善又问曰：如何是向上一路？师曰：汝且向下会取。善曰：如何是宝所？师曰：非汝境界。善曰：望禅师慈悲！师曰：任从沧海变，终不为君通！善胶口而出，闻者靡不叹仰。

此则因缘，必有人谓禅师太不慈悲，吝于说法，否则，何以说"任从沧海变，终不为君通。"殊不知此正为宗门机用，早已于此言句下通了矣。奈迷悟由人，不识其旨。有曰：通即不通，不通即通，此即禅宗之意。苟作

此解,则止能瞒尽无识苍生,若以宗门正眼观之,不值噱之以鼻也!何则?且观渤潭英禅师与南昌潘居士同宿双岭讲论之言,可通其解矣。

居士曰:龙潭见天皇时节,冥合孔子。师惊问:何以验之?孔子曰:"二三子以吾为隐乎?吾无隐乎尔!吾无行而不与二三子者,是丘也!"师以为如何?师笑曰:楚人以山鸡为凤,世传以为笑。不意居士此言相类,"汝擎茶来,我为汝接,汝行香来,我为汝受,汝问讯,我起手。"若言是说,说个甚么?若言不说,龙潭何以便悟?此所谓无法可说,是名说法。以世尊之辩,亦不能如此两句耳。学者但求解会,譬如以五色图画虚空。鸟巢无佛法可传授,不可默坐,闲拈布毛吹之,侍者便悟。学者乃曰:拈起布毛,金体发露,似此见解,未出教乘,其可称祖师门下客哉!九峰被人问深山里有佛法也无?不得已曰:有。及被穷诘无可有,乃曰:石头大者大,小者小,学者卜度曰:"刹说众生说,三世炽然说。"审如是,何必更问祖师意旨耶?要得脱体明去,譬如眼病人,求医治之,医者但能去翳膜,不会以光明与之。居士推床惊曰:吾忧积翠法道未有继者,今知尽在子躬,厚自爱!

禅 须 通 教

参禅之辈,甚有蔑视教理,视三藏十二分教,皆为剩语,摭拾谚语村言,巧立名目,如以三关称之曰:"雁门关、山海关"等类,惊世骇俗,借以鸣高。若斯之徒,落知见愚,殊足叹惜!后世宗门竞相传习曰:《法华》、《楞严》,把本参禅,以此二经,为禅宗所据宝典,与初祖之授《楞伽》,六祖之授《金刚经》,尤有进焉。既或熟习之矣,而与三论、成实之言,唯识华严天台之学,诸多未解。然则纵悟此心,便同于佛,而三祇劫论,菩萨五十三位,天台之三止三观,华严十重玄义,唯识家五法三自性、八识二无我,其中如帝网重重,如何同异?如何相印?皆当一一透过,一有滞碍,何得云然。如笼统颟顸,自招罪过,反不如依教奉行,踏实修行为是,何事参禅。尤其当今之世,百家学说争鸣,甚于印度佛在世时,与吾国春秋战国时代。不能温故而知新,融通诸说,徒知"乾矢橛"、"麻三斤"、"云门饼"、"赵州茶",老死语下,称佛山中,则吾佛之所寄望于荷担大法,嘱咐正法眼藏者,又何益于众生耶!多闻慧解,固为所知障,但根本智易得,差别智难求,文字因缘,虽曰习气,而亦通于般

若,彰明文彩,舍此谁寄!

例如六祖云:"不是风动,不是幡动,乃仁者心动。"宗门风行此语,传诵千古。今试思六祖所谓心动,为指此意识之心,抑另有其义?如指此心,禅宗之徒,用功得至身定心空,万缘都寂,其他外境之风动也好,幡动也好,与我了不相关,即自肯曰:我已明得六祖之意,已明此心矣。苟如此,禅宗之所谓心,只为第六意识之识心耳。纵饶此心无念无动,而外境外物之风幡,依然在动,与我又有何涉?如曰本不相涉,则万物一体之说,山河大地,宇宙万法皆为阿赖耶识所变。《楞严经》云:"不知色身,外洎山河虚空大地,咸是妙明真心中物。"又是何解?风幡既未外于宇宙,此心纵然不动,风幡仍在飞扬,如认到此为是,则禅宗之所谓心法者,止属现代心理学之一部分,又何得为超三界外之无上妙法耶!此时风幡与心,与华严法界、涅槃妙心、唯识法性等学,又如何沟通?即使理无碍矣,又须事理无碍,证此风幡心动之极,又复如何?若此类课题,宗门中公案,比比皆是,一有未透,且莫妄说明心。

佛语心者,有时指宇宙万法本体,称谓心名。有时指此妄念,亦名为心。此因翻译名言,偶有疏忽。且文字语言,往往不能表达深意,故贻淆讹之误。例如马祖有时云:"即心即佛。"有时云:"非心非佛。"或云:"不是

心,不是佛,亦不是物。"复云:"心佛众生,三无差别。"凡此等等,如以知解诠通,则可用几何算法,求出答案,亦知此所谓心者,非指第六意识之心也。所谓此心,实心物一元之本体心也。悟者,悟此心之用,证者,证此心之体。体用皆如矣,然后或摄用归体,或摄体归用,任运作为,终合于道。故云:修行法门有二种:一从法界归摄色身。一从色身透出法界。从法界摄色身,《华严》尚矣。从色身出法界,《楞严》诸经有焉。虽然用此求知,仍为解悟,与宗门之证悟,相距岂止十万八千里而已。

三藏十二分教,论为疏释经律之学。主于论者,未可数典忘祖,若独以此如海经藏,分类排列,融通诸经语句,取以经注经方法,则求得知解总和,足可通诠诸法矣。何待创立知见,别尚玄奇乎!

佛法本体之论,借用名词言之,略如《华严经》以本体为真善美之极致。宇宙万有,皆为本体起用中生生不已,互为因缘,法尔(自然)如此,涵盖无遗。《涅槃经》以本体为真常寂住,原始返终,不出其位,宇宙万有生灭不停,皆涅槃寂静中之如性,本无来去也。《起信论》则以真如本体,起用为生灭,生灭迁流,真如泊然,一切真妄皆为如来藏中之同体。《楞严经》则以本体圆明,含裹十方,宇宙万有之起用,为本体之病态,如空花翳眼,须教返本还元。他如唯识唯心,则言认识之变态。根尘色

法,以指心理之愚妄。真如本性、涅槃妙心,统称本体之别名。般若菩提、转识成智,或谓正觉之了了。凡此之类,不尽例举。

禅宗之证悟本性者,即证心物一元之本体也。及其至也,方得心能转物,即同如来。然有一体性可立,已属教乘所摄,能立则能破,循因明辩法可诤,见滞筌象,则非宗旨。及乎心超象外,知有机先,物我两忘,人法透脱,如如亦扫,非言语文字表示动静之可及,亦不离一心,"即一切法,离一切相"。终使释迦掩室于摩竭,维摩杜口于毗耶,一会拈花,只当游戏耳!复何言教之可资哉!金圣叹云:"达摩大师,用条短秤,一喝便了;六十四卦钉作长秤,这句在我此卦前,这句在我此卦后,花拳绣腿,一路短打,又手松脚快,捉摸不定,大易之文也。"可谓深得禅宗与教相之妙评矣。

禅宗与禅定

　　"禅"一名词,即为梵语"禅那"转音,通常谓之"禅定"。凡"禅观"、"止观"、"瑜伽"等学,皆摄于其中。由博地凡夫而至成佛,皆以禅定为阶。小乘之析有入空,断惑证真,非禅莫属。即大乘六度,亦必经禅定而入般若智海。故禅定之学,实佛法镤基也。但禅定为世间、出世间、凡夫、外道之共法,佛法虽不离于禅定,而亦不依于禅定。佛之不共法,为"缘起性空,性空缘起"与"实相无相"之中道正知正见,非以禅定为极则也。外道为生天而修禅定,佛法则为依此而发无漏智以修之。若欲成就禅定,必须超脱欲界生得之散心妄念。故外道与佛法,其始虽一,其终则大不相同。禅宗虽以禅为名,实非禅定之旨,此乃佛之心法,证取涅槃妙心之极致,非以禅定之果为其宗旨。故禅宗者,乃佛之心宗也。而以与禅定混为一谈,其谬误岂止毫厘千里之差。虽然,"即一切相,离一切法",固亦未尝尽斥禅定为外也。

禅 定 之 学

　　"禅那"原为梵语,简译为禅,或译为弃恶、功德丛林、思维修、静虑等名。《大乘义章》十三曰:"禅定者,别名不同,略有七种:一名禅,二名定,三名三昧,四名正受,五名三摩提,六名奢摩他,七名解脱,亦名背舍。禅者,是其中国之言。"类其迹相,大抵有三种禅(如世间禅、出世禅、出世间上上禅),四禅(色界四天之四禅定),五种禅(四念处、八背舍、九次第定、师子奋迅三昧、超越三昧),九种大禅(即出世间上上禅、如自性禅、一切禅、难禅、一切门禅、善人禅、一切行禅、除烦恼禅、此世他世乐禅、清净净禅)。凡此种种,立名别相,同中有异,一可成万。异纳于同,止是一定。或以定之缘境,为分齐之差,或以定之程度,为等次之别。如修"止观"者之"六妙门"、"十六特胜"、"通明禅"等,各应根机不同,以适为宜。"瑜伽"诸多观行,循其相应而任抉择。又若《菩提道次第广论》,依中观法行而立"奢摩他"(止)、"毗钵舍那"(观)之宗。方便虽多,归于一致。既不散乱,又不昏沉,定心澄止,则诸异名别意,皆当如箭中的,不必寻弦矣。

若简其定序,则四禅九次第定之学,通而明之,普于世出世间,外凡大小乘者,无不相应。所谓四禅者:即心一境性、离生喜乐(初禅),定生喜乐(二禅),离喜妙乐(三禅),舍念清净(四禅)。复以空无边处定、识无边处定、无所有处定、非想非非想处定,合四禅为八定。及至灭尽处定,统之曰九次第定。然所谓次第者,虽有阶梯渐进之义,但亦非为定法。惟视修学行人,根性相应,或为历阶上进,或为一时之中,出此入彼,或止于一禅,终难进步,或立及于灭尽,而不复返。及夫得至灭尽定者,积久熟练,工力自在,如灰身灭智,入于空寂,则小乘极果于是具矣。但灭尽者,亦唯依住定时间而言其迹象,盖真如自性,本非断灭。真如可灭,即落断见,况自性本非断常之可及。故修定至于灭尽者,犹为中途化迹。出灭尽定,发菩提心,福智二圆,方成正觉。若初发菩提心,即修此定门,则九次第者,适为菩萨地地升进之基,自无大小之别矣。

何谓定学共于凡外?如世间凡夫,精勤一艺一事,或注想一机一境,皆须专精不易。所谓"精诚所至,金石为开。"佛云:"制心一处,无事不办。"人如无专精坚定之毅力,终不能成就世间人事,此即凡夫粗犷定也。复如科学家专心研究一事,思入玄微,虽泰山崩于前,麋鹿兴于左,无稍顾盼。理学家之"思入风云变幻中"时,

更不知天地间复有何事何物。他如读书作画,寻诗觅句,皆须与定心相应,方得佳构。至若宗教家由统一意志,专精信仰,或为祈祷,或作存想,及其至也,靡不忘我忘身,自觉已超拔于性灵之中,发生无比欣悦,此皆为定境所生之现象也。故思想专极,倩女离魂。注想功深,水火可入。举凡画符念咒,种种技术,乃至如催眠、瑜伽之学,皆以专一境性而奏其功。故曰:定为一切共法,非独家之学。凡外诸道,虽不明定理,或不知定之深微差别理趣,而于定之功用,并不依赖于知与不知间也。

佛法之修定,初亦通诸定法,最后以得无漏根本智为归,则非常定所及。修定亦如作诸事业,必得依仗工具而成。人之生存于世间,造作种种善恶诸事业,均仗五官心身而为之,佛法统此心身内外诸法,归纳为六根(眼、耳、鼻、舌、身、意),触对外之六尘(色、声、香、味、触、法),以及实质地、水、火、风,乃至空等。从此演绎,一一法中,产生若干差别不同之法。定其名目,次为分类,共称为八万四千法门。以此尘尘驰逐,如轮之旋转,无有已时。凡修定法,即从此根尘中任取一项,先使其宁静专一,不使散乱,不令昏沉。初则勉强令返,久则不加工力,得纯熟自然,而住于专一之境,此身渐得宁静安谧,此心渐至专精不散。如儒家之先由知止而得定静

之境,终以虑(思维修)而后得致知,进于明德之域。佛法亦有同于此历阶上进达于究竟,唯较之更精微耳。

无论入定之门,取何依持,用何方法,而其程序,大体有一定通例。此之通例,若取四禅八定(九次第定)而言,亦可赅而无遗。初禅者,心一境性,离生喜乐。凡修定行人,专精一念,百骸宁谧,制心一处,此外一切尘尘色色,均不足引散此一专精之念,即可得心一境性。住此境久,心身必另有一转变,例如心境不散,寂止清快,如云开日出,天朗气清,自然有无比欢喜发生。但须知欢喜之来,亦是此心觉受所生,不可随之,任其自然,自归消散。如循欢喜而转,则心已不能专一境性矣。如此专一定止,先发轻安。所谓轻安者,此心此身,轻清安适,无与伦比。发起轻安时,身宜调直,忽由顶上微生清凉感觉,贯及全身,暖软如春。当此之时,身体之累,忽然如忘。心一境性,不加工力,自然而至。修定初阶,于是乎立。轻安久久,由粗入细,不若初发时之感觉。但一念专精,色身业力习气,渐渐减薄,六根明利,逾于平时,气质之性,渐渐转变,轻安之力,忽焉增强,转入乐境。此之谓乐,尤胜轻安。如经所云"菩萨内触妙乐",非世间心身安乐所可比拟。如醉如痴,犹不足形容其万一。言之恐落筌蹄,令人耽著,故佛有所戒也。所谓离者,于心身世间善恶、是非、人我、烦恼诸法,自然厌离,

不恋世味,心身超脱,胜乐难言;久久功深,乐久明生,即进入二禅定生喜乐。专精一念,忽如弦断,犹截众流,空无边颇,与明显现,进入三禅。空明亦舍,唯此识,似想亦复非想,觉受尚在,心身触乐,入于极微细轻妙之境,安静宁谧,譬如高峰绝顶,万籁无声,晴空万里,片云不滓,由此进入四禅。舍此等等胜境,得清净住,心身两忘,万境顿闲,以往之扰扰胜境,到此皆寂,皆如昨日梦中之事。再舍于此,入于灭尽定境,寂然不动,长劫可超,坐脱立亡,已成剩法。凡此定之次第,若与菩萨明智相应,阶阶进取,即为菩萨地地上升之功德。如唯耽于定,未发智明,纵饶住灭尽定,经八万大劫,仍须转出无生,发菩提心,入正觉智,方得究境。又有以念住为初禅,气住为二禅,脉住为三禅,舍念清净为四禅者,殆为不经之论,乃以功用现得境象,据实验而言之,并可资为参考,未可泥之。

复于定中,易起境界。种种魔境,具如《楞严经》等所说,不及细述。须知魔境之来,皆为六根六尘磨荡,引发心气之抟击,如石击火,发此光影,若执为实,或自谓已得胜法,则忘失本心,执著成魔矣。既有外境实在魔障之来,但使此心坚定,不忘本念,不起爱怖诸心,自然自息。若逢此等事,著之成魔,搬弄光影,自以为已得神通,终堕魔道矣。修定行人,到此切记《金刚经》云:"凡

所有相,皆是虚妄。若见诸相非相,即见如来。"《华严经》云:"若人欲了知,三世一切佛,应观法界性,一切唯心造。"禅宗古德之言:"起心动念是天魔,不起是阴魔,倒起不起是烦恼魔。"简之,若能实验明了一切唯心所造,此心不著任何根尘色空诸法,自然当此魔境,即入清凉地,转魔成佛,则怨亲皆成平等善眷矣,于魔何有哉!

佛法教人,由博地凡夫而至成佛,以教理行果为其一定次第。教须由多闻而坚此信,理须由思而解,行果须由修慧而证得,仅事佛学解诠注疏于义理之间,终如数他人财宝,非自我家珍。故学佛行人,应取知行合一,努力修证,佛法非仅是一种学术思想,乃离于思议,重在证得,实超科学哲学之一大实验事也。学佛行人,动斥魔外之学为非,殊不知魔外之道,皆从定中而误入歧途。矫枉过正,嫉恶如仇,安知彼之视我,亦不犹我之视彼哉!况戒、定、慧三学,为佛遗教之准则。戒德非定难圆,定慧非戒不发。佛经赞叹定德者,亦至多矣。何哉?心如昏散,所持之戒,只乃相似。心一境性,戒德庄严,相用俱足。心空境寂,戒体现前,智慧自发。"净土"之持名念佛,"天台"之止观双运,"禅宗"之观心参究,"密乘"之观想持明,"华严"法界澄观,"唯识"现量趣入,凡此等等,理虽罄竹难书,而其入门方法,要皆以择善而

固执，由一门而深入，莫非以定为拄杖，理入于事为梯航也。若不此之求，狂心未歇，自云为正知正见者，不知其可矣！欲修禅定，须广读大小乘及诸禅定经论，及天台、唯识、密乘等法要，兹不繁引。

禅宗与禅定之间

宗门之禅，并非修定之"禅那"。六祖曰："吾宗以直指人心，见性成佛，不论禅定解脱。"曹溪以下，破斥禅定谓非宗旨者，明且多矣。他如马祖道一禅师，未见南岳让禅师时，在山中习定，让师问曰：大德坐禅，图作甚么？一曰：图作佛。师乃取一砖，于彼庵前石上磨。一曰：磨作甚么？师曰：磨作镜。一曰：磨砖岂得成镜耶？师曰：磨砖既不成镜，坐禅岂得成佛？一曰：如何即是？师曰：如牛驾车，车若不行，打车即是，打牛即是？一无对。师又曰：汝学坐禅？为学坐佛？若学坐禅，禅非坐卧，若学坐佛，佛非定相，于无住法，不应取舍。是以论者，谓禅宗法门，不须坐禅。往昔宗师，皆只须于一机一境上，骤然悟得，即便休去。孰知古人之顿悟去者，在彼未悟以前，都已修习禅定久矣。但观马祖、牛头融诸师公案，如四祖道信、南岳二师之所示者，皆于其久已薰

习禅定深处,拨机一点,透出重围。既已悟去,故能得之而休去。休者,一切都息,非泛泛之辞也。后之学者,偶于光影门头,瞥尔一闪,如石火电光,稍纵即逝。或偶得片刻清净之念,便谓是无念之门。从此狂慧(经称乾慧,见《楞严》、《楞伽》等经)勃发,不得定力灌溉,郎当颠狂,丑状毕陈。正如古德所谓:孟八郎(狂妄之意)汉,又如此去也!须知古人言下顿悟者,皆积数十年修持之力,如永明寿禅师所言:"灵丹九转,点铁成金。至理一言,转凡成圣。"即或偶有上根利器,一日之禅定未修,言下顿悟者,亦其宿根深厚,多劫薰修,因缘时熟,立地顿超,安可以泛泛视之?当人于己,是否为上根利器,如人饮水,冷暖自知,德行未圆,切毋自误。古德宗师,如长庆二十年中,坐破七个蒲团,方得一悟。雪峰三上投子,九到洞山。此外数十年胁不至席者,如麻似粟。岂可谓禅宗不注重于修定耶!

　　既已见地廓彻,定与不定,已成剩语。而佛法威仪,非定莫属。况见地工用。尚有走作者,安能忽此。如仪宴禅师,乘多生修力,悟于现世,犹示常定之迹。《指月录》载云:

　　　　衢州乌巨山仪宴开明祥师,吴兴许氏子,于唐乾符三年生,诞之夕异香满室,红光如昼。光启中随父镇信安,强为娶。师不愿,遂游历诸方,机契镜

清。归省父母,乃于郭南勘别舍以遂师志。舍旁陈司徒庙有凛禅师像,师往瞻礼,失师所之,后郡守展祀祠下,见师入定于庙后丛竹间。蚁蠹其衣,败叶没胫,或者云是许镇将之子也。自此三昧忽出忽入。子湖讷禅师未知师所造浅深,问曰:子所住定,盖小乘定耳?时方啜茶,师呈起橐曰:是大?是小?讷骇然。寻谒括苍唐山德严禅师,严问:汝何姓?曰:姓许。严曰:谁许汝?曰:不别。严默识之,遂与薙染。尝令摘桃,浃旬不归。往寻,见师攀桃倚石泊然在定,严鸣指出之。开运中,游江郎岩,睹石龛,谓弟子慧兴曰:予入定此中,汝当垒石塞门,勿以吾为念。兴如所戒。明年兴意师长往,启龛视师,素发披肩,胸臆尚暖。徐自定起,了无异容。复回乌巨。侍郎慎公镇信安,馥师之道,命义学僧守荣诘其定相。师不与之辩,荣意轻之。时信安人竞图师像而尊事,皆获舍利,荣因愧服,礼像谢愆,亦获舍利。叹曰:此后不敢以浅解浅度矣。钱忠懿王感师见梦,遣使图像至,适王患目疾,展像作礼,如梦所见,随雨舍利,目疾顿瘳,因锡号开明。宋太宗闻师定力,加礼延师,师不赴。特以肩舆迎至便殿咨对,太宗深契。寻即乞归。淳化元年示寂,寿一百十五,腊五十七。阇维白光烛天。舍利五色。

　　然则，禅宗即禅定下事耶？曰：唯唯，否否，不然！不然！若禅定即禅宗，则禅宗仅为定学中事，何得云为佛之心宗耶！故宗师之破斥禅定，盖为执著禅定者，解粘去缚耳。若知见透脱，凡此两头话，皆非中道言也。故沩山禅师曰："但贵子见正，不贵子行履。"定与不定，皆行履（工夫日用也，亦简称工用）中事耳；如若未然，能于弹指间坐脱立亡，或驻世不老，皆为外学矣。例如《指月录》载：

　　瑞州九峰道虔禅师，为石霜侍者。洎霜归寂，众请首座继住持。师白众曰：须明得先师意始可。座曰：先师有甚么意？师曰：先师道：休去歇去，冷湫湫地去，一念万年去，寒灰枯木去，古庙香炉去，一条白练去。其余则不问，如何是一条白练去？座曰：这个只是明一色边事！师曰：原来未会先师意在！座曰：你不肯我耶？但装香来，香烟断处，若去不得，即不会先师意。遂焚香，香烟未断，座已脱去。师抚座背曰：坐脱立亡即不无，先师意未梦见在！

　　云居膺禅师，曾令侍者，送裤与一住庵道者。道者曰：自有娘生裤。竟不受。师再令侍者问：娘未生时，著个甚么？道者无语。后迁化，有舍利，持似于师。师曰：直饶得八斛四斗，不如当时下得一

转语好！

　　欧阳文忠公，昔官洛中，一日游嵩山，却去仆吏，放意而往。至一山寺，入门，修竹满轩，霜清鸟啼，风物鲜明。文忠休于殿陛，旁有老僧，阅经自若，与语不尽顾答。文忠异之，问曰：道人住山久如？对曰：甚久。又问诵何经？对曰：《法华经》。文忠曰：古之高僧，临生死之际，类皆谈笑脱去，何道致之耶？对曰：定慧力耳。又问：今乃寥寥无有，何哉？老僧笑曰：古之人，念念在定慧，临终安得乱？今之人，念念在散乱，临终安得定？文忠大喜，不自知膝之屈也。（谢希深有文记其事）

　　如斯等等，禅宗之定门，又复如何？曰：不离禅定，亦不取于禅定也。《大智度论》云："不依心，不依身，不依亦不依。"永嘉云："恰恰用心时，恰恰无心用。无心恰恰用，常用恰恰无。"《顿悟入道要门论》上曰："问：云何为禅？云何为定？答：妄念不生为禅，坐见本性为定。本性者，是汝无生心。定者，对境无心，八风不能动。八风者，利、衰、毁、誉、称、讥、苦、乐是。若得如是定者，虽是凡夫，即入佛位。"若此之定，已非定相可迹。又古德云："有佛处莫留恋，无佛处急走过。"如船子诚示夹山曰："藏身处没踪迹，没踪迹处莫藏身。"参此自可通悟，故如古来大德，六祖以次，诸多宗师，平时行仪，咸不以执

著禅定为尚也。

又复所谓禅定者，非独指跏趺禅坐而言，如执跏趺禅坐而言定，则四威仪中，独以坐相为法矣。无论宗门或修止观禅定者，要当于行、住、坐、卧四威仪中，处处薰习。宗门则有诸祖语录，教下则有经藏诸修定经典（大小乘中，无不具载），毋待赘言。

近人言及禅宗，动辄以坐禅坐得多少时间，为定其造诣之深浅。则所谓宗门者，乃禅定耳，于宗旨何关耶！此风自元代以来，至今犹未少戢。天下丛席，聚得数十百众，群居禅堂，长年打坐，或垂头丧气，或勾背驼腰，或借此为安闲休息之区，或借以作逃避现实之薮，调身无法，百病丛生，观心无门，永抱话头以终老，方沾沾以此为禅之极则。不知达摩一脉，慧命坐杀为可叹矣！

禅 宗 与 净 土

　　净土一宗，为佛法入吾国后，最早创建之宗派。自晋时慧远法师创设白莲社于庐山，历代相继，虽无法统之传承，而已普及于社会。本宗祖师，多为世人公认修持确有成就之大德名僧。千余年来，于弘扬佛法及维系吾佛之教，其功至巨。自禅宗之兴，其修持教迹，俨若相违。盖净土以信、愿、行为彻始彻终之法则。禅宗则扫除诸法，佛亦不取。表面观之，有如泾渭之分，实则尽为未了宗徒，自作担板汉之见耳！其互相作短长之见者，大抵可纳于三途：

　　一、主禅宗者：谓净土为愚见，徒仗他力，冀得往生，终为未了。法界同体，自性是佛，借他力而往生，非为究竟。

　　二、主净土者：谓禅宗徒恃自力，称即生成佛，非魔即狂。众生自无始以来，业习深重，功未齐于诸圣，云何能得顿悟成佛？不若持名乘愿，带业往生，

亲近弥陀,修成正觉,为万稳万当
之事。

三、调和论者:主禅净双修,最为稳当切实,其所
立见,约有两说:(一)念佛念至无
念而念,念而无念,可见自性弥陀,
成就唯心净土。(二)即或不然,必
可乘愿力以往生,花开见佛,立证
菩提。

主禅宗者,执著古德"念佛一声,担水洗三日禅
堂。""佛之一字,吾不喜闻"等语,食古不化,死死认定。
主净土者,闻禅者之言,即心即佛,怖而却步,如对仇
雠。迨宋时永明寿禅师提倡禅净双修,作四料简偈语,
调和之说,于以大行。元代之后,禅林提倡参"念佛是
谁"话头,于禅净双修之外,别创一格,永为禅林规范。
凡此诸见,且试论之。

净 土 究 竟 论

大藏之中,专言弥陀净土者,有三部经、一部论。即
《无量寿经》、《阿弥陀经》、《观无量寿佛经》、《大乘起信
论》是也。《无量寿经》人称大本,说弥陀因地法行,果满

成佛,摄受十方念佛众生,往生彼国。所摄之机,通于凡圣。凡位具摄三辈,唯除五逆诽谤正法,其余均为所摄。《阿弥陀经》,人称小本,略说西方净土依正庄严等事,令人执持名号,一心不乱,即得往生,最为切要。此经所摄,拣除小善根福德因缘,唯摄一类纯笃之机。《观无量寿佛经》摄机最广,十恶五逆,临终苦逼,十声称名,即得往生。或者疑十恶五逆之人,善根全无,何能感佛接引?且亦与本宗教义相违。须知《华严经·随好光明功德品》有言:阿鼻狱中,夙根成熟,蒙光顿超之说。且经称"三界唯心","心生种种法生,心灭种种法灭。"恶逆之人,临苦改悔,一念回心,已与佛心相应,其蒙光接,了了何疑。

　　净土一宗,确属三根普被。极乐国土,多为一生补处之不退转菩萨。华严会上,菩萨如云,等妙二觉如雨,最终一会,普皆回向净土。如云:此为方便表法,则佛为不妄语者,安得诳言!须知净土因缘,确为无上甚深微妙,多劫薰修菩萨道者,亦不能知,况可以凡情而测圣量乎!欲明此事,略析如后。

　　一、极乐净土何以实有?此须明乎天文之学,参酌佛法,自能通之。以太虚之间,星云群聚,每一星云,附诸星球,星球之间,即为形器世界。如此地球,乃太阳系星云中面积最小、寿数最低之一星球。凡此无量无数无

边星云,佛说绕须弥山而行。须弥山者,旧称非实,有邃于天文学者之阮印长所著《造化通》,谓须弥山乃是太空之银河;有谓此乃一假设之宇宙中心,顺世俗之说,以山名之,如科学称地轴,地岂实有轴耶!凡诸星云,依住于太空,太空依本体(佛教称如来藏)而存在。则所谓极乐净土,若以实有言之,准此义可明其为另有存在之世界。人智有限,本土所在之地球,其国土疆宇,是否完全已经发现,现尚不能无疑,何况超此形器以外,另有世界存在,而可言其为必无非有耶!

二、何以持名念佛,一心不乱,即可往生净土?又何以佛光能来接引?欲明此义,须先取自然科学中之光学、力学,参酌佛法,自可会通。首须了解,佛之一名,涵有体用之义。佛之体,乃法身如来藏性,即宇宙万有之本体。佛之用,即报身、化身,如释迦、弥陀之各别应身。次须了解,如来藏性之为力为明。初有常寂光,此光无相无形,具含于宇宙万有法界之尘尘物物。世界形器有坏,此光不灭(参看《心法与光》篇)。净明初动,快速无比,乃发光明,于是有色之光得以生起。粗看无形,实则光波随时自在振动。其速度之快,科学家称之为光年。地球高空以外进入黑暗,然黑暗亦为有色光之一种,其振动当亦存在。唯速度之快,尚非今日科学所知。过此黑暗光层,必另有一色光之境。太虚之间,纯为光照。无

论光色不同,其为光则一。光能发热,同时与力并具,而光与力,皆依本体这法尔(自然)功能所生,涵于常寂光中。万有众生之心身性命,皆为如来藏中之一环。此心具足力之与光(参看《心法与力学》篇)。念念专精得至一心不乱,则光力专精统一,自可与佛之常寂光接流。加以自他二力互相忆引,临命终时,形器毁坏,常光现前。复有弥陀愿力,与行者之往生愿力相应,自然不消弹指之间,乘彼常寂心光之无比速度,往生净土矣。故"阿弥陀"译义为无量寿光也。

三、如来藏性中,光之与力,犹为物之极微。原子、电子,犹非极微之极,仅为体性具足万有之一点。觉性心光,灵知昭昭,无相无形,遍含万类,往来翕辟,为万物之主宰者此也。姑名曰心。而此心物二者,实同一体。所谓体者,谓其往来翕辟而互为因果,相成相灭,轮转不易,宰相无相,体亦强名。当心之用,具带质而生。所谓带质者,即具光与力之功能。愿念之起,为心之动用,用之所至,光与力皆具矣。故愿力存在,世界形器得以成住(佛经称娑婆世界,为众生业力所成,极乐世界,为弥陀愿力所现)。故发愿往生,信心不二,自他力固,胶结为一,其终也必生,不复有疑。

四、如来藏性,本以空为体,以有为用。而用时,体在有中;空时,有在体中。不易之理,如翕辟之称阴阳。

华严所谓法界重重无尽者，法性功能之起用也，即为真空之妙有。全体纯真，体入于用，地上菩萨，未尽其义，当有疑矣。若已入妙觉之海，则观空无有，仍为半截之言。故念佛者，无论凡圣，单提一念，专心不乱，必可成办。故曰："凡念佛者，千句万句，即是一句。前句已灭，后句未生，当念一句，刹那不住。念佛之心，不缘过去，不缘未来，但缘现前一念，以为往生正因。此是万修万人去之法也。"

五、一心不乱，缘现前一念，即制心一处、心一境性之禅定要法。所谓："一念万年，万年一念。"能作是观，必可得无上殊胜之定。但恐修学行人，住空则散乱如雨，执有则不得专精。无论净土禅宗，皆非所企。须知临终之时，众苦逼临，平常无熟练之功，此时必身苦心乱，丝毫不能得力。若能念念专一，而谓不得往生净土，必无是理。

禅宗究竟论

禅宗修行，从参究自心入门。"三界唯心，万法唯识"，犹如擒贼，必先擒贼之王。心识之王，一旦成擒，则本体自性，顿时显露，如久客还家，依然故主。众生与

佛，无始以来，原本同体，念念不觉，忘失本妙明净，随无明以迁流，沉沦难拔。一旦尘尽光还，从本以来，性心依然未动。故禅者曰"明心见性"。明者，明此心之妙用灵光，见者，见此性之寂然本体。既得见性，则十方三世诸佛，与一切众生，原皆同体，何来何去，一道如如。故曰："诸佛法身入我性，我性还共如来合。"如曰：佛道远旷，经有明文，须薰修无量功德，经三大阿僧祇劫，历四十一位，登菩萨十地，方能成佛。即生成佛之说，抑可狂妄！孰知此皆泥相滞教，未透吾佛全部教法圆极之理。佛谓一句弥陀，能灭八十亿劫生死重罪。又常赞叹定德，为功德丛林，能消多劫之业，此岂皆非佛言耶！经复有云"劫数无定"，足见非为泥执之论。又云：地位互通，如"初地即通十地"。昧于此者，缘皆未明佛所说时间空间等法，皆为心法之所内涵也。若心念专诚，立心向道，即生成办之事，纵我有不能，人或能之，安得以偏概全乎！

　　禅宗之徒有云：抱定一句话头，死死不放，今生纵不悟去，临命终时，天上人间，任意寄居，岂非同于一心念佛，乘愿往生之说。须知十方三世，成佛者无数，既成佛已，则皆有其愿力所成之国土。如此十方三世，佛之国土无量。我愿生西，彼愿东迈，其愿力不同，亦犹众生之欲乐不一。安得以此佛国土为是，他佛国土为非耶！

抱定话头，死死不放，亦即一心不乱，无上定也。如能一心不乱，临命终时，遂愿往生，必然可至。如密乘行人，专持一本尊咒，亦乘愿力而生彼土。人同此心，心同此理，若云：只说天上人间，随意寄居，非指佛土。孰知天上一词，非独谓三界之天，乃为经说国土同义。不可泥相执文，顽固不化。

既悟本性之辈，见地廓彻，自同于佛。本性体用齐彰，光含万有。徒知空为胜缘，性我自性，即为成佛；则性空缘生，妙有之旨，何所立耶！苟知见透彻，则佛佛道同，自他不二，必知弥陀愿力，确为佛之无上大悲，甚深微妙之事。释迦教主，赞叹极乐，咐嘱众生，发愿往生。亦犹他方佛土，赞叹释迦。岂悟后见性者，犹有彼此人我分别心之存在乎？李长者云："十世古今，始终不离于当念。无边刹境，自他不隔于毫端。"弥陀自性，非一非异，为后进众生，开此方便法门，岂止大悲愿力所必具，亦维系慧命之要著也。况一心念佛，遍含百千法门于一乘。无念一心，正是如来所加护。禅宗见性之人，正好念佛，一则自为钳锤拄杖，一则澄潭月影，捞逾再三，方见大事原来如此。永嘉云："弃有著空病亦然，还如避溺而投火。"赵州云："念佛一声，罚令担水洗三日禅堂。"又云："佛之一字，我不喜闻。"乃宗师锻炼为人，婆子心切之语。盖欲其专一参究之中，用志不纷，自信不二，努

力参禅。岂若末学之辈,执著古人牙慧为金,死守成语,
枉生诤议,致成自智自德之累也。古德有曰:"如此事不
明,专办一心,速去修行。"岂谓参禅非修行事耶! 盖谓
其顿悟不能,速去依教奉行。故禅门课诵,有《弥陀经》
及念佛法门,祖师之用心,亦良苦矣!

禅净双修调和论

禅净双修,自宋时永明寿禅师提持以来,由来久
矣。及禅门衰落后,用"念佛是谁"话头,天下丛林,入此
话中,终至滞壳迷封者,如麻如粟,于是使参话头者,如
念佛号,持名念佛者,亦有如参话头。虽使二者合流,别
创一格,参究不通,可以往生,免至流落娑婆,永沉苦
海。然禅门参究之旨与方法,势将永沦丧失矣(参看《参
话头》篇)。今专言调和之修法。先当明夫《楞严经》中
大势至菩萨念佛圆通章。节云:

> 彼佛教我,念佛三昧。譬如有人,一专为忆,一
> 人专忘。如是二人,若逢不逢,或见非见。二人相
> 忆,二忆念深。如是乃至从生至生,同于形影,不相
> 乖异。十方如来,怜念众生,如母忆子。若子逃逝,
> 虽忆何为。子若忆母,如母忆时,母子历生,不相违

远。若众生心，忆佛念佛，现前当来，必定见佛，去
佛不远，不假方便，自得心开。如染香人，身有香
气，此则名曰香光庄严（一）。我本因地，以念佛心，
入无生忍。今于此界，摄念佛人，归于净土（二）。佛
问圆通，我无选择。都摄六根，净念相继，得三摩
地，斯为第一（三）。

本章此节，试分作三段：第一段，说念佛入门之方
法。第二段，说念佛之成果。第三段，说念佛最高方法，
净念与净土之关系。必先解决此三前提，而后禅净双修
之事与理，于以完备。

第一，方法，分念与忆之二途，皆为定止之学。念又
分为持名与默念二门。先说念法：（一）十方如来之与众
生，皆具"无缘慈"、"同体悲"之忆念。非独阿弥陀为如
此。今简极乐净土一尊而言，以符净土宗之旨。修习修
土行者，此心执持阿弥陀佛名号，出声念之，耳返闻闻
其声，眼返观观此念，得使念念不间断，视而不见，听而
不闻，一切言语动作，皆了不相关，如死如痴，专此一
念。（二）念得专一，用功既久，此心念佛之一念，默然在
心，虽不著意起念，而自然在念。到得此时，修学行人，
往往心虽在念，六根缘外之境，仍可作为。如此佛亦在
念，其他散心，亦可为用。自以为至于胜境，实则已成
"老婆念"，不足论也。何以故？因此时在念佛之念，为

独头意识发起作用。第六意识,仍然波动,有何用处!必须要将六根收摄,归此一念,意识不行,念方专一而得真纯,此为念佛法门之要髓也。如何称为忆佛?忆者,与念有别。念犹是粗,忆则为细。念是第六意识在用。忆则此之种子,已种于八识(阿赖耶)田中,根深柢固。故大势至菩萨,以母之忆子为喻。世人母之忆子,虽无口号心思,而此心耿耿,坐卧不安,片刻难忘。如儒家所谓:"必有事焉!"诚敬之极也。忆之为象,菩萨已用善法言之矣。今复不惜眉毛,以众所习知之恶法为喻。此事必要如求名求利,念念孜孜,片刻不忘;乃至如男女恋爱,永绾相思之结,心心相印,灵感互通。如第六代达赖喇嘛之情歌云:"入定修观法眼开,启求三宝降灵台;观中诸圣何曾见,不请情人却自来!"又云:"静时修止动修观,历历情人挂眼前;若把此心移学道,即生成佛有何难?"若能如此如此,依法深入,则由念而入忆,即由粗而入细。如此久久,念忆工深,不必着力,自如有事拳拳服膺,若有物在心,团团不化。或在现在,或在未来,忽尔此忆之一念,顿时开发,如洞开无物。此心此身,脱焉如忘,所谓花开见佛,自然不假方便,常光互接,入于净土佛之心中。此中微妙,非言可诠,惟到时自知耳。若以散心念佛一声,或唯具一信愿深心,临终亦必可往生,惟品位有别耳。

　　第二,念佛成果,以净土为极则。净土亦分为二门:
(一)唯心净土门。(二)实有净土门,皆为观慧之学。先
释净土:土之与地,在理为表持种之义,在事为实质土
地。净者,为对染说。粗则一切恶法,如贪嗔痴,人我是
非之念(具如《百法明门论》所云),皆为染污之法;细则
善见法执,亦为染法。如得至上节所述心开念寂,心身
两忘,忘亦不立,空亦不见。无物无心,离诸二边对待之
见。对待不立,绝待之体现前。了了分明,常寂圆明。到
得此时,自己此心,合于如来藏体。唯心净土,不待他
求。反观世间,犹如梦中事。即此秽土世界,亦立转成
净,无一而不自在也。到得此时,此心净土现前,与十方
如来接法性流矣。方能切实正知正见,西方极乐净土,
亦同此性。且复知确有实在国土之存在。欲愿往生,即
不移一步到西天,如壮士伸臂顷,即生彼土,与诸佛菩
萨,同游寂止之门。不但往生可必,净土西方,亦可应念
就我,因法本无来去也。

　　心体离念,为无生法忍。念佛入于佛心,相接合流,
专一精诚,是谓因地。心开意解,一念不生,入无生忍。
大势至菩萨,以此行门成就,复来此土,传兹胜法,摄一
切众生,归于净土者,具如上述。

　　第三,最高净土方法。修习行人,到得此境,犹未为
圆。必须不稍放逸,莫自得少为足。于一切时、一切处,

收摄六根，不使外驰。保养前之净念，心心无间，长住净土之境。"一念万年，万年一念"，即为入净念之三摩地（大定）。故菩萨之于圆通法门，无有选择，而亦不必选择矣。

如净念现前，不加精进，如击石火，如闪电光，稍纵即逝，故曰不放逸心所。精进无间，此之谓也。到得行满功圆，不修亦修，修亦不修，佛佛心同，了了无可说矣。

此义既明，参禅与念佛，何以能调和耶？若念佛人，持现前一念，往生净土，则念佛参禅，于此分途。若念佛与参禅，无论提一句话头，或持一句佛号，但于一念过去，后念未起，此之中间，一觑觑定，即二者同途，了无差别。所谓前念已灭，灭不追往，后念未生，未生不引，当前一念，既前不著边，后不落际，当下即空。此之境界（此无一空之境界，姑以境界名之），在净土为唯心净念之开端；在参禅为三际断空，明见此心之初曙。到此无论参禅或念佛，即心即佛之事理，于是可明。然尚未尽其妙，以佛具如来藏全体之大用，若止于此境，犹为小果所诠。参禅者，若以此为至，更无余事，无怪其不知如来藏中，妙有愿力之全体功能也。念佛者，止守此净心一念，不知如来藏中之大机大用，无怪其不识法界无边，头头是道。

虽然,一落言诠,法身亦堕,唠叨多嘴,不若珍惜尾毛。"尽回大地花千万,供养弥陀净土身!"我愿如斯,复何言已。

金圣叹有《念佛三昧》一文,虽为慧业文人之知见,而皆不随一般口头禅语。文字原通般若,盖亦有得于心者也。附录参考,可发深省:

娑婆世界,释尊住持。华藏世界,卢舍那世尊住持。释尊新成佛,卢舍那本成佛也。他方世界,有阿弥陀佛,住于极乐国土。一花一世尊,非算数譬喻之所能及。所以《阿弥陀经》,为无问自说经。首题佛说阿弥陀,下加不得一佛字。

然灯佛者,一微尘佛也。释迦佛者,无量微尘佛也。释迦佛者,名为病愈。阿弥陀者,名本无病。世尊说《阿弥陀经》,另一设施,与诸经不同。乃是为一切众生,毕竟不能破我故,特地全举法界,说你本在极乐国土中,各各莲花化生,有甚不好。譬如丑妇人一般,贮之洞房深宫,亦自觉标致也。喜怒哀乐四字,以乐为极,所以知之学者,好之圣人,乐之即天地也。莲花取相连义曰莲(三世相连,花有房,房有蕊),因非实相曰花。一一众生,各坐一花,花开见佛,则见释迦佛也。极乐国土,九品化生。上品上生者,乃是弥勒一生补处,于此成佛。下

品下生者,乃是阿鼻大地狱罪人,于此成佛。是人因犯极恶大罪,下阿鼻狱,有善知识,以种种因缘,唱阿弥陀佛,如千年暗室,一灯照之。而此罪人闻此名字,地狱即生莲花中。而此莲花,即在极乐国土中。而此极乐国土,在阿弥陀佛世界中。此阿弥陀佛世界,乃即在无量大地狱内一罪人之八识田中。是人纵犯极恶大罪,不敌阿弥陀名字,所以地狱应时粉碎,此谓下品下生也。

菩萨不愿住于恶浊世界,则不得不求生极乐。然而生极乐,乃是果事。欲获果者,先须造因。云何造因?念佛三昧是也。念佛之法,不可以妄心念于遥佛,亦不可以妄心念于妄心。何以故?妄心者,是生死因,不能感通于本际故;以生死因不能感通故,故佛本不遥而遂遥也。复次,妄心念于妄心者,凡大正以妄心连持,至堕地狱。今复教以如是念佛,彼即以前妄心为念,后妄心为佛,或以前妄心为佛,后妄心为念,如是即与世间流浪何异!是故此法所不应用。夫念佛之法,不应先见佛,次作念,正应先念成,次见佛。所以者何?若先见佛,佛是何事?如是名为大妄语人。又即使感应道交,佛或示现,然佛来寻念,佛去久矣。又况能念,正是妄心,妄心何可唐突于佛?所谓先念成,次见佛者,念

是实,佛是假。菩萨以本际为念,而以妄心为佛。
问:何故不以妄心为念,本际为佛?答:本际者不可
见,不可见则不能令行人发欢喜心。又本际纤尘不
立,若行人于念处用力,即大不应。又师子乳用玻
璃盏盛,他器不受。若行人欲以妄心念本际,譬如
毒器,盛师子乳,终竟不受。又念佛三昧,对治生
死,若用妄心追逐,终入生死海无疑也。(《唱经堂
才子书汇稿》)

禅宗与密宗

近代治佛学或专事修证者,颇有重视西藏佛学及密宗之势。甚之谓西藏密宗,乃为纯正完美之学,堪依修证。藏译经典,文义湛深,足资式范。汉土佛学,乏一贯传承,修证方法,皆不足取;禅宗亦为邪见。欲沟通学术,互资观摩,时代虽同,山川各异。一门深入,各擅胜场,容有可供审别决择于其间,未可率尔妄断,遽分轩轾也。

西藏佛学渊源

密宗在中国分为两类:盛唐时,印度密宗大德善无畏、金刚智、不空三藏,世称开元三大士,传入中国之密宗,至明永乐时被放逐至日本者,统称东密。初唐贞观时,西藏王松赞干布(王当西藏王统第三十世)遣僧留学印度,首有寂护师弟,及莲花生大师之入藏,密乘道

遍及于西藏全部,先后再传至汉地者统称藏密。无论东藏二密,通途皆祖于龙树(龙树又称龙猛,是一是二?已不可别,近代学者考证,又谓名龙树者有二人:一为创大乘之学者,一为始学于婆罗门而创密乘之学者)。而龙树之于密乘,纪述渺茫,无可证信,因舍而推论其源。

藏密亦渊源于印度,初为显密通途之学。印度后期大乘佛学,由龙树、提婆,递至世亲,主毗昙、俱舍诸论之学者为一系。陈那法称、护法等,主因明、唯识之学者为一系。德光主毗奈耶律学者为一系。解脱军主般若之学者为一系。复有提婆者,直承龙树,再传至僧护复分二派:一为佛护,至月称等;一为清辨,皆主中观之学。此外又有兼涉龙树、无著两家之学,而不入其系统,即为寂天。此为印度后期大乘显学,皆本龙树、世亲之学以各主其说者。世亲学系,传承愈趋愈繁,且学风亦为大变。在昔大乘教法,以经文为主,义疏注释之论学为其附庸,此时皆已全恃论注为准。后贤于此事当特别注意,仍当以经学为归,方为正途。无著、世亲之学,数传于月称。龙树、提婆之学,数传至佛护、清辨。门户对峙,诤论时兴。佛护、清辨二家注释龙树中观论,皆立无自性中道之说,自谓得不传之秘。而于世亲之徒,染指中观,有所谓唯识中道者,痛加抨击。二师殁后,大乘学徒,依违于无自性及唯识之间,争端不绝。瑜伽、中观分

河饮水,显密亦复异趣矣。西藏显教,般若唯识中观之学,皆由上来传承,及藏士后贤著述,加以发扬者。

至于密乘,在印度有可据者,弘开于僧护。在波罗王朝第四世达摩波罗王时,密乘益见发达。王专信师子贤,及智足二师,建超岩寺成为密乘教学中心。智足为师子贤之弟子,后得金刚阿阇黎之传而弘密乘,遍及作、修、瑜伽三部本典。密集、幻网、佛平等行、月明点、忿怒文殊等,皆广事流布,而于密集解释尤工。其后继为上座者,为燃灯智、楞伽胜贤(弘上乐轮)、吉祥持(弘夜摩)、现贤(弘明点等)、善胜、游戏金刚、难胜月、本誓金刚(弘喜金刚)、如来护、觉贤(弘夜摩上乐)、莲花护(弘密集夜摩)。此外在超岩寺同时弘此宗者尚多。如寂友,则通般若、俱舍,及作、修、瑜伽三部。又如觉密、觉寂,则精三部又特精瑜伽,著作金刚界仪轨、瑜伽入门,及《大日经》集释等。又如喜藏亦弘瑜伽密部。又如甚深金刚、甘露密等,始传甘露金刚之法,而弘无上瑜伽。若时轮之学,似为后出。

据史而论,印度后期大乘佛学,一变再变,有密乘之兴,此时印度本土,波罗王朝岌岌已危,其最甚者,即为回教徒之侵入,使王朝终亡。佛教本身,在此以前,多受异学外道所侵,几不能保其余绪。密乘之兴,本以对待波罗门教,而图挽回世俗之信仰。至后独立发展,支

蔓纷繁，集收愈多，创作愈紊，亦时势使然也。

西藏佛法之崛起

　　藏人称远在东晋时，已有佛典输入，其说自不足信。藏上开化较迟，其初流行一种拜物神教，名曰笨教（俗称乌教），以禁咒役神，示人祸福。至松赞干布王，先与尼泊尔通婚媾，娶其公主，据云携有佛经。次于唐贞观十五年，尚唐文成公主，公主素信佛教，由是佛法经像，随以传播。唐太宗时，藏王遣兵威胁边陲，以天下初定，用和亲策略而羁縻之。藏王条件，须得公主为偶，并请儒书等入藏。太宗商之宰相房玄龄，有谓圣人经史之教，不可传之番夷。太宗乃选宗女，号之曰文成公主，遣嫁于藏。侍从有儒士数人，道士五人。故西藏内地，及今可见太极图、八卦等标记。后世神庙，更有祀关羽之词（喇嘛大德，有以念卜课，法同汉地之占卜）。藏王受二妃信佛影响，又以接壤印度边境，诚信骤隆，乃派选大臣子弟端美三菩提等十七人，赴西北印度迦湿弥罗求佛典。七年乃归，仿"笈多"字体制定西藏文字，并译《宝云》、《宝箧》等经，实为佛学传播之始。史称此为前期佛学，迄今无存矣。中间亦经一次排佛灭僧时期，如

汉土之厄。自此役后，佛学再兴，史称后期佛学。后先之间，事实多有不同，初期尚翻译整理，后期则事弘化矣。

西藏王统，至三十五世，当唐玄宗、肃宗之时，其王乞里双提赞工在位，力排朝臣异议，从印度聘致阿难陀等从事翻释。又遣巴沙南，赴尼泊尔，访求大德，遇寂护，即延入藏弘化。寂护以藏土信仰迷离，复返印度，再复重致，住藏达十五年之久，其学属中观清辨学派一系。秉律行持，悉从旧范。于藏都拉萨，建立三姆耶寺。聘印度比丘二十人居之，始建僧伽制度。此时有汉地僧徒，在藏讲学，其中领袖，名大乘和尚，说颇近似禅宗。以直指人心，乃得开悟佛性，依教修行，均为徒劳。被寂护弟子莲花戒驳斥无余，乃放逐出藏。故后世藏密之徒，谓中国无真正佛法，禅宗为外道知见，盖源于此。斯时一般藏人，以素奉神道，佛法传播，颇受阻碍。寂护请之于王，请乌仗那延的莲花生入藏弘法。莲花生大师，偕其弟子二十五人入藏。约经数月，以密咒法力，摧伏外道，为佛教护法，厥功至巨。莲师自无著述，其学说无从考证。藏中传其史传，谓为释迦化身、密宗教主，谓释迦灭后八年，不经母胎自莲花化生。并谓西藏佛法，皆传自莲师，故为旧派密乘之祖。此说多可议者，且存勿论。盖斯时印度佛教，已渐北移，后期名僧大德，以壤连

西藏,皆由西北部逐渐入藏。如法称、净友、觉寂、觉贤等,皆入藏传密乘道者。

此后王统三传,至徕巴瞻王(西藏王统三十八世,当唐宪宗至唐文宗时),大弘佛法,翻译经典,于以完备。定立僧制,称师僧谓喇嘛,各给俸禄。旋王本身被其弟朗达玛王所弑。弟既嗣位,五年间,破坏佛法,杀戮僧众。几举提赞王百年来之培养,及徕巴瞻王廿载之盛业,毁之一旦。朗达玛王又被喇嘛吉祥金刚暗杀。王之党羽复仇杀喇嘛不稍宽假。僧众逃亡,国内分裂,全藏陷入黑暗期约及百年。此与唐武宗会昌之厄,先后相似。唯西藏佛教之受摧毁者,较会昌尤甚耳!

西藏后期佛法及派系

朗达玛王毁佛灭僧之际,拉萨西南翠葆山间,有修行僧三人,出亡甘肃西南之安土,师事大喇嘛思明得具足戒。复有西藏梅鲁之僧众十人来学,复得具戒。后此诸人偕还藏土,恢得旧观。但秉持密法,掺杂神道,未为纯善。时有藏地额利王智光者,热情兴学,从东印度聘致大德法护及其弟子辈,广事译订,密乘复兴。其间密乘经典增译者,较昔为多,史称此谓后期佛学。

　　智光之嗣菩提光，延致阿底峡入藏弘法，尤为胜事。阿底峡尊者，一名吉祥燃灯智，东印度奔迦布人，博通显密，德重当时，曾为超岩寺上座。于公元一○三七年(宋仁宗景佑四年)入藏，巡化各地，凡经廿载。德行所感，上下归依。藏土佛学，为之一新。中间多事翻译，并著述《菩提道炬论》，极力弘扬显密贯通之学。尊者示寂(七十三岁，公元一○五二年)，其弟子冬顿等益阐其说，针对旧传密法专尚咒术者，别立一切圣教，皆资教诫为宗。判三士道(下士人天乘、中士声闻缘觉乘、上士菩萨大乘)。摄一切法，又奉四尊(释迦、观音、救度母、不动明王)，习六论(菩萨地、经庄严、集菩萨学、入菩萨行、本生鬘、法句集)。次第四密(作、修、瑜伽、无上瑜伽)。而以上乐密集为最。组织精严。迈于昔贤。遂称为甘丹派(甘丹之义，为圣教教诫之意)。藏土后之分立四派，于是兴矣。

　　宁玛派(意即古派，俗称红教)。此即旧传前期密乘之学，大要分九乘道。应身佛释迦所说者：声闻、缘觉、菩萨三乘。报身佛金刚萨埵所说者：密乘、外道、作修瑜伽三乘。法身佛普贤所说者：内道大瑜伽、无比瑜伽、无上瑜伽三乘。而复以无上瑜伽中之喜金刚为最究竟。行持随俗，不事律仪，但观修现显契证明空智，即得解脱云云。

迦尔居派（意云教敕传承，俗称白教）。创自摩尔瓦。其人曾三度游学于印度，师事阿底峡，复受密乘学于超岩寺诺罗巴之门。得金刚萨埵、娑罗诃、龙树以来之真传，精通瑜伽密中之密集，及无上瑜伽中之喜金刚、四吉祥座、大神变母等法。尤于空智双融解脱大手印等法，通达底蕴。归藏以后，授其学于弥拉莱巴。再传至达保哈解，取阿底峡《菩提道炬论》，与弥拉莱巴之大手印法，著《菩提道次第随破宗庄严论》，盖有取乎佛护中观之说以为诠释也。后因流传渐广，更分九小派，不一其说。九派中杜普派，于元初有大学者布顿者出，博贯五明，精通显密，整理注解大藏要典，创护律学密乘道甚多。立说平允，后世推重。

萨迦派（俗称花教）。创自藏王族衮曲爵保。后自藏州西百余里萨迦地方建寺聚徒教学，故得名焉。此派学说，融会显密，取清辨一系中观为密乘本义作解释。又以显教之菩萨五位（资粮、加行、见、修、究竟）与密乘四部对合而修，以彼此经相因果。以加行位中暖、顶、忍三昧耶断所取惑，世第一法三昧耶断能取惑，同时以菩萨智慧本性光明而入大乐定，则已达显密融合之境地矣。此说与宁玛派之学迳庭，故又谓之新学也。

希解派（意即能灭）。以元初南印度阿阇黎敦巴桑结为始祖。其学出于超岩寺，要以密乘四种断法除灭苦

恼,极其通俗。有除灭三灯、夜摩帝成就法等。敦巴五度入藏行化,三传至玛齐莱冬尼,行脚一生,开化至盛云。

此外尚有爵南派。迄明万历间,此派有大学者多罗那他,博学能文,深通梵语,为译经之殿军。但此派至清初已改宗,今已无传。

上述诸派,除甘丹派专事教化以外,余均与政治有关,援引势力,施行威福。迦尔居派曾握揽藏中政治大权。萨迦派第二世孔迦宁保,尝由元成吉思汗予以西藏统治权。复受命开教于蒙古,至第四世孔迦嘉赞,学尤精博,应元库腾汗之召入朝,依用"兰查"字体,改定蒙文,受帝师尊号。其侄第五世炉思巴,更大得元帝信任,入朝为帝灌顶,亦受帝师之号,王公后妃,踊跃参加灌顶,秽迹流言,传之史乘。既而归藏统一久事纷争之十三州,悉举以臣事于元。西藏之喇嘛教者,即随之遍行汉土内地,内廷供养喇嘛费用,耗国库十之六七,其声势之大,岂可想象!

黄衣士派。降及明代,鉴于元代纵容喇嘛之弊,册封各派喇嘛为王,以杀萨迦派专横之势。迨永乐年间,西宁西南,有宗喀巴者出,游学全藏,目击颓败,慨然有改革之志。乃秉阿底峡之宗,采布顿之说,励行律仪,采诸派之长,而合一经咒之教融为一说。宗

喀巴学行优越，德重当时，教化所及，靡然从风。门人学者，皆染黄衣冠，以别于旧时各派，故世称为黄衣派。于拉萨东南，建甘丹寺，弘传其学。后又建色拉、哲蚌二寺，为著名之三大寺焉。藏土久衰之佛法，焕然昭苏矣。

宗喀巴弟子有嘉察伯，及开珠伯二大家，均能传承其学。其在甘丹住持，而传宗师之衣钵者，为大弟子法宝，遂成后世甘丹座主传承之法统。后其高弟根敦、珠巴二人，创历世转生之说，班禅（梵语意谓大宝师）、达赖（蒙语意谓大海）二人，以师弟而相约，世世互为师长，弘传教法（班禅为其师转生，达赖为其弟也）。及明宪宗加以册封，势力更盛。清初达赖五世罗赞嘉错，博学多才，蜚声学界，而复借蒙古和硕部（青海附近）固始汗及清朝武力，底定全藏，即置班禅于后藏，自居前藏，分揽统治之权。于是政教合一，悉掌于达赖。及至近世，班禅来汉，彼此纷争不已，权利争夺，自启纷争，岂佛法之本意，良可慨也！故后之言西藏佛学显密完整者，咸以宗喀巴之传承为宗。

西藏之显教

　　西藏经典及佛学之传播，直承印度晚出之后起大乘佛学。般若、唯识、中观之说，月称、护法之论，蔚然罗列，经阿底峡、布顿、宗喀巴之组织，蔚成一条贯系统完美之大乘次第之学。尤以宗喀巴之著作，主阿底峡《菩提道炬论》，而广集成《菩提道次第广论》，为其中坚代表。于五乘佛学，次第进修，系统条理，井然不紊，诚千秋杰作也。但其立说，取显密圆融，以后贤之论说为宗，学者当有所审慎决择于其间也。

　　西藏大藏经，翻译典籍，较之汉地三藏，少有出入。印度后期诸贤之论著，及密乘经典，则较汉地为多。明代永乐间，曾取其经藏，翻刻成永乐版（见永乐八年御制经赞）。万历间，又翻刻为万历版。清康熙、雍正间，又翻刻为北京版（见雍正二年御制序。有云雍正曾自译大威德金刚修法仪轨，较之后世诸译为佳）。其中密乘经典，较之东密，尤有胜焉。惟汉地经藏，西藏所缺者亦多，如龙树所著《大智度论》、《十住毗婆沙论》，皆于戒学多所阐明，而其籍印度失传，藏中亦付缺如。仅知无著、寂天之书而已。又如无著组织瑜伽之作，有《显扬

论》，广陈空与无性，阐发现观瑜伽，实为此宗根本典籍，藏土亦缺。至如唐代善无畏、金刚智、不空三藏，传自西南印度之密乘学术，两界仪轨，既具规模，多非北印学宗所及者（即作、修、瑜伽三部密法）。若概纳于外道，岂非主观武断者耶！

佛学而宗注疏论说，衡以佛说"依经不依论"之旨，不无乳酥掺水之憾！精密可能过之，近似之言，常可变易原旨，以之参证则可，以之衡量其他，容有不当。唯宗喀巴之学，自明迄今，流传六百余年未替，而试举与汉地流行佛学相较，得失短长，不易轻议。如"华严"、"天台"、"三论"、"唯识"，诸宗之学，精深博大，各有独到。而云汉地无正真佛法，何其见之浅陋！《华严》诸疏、天台之《摩诃止观》诸论，岂无创见？尤以汉地唯识之学，则非藏土所及矣！若云藏密学者，必先习显教十余年，较之汉地学佛法者为胜，殊不知汉地宗师大德，皆有好学一生而少息者，因名匠辈出，互相赞许，不事文字之诤耳。

西 藏 之 密 法

西藏佛法，固皆显密相共以行，至谓密乘，则谓不

共之行，称能疾速圆满菩提，非余宗可比云云。由显入密，无别有发心，但始从一切共同陀罗尼仪轨（即息灾、增益、降伏等八种仪轨），及密咒经典所说种种，进而修证两俱瑜伽、大瑜伽等本续，以各种真言之力，而得宝瓶、宝剑、隐身、如意树等八大悉地，则能疾具资粮而登正觉。而此种修行，悉待阿阇黎之灌顶加被而后能入，故其始应竭财物以供养阿阇黎，得其欣悦而蒙灌顶，则罪业清净，堪任悉地矣。至以修行之实，应待亲承教授，非文字所可诠也（此种意义，《炬论》及《释论》中甚详，不再繁述）。

藏中密法，大体汇为四部：即作、修、瑜伽、无上瑜伽。作修之部，为资粮之修集，积福德基。瑜伽之部，已会福德智慧二种资粮而并修迈进。仪轨修法，均有一共通组织，即生起次第，与圆满次第。所谓生起、圆满二次第者，于密集仪轨程序而言，似乎有异于显教种种修学法门。然依佛法之信、解、行、证，次第而言，一切众生，由初发心而登正觉，无论何地何时，若因若果，固皆循此生圆二次第而修者。即如净土一宗，单以持名念佛法门而论，亦已具备生圆之序，而不别列其次第名目者，正为诸佛菩萨之密因密意耳，岂独于密宗而后有此奇特事乎！无上瑜伽之部，以喜金刚、上乐、忿怒文殊、时轮，乃至大圆满、大圆胜慧、各种大手印等法，为其宗之

最殊胜者。由瑜伽而进修至无上瑜伽,于密法所特具之气脉明点诸法,又已视为余事。若大圆满、大圆胜慧、大手印,其所标旨,即有弹指成佛、立地见性之方便。故以无上瑜伽而论作、修、瑜伽诸部,乃为资粮位上修集之事。此中理趣方便,行持修证,渐近于禅宗,故有谓大手印等诸法,实同于禅宗。且谓达摩祖师只履西归时,显化于西藏而传大手印法云云。然欤?否欤?乃历来心口之传说,无足为据。要之,大手印等之与禅宗比较,同异短长,显然不一。方法既殊,宗纲各别,若以之拟于北宗渐禅之法,恰尽相似。至于南宗正脉,则非上述密法所可窥测也! 大圆满大手印等法,固已殊胜,然以禅宗"正法眼藏"观之,则迷封滞壳,摩挲光影,仍易滞于法执。所谓仗金刚王宝剑,踏毗卢顶上行者,舍禅宗正法以外,其孰与归?

藏密之特点

通常一般异宗异学之于密宗,或赞或毁者,统皆以密宗修持方法中若干特殊之事,作为雌黄月旦,隔靴搔痒,言不中的,且于密宗显教理趣,大抵茫然。密乘之所谓密者,究其极则,非自谓其行怪索隐,盖菩提心印,妙

密难明也。若言下顿悟，法外忘象，正如曹溪六祖所云
"密在汝边"，复何秘密之有？然后返观一切世间出世间
等等诸法，无非佛法。如实如是证入华严海藏境界，显
密妙言，无一而不平实。

密乘中若干特殊方法，显而习见者，如礼拜、供养、
护摩、念诵等法，似有异于显教各宗修持之趣。实则，如
诸宗所习之禅门课诵、十小咒、蒙山、焰口等等，念诵法
器，礼仪诸法，靡不来自密乘。原始佛法，以三十六道
品、禅观、戒、定、慧等正统修持外，何尝有此科仪？方便
权化，归元无二，未可是此非彼。若论密宗之注重气脉、
明点、双身等法，视为外道，则正不知菩萨道中密因法
行。双身法者，乃诸佛菩萨，为诱导多欲众生，设此一方
便。《法华经》云："先以欲钩牵，后令入佛智。"有谓即吾
国古代之房中术，则有毫厘千里之谬，谓其流弊为祸，
自毋庸讳！气脉、明点之术，因为密乘所特尚，而言无上
瑜伽者，视此仍为方便，未可与论究竟。气脉、明点，持
为调身，血气之障未除，不能变化气质，而遽言证悟菩
提，非狂即魔。密乘学者有言："气不入中脉，而云得证
菩提者，绝无是处。"以此视一般修持学者，盲修瞎炼，
终至身病心执，愈求解脱，而愈被法缚，诚多优胜矣。他
如密乘典籍中，有《甚深内义根本颂》一书，剖析人身气
脉至详，取与吾国内经等书参读，精微奥妙，迥非现代

解剖生理学、医学等可及。惜乎世之学者,心粗气浮,未能身证其实验堂奥,玩忽弃之,浅陋轻狂,岂容回护!稽之显教各宗,以及教外别传之禅宗,若禅观诸经、止观修法、宗门参究工夫,虽不特别注重气脉,而调柔身心之妙,皆寓气脉于其中矣,唯后世学者未能深入耳!

密法特点,探其原委,气脉、明点等,事非奇特。若藏密融合显密共通,罗致一切魔外诸法,投之一炉,应众生心,遍所知量,对症下药,别开生面,综罗组织,蔚成奇观,洵为密乘特异之学。然无论其应用何种修法,统皆循有一定的五种次序,其次序谓何?曰"加行瑜伽、专一瑜伽、离戏瑜伽、一味瑜伽、无修无证"。如礼拜、供养、护摩、念诵、研习教理等等,皆为"加行"之事。专精观想,住于禅观等等,皆为"专一"之事。定久慧生,待至脉解心开,如"仰首枝头,即见熟果",如"拔矛刺背,顿脱苦厄",证悟菩提,还同本得,皆为"离戏"之事(所谓离戏者,谓诸离四句、绝百非之戏论法也)。入此"离戏"三昧,向上精进,打成一片,即是"一味瑜伽"。再进而得到"无修无证"果位,方入圆满菩提之域。密法中此种组织,钩索一切修法之要,次第井然,允为特点矣。亦有以前修加行瑜伽,而立四瑜伽之说。

显密优劣之商榷

西藏密宗，传入汉地，早在宋末。而以元室入帝，为鼎盛时期。明代表面上，虽已销声匿迹，而流行于社会间，仍未根绝。清室入关，复挟之俱来。现代开藏密先声者，即以民初西藏大德，多杰格西、白尊者等，来北京弘法开其端。汉僧相率留学西藏者，为僧大勇等随多杰入藏为始。此后康藏各派大喇嘛，若诺那、贡噶、根桑、班禅、阿旺堪布、东本格西等，先后相率来汉地弘化。各地僧俗随之入藏者，风起云涌，形成一种佛学界之时髦风气。回内地传法，而专门提倡密宗者，如蜀僧能海、超一等，为其中翘楚。译经则有法尊、满空、居士张心若等。欧美方面学者，因英人势力入藏探奇者，亦络绎于道。一般知识人士，学得密法以后，翻译经典甚多，例如密法中之六种成就法，汉文译本，远不如美国伊文思温慈博士之佳。一般欧美学者，常有以密法与印度瑜伽学互混研究，几已成为一种新兴之术，渐距佛法而独立一系矣。如欧美流行之催眠术，乃瑜伽术之支流也。抗战末期，有一法国女士（中文名戴维娜），寓居成都学习禅宗，据云：学佛二十多年，曾游学于印度、缅甸、日本等

地，住藏中习密法，将近十年，且遣其子随贡噶上师已达六年。以其个人游学各国所得结论，称正真佛法，唯在中国，且以达摩宗（即禅宗）为最胜云。

藏密在现代崛然兴起，治佛学或专事修行者，耳目为之一新，优劣诤辩，于以支蔓。崇密宗者，则云修习密法，必可"即身成佛"，次亦可"即生成就"，最迟或三生至七生。复云：密宗学者，"即身成佛"，神通可徵。又云：密宗之方便殊胜，显密双融，皆非各宗所及，中国无完美佛法，禅宗乃邪见，且引宋代在藏弘法汉僧大乘和尚为证。毁密宗者，则云：密宗之法，乃魔外之说，托依佛教而立足。复云：密法乃偷袭中国道家方术而改头换面者。口给干戈，均为智者所笑。佛于显教，虽云由博地凡夫而至成佛，须经三大阿僧祇劫，而经云"劫数无定"。且今生修持，孰知又非三大劫来，唯欠此一生？稽之中国历代大德，尤其禅宗，能"即生成就"，或"即身成就"者，代不乏人，而皆持律綦严，不以神通为尚。记载所传，历历可数，择其彰明较著者，如六祖展衣布山，有四天王坐镇四方。复如引头就刃，如击木石。邓隐峰禅师，飞锡腾空，倒身立化。普化禅师，振铎归空，即身超脱。元圭之服岳神。破灶之度土地。黄龙师弟，皆具神通。普庵师徒，神变莫测（相传之普庵咒，灵验殊胜）。唯禅宗风尚，不以神通为胜，恐乱世人知见，其密行密意，

有非密法可测,岂地前菩萨所可妄议!故有赞禅宗实为大密宗也。若谓气脉、明点、双身等法,可得"即身成就",事非显教及禅宗所能;稽之密典,修此等法,仍易落于欲界、色界之中。于光影门头事多胜境,直超圣量,立地成就,仍须有审慎抉择于其间。禅宗大德,见性之后,此等功用,不期自生,唯皆不作圣解耳。视密宗之执著胜法,又有过焉!至谓大乘和尚,宋时在藏传化,其人立说,近似禅宗,以为直指人心,乃得开悟佛性,依教修行,均徒劳耳;以是流于放逸,全无操持,后因莲花戒来自印度,陈词破难,和尚无以应答,遂放还汉土。观大乘和尚所说,尚未及禅宗所谓之知解宗徒,何论实证?以之概汉土禅宗及各宗佛法,皆纳于大乘和尚之流,实无异因噎废食耳。

论者谓密宗皆为魔外之说,拟托佛教,立言亦嫌过于草率!密宗诸法,诚为纳诸魔外之学,熔之一炉,权设普门广度,既为对待诸异学魔外之说,亦复遍逗群机,导之入大觉智海,终结与第一义而不违背,则于魔外何有哉!佛所说法,五蕴、八识、天人之际、因明之说,皆非初创,亦如中土圣人,述而不作,删集以成。考之印度婆罗门及诸异学等,原有吠陀诸典,皆显见易明。岂可尽举佛法而付之魔外乎!佛所证悟之不共法行,独为第一义谛之不可说、不可思议之"性空缘起,缘起性空"。中

道不二法门，此非诸异学魔外所可妄自希冀者。密法极则，以佛之正知正见为归，途中化境，皆为权巧方便。若未见本性，而言证悟菩提者，心法未明，统为魔外亦可，何独于密法而斥为魔外乎！至谓密法乃偷袭中国道家方术，或谓道家乃学习密宗法门，此二争端，千古无据。要之，方法相似，且几不可分，门庭设立，各有差别，姑存而不论。或疑为远古法源，皆出于一途，源流支蔓，因时间空间而独立发展。道家修法，常有崇密咒，及作、修、瑜伽部分之术。而密宗祖师，身为汉人者，亦大有人。如大圆胜慧法中，"澈却"、"妥噶"二法，据云原由普贤王如来证得本具五智体性，显现五方佛，传金刚萨埵，递传极喜金刚（嘎拉多杰）至妙法喜，复传与希立省（汉人），递传住罗叔札、婆妈拉别札，至莲花生大师云云。唯密宗传法上师，不限于僧俗，而严于得法，此尤与显教各宗不同耳。观音以三十二身，而应化世间，华严以万行庄严，纳诸圆觉，事非佛智，难以窥测。疑谤互从，不如自省，偏执之争，正见其未达也。东密盛行于唐宋，早已与显教合流，如禅门日诵中，密咒部分、瑜伽焰口等，随处皆是。诸部密法，大致在藏经中可见，不再繁述。

　　学佛乃大丈夫之事，非帝王将相之所能为，无论志学何宗，要当以证悟无上菩提为归。若欲达此，首当自

廓其胸襟,广其识见,穷理于诸说,行脚遍天下,然后以教乘戒行,滋茂福德,使能自成法器,方有相应之分。唐太宗所谓:"松风水月,未足比其清华!仙露明珠,讵能方其朗润。"有此气度,方能会万物于己。若目光如豆,心仄似拳,先入之见塞其胸中,门户之诤堵其智思,无论习教学禅,若显若密,皆非所望矣!何则?佛能通一切智,穷万法源,心等太空,悲无缘起,岂蹐促一隅者,所可妄冀乎!

禅宗与丹道

　　道家渊源远古，穷源探本，上古时期，乏文献可徵。原始道家、学者皆裁自东周时代与孔子并世而生之老子为代表。道家者流，则高推圣迹，相传发轫于黄帝，通常皆以黄老并称。周代前，儒道本不分家，儒术亦属道之一种学问，道即儒之全体。迨周秦间，儒道始分为二。历汉至南北朝间，始成宗教之道教，与儒佛鼎足而三。三教思想学术，领导吾国文化二千余年，人才辈出，派衍支流；道教文化，亦遍及东亚各地。其间各有短长优劣，立说圆通者固不少，而偏执己见、互争上下者，由来亦久。稽其变迁，共分为三个时期，其思想学术，与佛法禅宗沟通处，颇值探讨。

周秦时代之道家

　　春秋战国时期，吾国社会政治，由上古至此起一大

变动,诸侯征伐,人心动乱,百家异说争鸣,各持所见,思有以措天下于治平,儒墨名法等外,老庄之说,亦为当时思想之一大主流。老子学说,主"清净无为"为道之宗旨,以"无为而无不为"为道之用,以"虚心实腹"、"专气致柔"为养生入道之方,以"以正治国"、"以奇用兵"、"以无事取天下"为治世之则。庄子思想学术,不若老子之严整,其逍遥博大,思入玄微,则与老氏之说,格调又多不同。其主"养生适性"、"忘我复外天地",视人间世尘尘逐逐,一皆平等齐观,归于乌有!宗主于"归真返璞",处世如游戏,胸怀无物,遗世如脱。世奉二氏之说为道家宗主,举与儒佛之说并驱天下,非无因也。老庄之说,在当时亦如诸家学术,代表某一种学问造诣与其治世主张,初非具有为百代宗师之意,后世奉为宗教之主者,乃学者钦仰其崇高而相与尊之耳。

世传孔子曾问礼于老子,道教之徒,据以自夸,或非其说为伪造,千秋疑案,考证无从。司马迁著《史记》,亦述其事云:

老子者,楚苦县原乡曲仁里人也。名耳,字聃,姓李氏。周守藏之史也。……孔子适周,将问礼于老子。老子曰:子所言者,其人与骨皆已朽矣,独其言在耳!且君子得其时则驾,不得其时则蓬累而行。吾闻之:良贾深藏若虚,君子盛德容貌若愚;去

子之骄气与多欲,态色与淫志,是皆无益于子之身!吾所告子者,若是而已。孔子去,谓弟子曰:鸟,吾知其能飞;鱼,吾知其能游;兽,吾知其能走;走者可以为罔,游者可以为纶,飞者可以为缯;至于龙,吾不知其乘风云而上天。吾今日见老子,其犹龙耶!……自孔子死后,百二十五年,而史记周太史儋见秦献公曰:始皇与周合而离,离五百年后而复合,合七十岁而霸王者出焉。或曰:儋即老子。或曰:非也。世莫知其然否!

史迁所述,迷离若此,抑其抱"整齐百家什语"态度,兼蓄并存,无与考证之事耶!然则,老子之东出函谷,西至流沙,不知所终者,又何说耶?此皆阙疑可耳。孔子之问礼于老子,事固足信,当时儒道之学,本不分家,老子既为周守藏史者,其学问渊博,识养皆深,亦无足异。以孔子学无常师,从而问礼,既不足增老氏之华,自亦非孔子之陋,学术探求,理应如是。而老氏告诫之语,与乎孔子赞叹之词,其人其行,均可想见其高远。唯孔老之间,仁慈济世目的虽同,所取途径各异,此老氏终成为道家之宗主,孔子永为入世之圣人。若后世道儒两家,执此互为毁赞者,固乖二氏之旨,信非二氏之徒矣!

庄周养生之说,与老子所言者,已渐差异,为后世

道家，初启其萌蘖矣。若庄子之依乎天理，固其自然，吐故纳新，导引为寿。乃谓姑射仙人，不食五谷，吸风饮露，乘云气御飞龙而游乎四海之外。广成子自云：修身千二百岁，而形未尝衰。华封人云：千岁厌世，去而上仙，乘彼白云，至于帝乡。如此之言，皆于清静无为之道外，别具一种神秘色彩矣。然老庄之说，在当时之地位，仅亦为百家学术中之一流耳。

迨战国末年，燕齐之间，忽有所谓方士者流（饵丹药服食成仙之术士），称为道家，宗奉老庄而别成为丹道一途者，颇为社会所信奉。且自齐人驺衍倡五行之说，为阴阳家之大者。其学术内容，渐渐与方士之流接撰，亦复浸濡及于儒家之言，启后世以阴阳五行之说而言道术，并成为春秋图谶之学，直至于今。则为道家广汇众流，臻于博大之始矣。

秦始皇统一天下，妄求万世基业于不坠，希冀长生不死，信任方士，百计以求神仙丹药于海外，终至身死沙丘而不悔。方士者流，声名因得以大起，而于原始道家及老庄之道无与焉。盖以心劳日绌于穷兵黩武，而欲希冀长生不死，其于清静无为之道，岂非背道而驰！非始皇之误于方士，实方士之故误始皇耳！但在此时，印度之婆罗门教，已有至吾国传教者。佛家史籍称秦始皇时，有沙门至者，当非佛教之比丘，应为婆罗门教之沙

门。"沙门"一名,在印度乃是出家人之统称。若以此观,秦时方士之术,与婆罗门瑜伽术等,似已早有沟通因缘。抑东亚诸神秘之术,大抵皆同出一源,亦未敢遽断。

汉晋南北朝之道教

自秦始皇混一海内,划分郡县,自以功德迈于往古,乃思求长生不死之术,遣徐市(括地志谓即徐福)发童男女数千人,入海求仙人。影响所及,丹道之声势渐普。汉兴虽尊儒家为治世正道,然一种学术,既已深入民间,自有其深固地位,况人谁不欲长生。丹道之说,既可超脱现实世间,复得乘云凌虚,而遨游于八荒之表,于现实而外,另有一神秘莫测之境可以追求,乃人类思想心理所向往。刘汉断秦而有天下,上至帝王,下及皂隶,此种传说与观念,更属普及。迄汉文帝用黄老之学施于政治,使人民于厌战之余,得以休养生息,一时大收功效,道家之说,尤征绩效。然文帝之尊奉黄老者,非方士之术,乃取法黄老之内主清静无为,外除多欲之治道,非求神仙不死之方。汉武帝则求仙之心特切,《史记·封禅书》记其礼李少君,信祠灶谷道却老方,遣方士入海,求蓬莱安期生之属,封禅以事鬼神,感黄帝鼎湖

升天之事。又如《神仙传》等书，载其礼栾大，筑承露台，感西王母降神之事，异说神秘，迷离莫测，内宫巫蛊之祸，实自启其端也。

后汉桓帝信道亦笃，沛人张道陵客蜀，学道于鹄鸣山中，造作道书，传流各地，创"五斗米教"（从之学道者出米五斗）。其弟子中有鬼卒祭酒等名号，以符水咒术治病，百姓信尚至多。陵死子衡行其道。衡死，张鲁复行之，乃启汉末黄巾张角等借术倡乱之渐。实则，黄巾张角之徒，所谓"太平道"者，第如清代之"太平天国"，借天主教而笼络人心，与张道陵之五斗米道，并无直接关系。后世之混为一谈者，误矣（事见《三国志·张鲁传》、《后汉书》皇甫嵩、刘焉二传）。张道陵之教，自张鲁修其祖之术，称天师君，其子盛移居江西龙虎山后，遂代袭其职。直至元顺帝至元间，策封其后裔张宗演为"辅汉天师"，遂成后世所称之张天师道，为历代王朝及民间公私默认之道教领袖。其实此派道术，崇尚符箓术法，既不同于方士之服炼，更非原始道教及老庄道家之道。后之并入为道教，称之谓"正一派"，乃时势使然耳。三国时，异人辈起，如于吉、管辂、左慈等，或以卜筮占验，或以方术炫奇，则又为道教之另一派系矣。若费长房，与佛教初期入吾国时，已早结有因缘，后著有佛经目录之事，另有其人，异代而同名也。

晋时葛洪崛起,已渐开道教之通途。洪著之《抱朴子》中,已有汇集玄道、炼服、符箓、占验等于一家之趣。后代学者考证,谓《列子》、《淮南子》等书,皆两晋时人托古之作。审如是,此时之道家思想,启后世继往开来之作,皆肇于斯矣。梁代为道家卓荦代表者,则为陶弘景,世称陶隐居,隐居以清才绝世,博学能文,怀王佐之才,隐山林之中,被尊为山中宰相,虽名尊位重,而终身以修道为务,诚为千古高人。平生著述甚富,然大半皆为道家立说,因其精于烧炼服食,故于医学尤有特长,所著《肘后百一方》等,为医学界所崇。卜筮略要、七曜新旧术数等为占验所宗,而以《登真要诀》、《真诰》二书为道家不易之旨。其博学多能,会通诸说,较之葛稚川(洪)言丹道学术者,尤多扩充矣。

　　齐梁间,王侯公卿,从先生受业者数百人,一皆拒绝。唯徐勉、江祏、丘迟、范云、江淹、任芬、萧子云、沈约、谢瀹、谢览、谢举等,在世日,早申拥彗之礼。绝迹之后,提引不已。沈约尝疾,遂有挂冠志。疾愈,复留连簪绂,先生封前书以激其志。约启云:上不许陈乞。先生叹曰:此公乃尔褰薄。(《华阳陶隐居内传》)

陶隐居毕生致力于道,而当时佛法在吾国,已有风雷日盛之势,隐居博学穷究,已留心及此,且推佛法终

为究竟之意。窥其踪迹，时之佛道二家，似已互排复互渗矣。隐居《答朝士访仙佛两法体相书》有云：

> 至哉嘉讯，岂蒙生所辩。虽然，试言之：若直推竹柏之匹桐柳者，此本性有殊，非今日所论。若引庖刀汤稼从养溉之功者，此又止其所从，终无永固之期。但斯族复有数种，今且谈其正体。凡质象所结，不过形神，形神合时，则是人是物，形神若离，则是灵是鬼，其非离非合，佛法所摄，亦离亦合，仙道所依。今问以何能而致此仙？是铸炼之事，感受之理通也。当埏埴以为器之时，是土而异于土，虽燥未烧，遇湿犹坏，烧而未熟，不久尚毁，火力既足，表里坚固，河山可尽，此形无灭。假令为仙者，以药石炼其形，以精灵莹其神，以和气濯其质，以善德解其缠，众法共通，无碍无滞，欲合则乘云驾龙，欲离则尸解化质，不离不合，则或存或亡。于是各随所业，修道进学，渐阶无穷，教功令满，亦毕竟寂灭矣。（《艺文类聚》七十八）

由后汉至南北朝间，佛教东来，势如风偃。其与儒家之间，摩擦尚少，而与道家之间，在南方者，尚骖靳相安，在北方者，则抵触颇大。在此四百年间，吾国道教，已由原始道家老庄之学，渐收罗方士之烧炼养生、服食、医药、占验、符箓等术，而形成一宗教，与佛教互争

短长矣。道教初起之时，如奉诵经典，建筑寺观，和各种礼拜仪式等，吾国原无创制，多皆仿模佛教而来。渐至内容如"无极"、"太极"之说，又与佛法"空"、"有"之义，互相渗通。既成宗教以后，彼此间应具宗教之仁慈宽容大度者，往往惑于主观形式之见，致成水火。自东晋道士王浮，伪造《老子化胡经》以自托其高远，至北魏太武帝时，权臣崔浩信寇谦之之辈，怂恿武帝灭僧排佛，至北周武帝，又有灭佛之事，此皆佛道互争地位之惨史。正如唐高祖时，传奕请除佛法，萧瑀与其互争于朝，云"地狱正为此人设也"。但此所争者，乃宗教之事，由于自我私心所驱使，与仙学之丹道无与焉。

唐宋元明清情形

　　自唐一天下，尊崇道教，不逊儒佛，三教并驱局面，于以大定。以老子同为李姓，基于宗族观念，推尊为"太上玄元皇帝"。庄子封号"南华真人"。列子号"冲虚真人"（将《庄子》一书改为《南华真经》，《列子》一书改为《冲虚真经》）。两京崇玄学，各置博士助教，又置学士一百员（事见《旧唐书·礼仪志》）。唐室历代帝王，求长生服丹药者，屡见不鲜。羽客女冠，遍于州郡。武则天、杨

贵妃、至真公主等，一代妃主，凡为女道士，可考者约四十余人。诗人墨客，尝见刺于辞句，如韩愈“云窗雾阁事窈窕？”李义山之《圣女祠》诗："绛节飘香动地来"等，皆其讽刺女道士之作；琳宫鹤观之多，亦遍布寰宇，义山《题中条山道静院》诗云："紫府丹成化鹤群，青松手植变龙文。壶中别有仙家日，岭上犹多处士云。独坐遗芳成故事，褰帷旧貌似元君。自怜筑室灵山下，徒望朝岚与夕曛。"直至武宗，又成一度灭僧毁佛之事。佛道二教，至此时代，皆臻鼎盛时期，道教典籍，亦至繁赜。若僖宗时之道士杜光庭，著述尤多，如《道教灵验记》、《神仙感遇传》、《墉城集仙录》、《洞天福地岳渎名山记》等，皆出诸其手。杜后入蜀，复为王建宠遇，历官至谏议大夫、户部侍郎，而杜复伪造佛经及道经多种，故后世之称伪书之无据者，皆曰"杜撰"。

然在唐末，有直承原始道家，祖法老庄之神仙丹道一派，已隐然特立，与禅宗渐至合流。为其彰著之代表者，厥为吕岩真人号洞宾者。

迨乎宋代，徽宗笃重道教，崇奉道士林灵素，事以师礼。而尤以降鸾扶乩之术，昌盛一时，愚昧迷惑，招致父子北狩，身为臣虏，老死他邦，抑何可叹！虽然，此非道教之过，其国破家亡之祸，亦不全系于信奉道教一事。徽宗虽未排佛，其崇信道教殊力，曾屡废佛寺改为

道观。时之禅师,以身殉道,或以道行感悟之者,颇不乏人,如:

> 处州法海立禅师,因徽宗革本寺作神霄宫,师升座告众曰:"都缘未彻,所以说是说非,盖为不真,便乃分彼分此。我身尚且不有,身外乌足道哉!正眼观来,一场笑具!今则圣君垂旨,更僧寺作神霄,佛头添个冠儿,算来有何不可!山僧今日不免横担拄杖,高挂钵囊,向无缝塔中安身立命,于无根树下弄月吟风。一任乘云仙客,来此咒水书符,叩牙作法,他年成道,白日上升,堪报不报之恩,以助无为之化。只恐不是玉,是玉也大奇!虽然如是,且道山僧转身一句作么生道?还委悉么?"掷下拂子,竟尔趋寂。郡守具奏,诏仍改寺额曰真身。

> 又汝州天宁明禅师,改德士(即道士)日,登座谢恩毕。乃曰:"木简信手拈来,坐具乘时放下。云散水流去,寂然天地空。"即敛目而逝。

道家学术,由秦汉方士类变为道教,至唐宋间,受禅宗影响,渐有摆脱支离驳杂之道教趋势,直承原始道家及老庄之言,而产生金丹大道之说。其代表人物,当以唐之吕纯阳,宋之张紫阳(伯端)、白紫清(玉蟾)等数人为最。此后,丹道学术,与道教原来面目,不无改头换面之处。后之言道家者,皆以丹道为道教中心,亦如唐

宋后之言佛教者,统以禅宗概观佛法之全,实有异曲同工之妙。清人方维甸于其《校勘抱朴子内篇序》中有言云:

> 余尝谓汉之仙术,元与黄老分途。魏晋之世,玄言日盛,经术多歧,道家自诡于儒,神仙遂溷于道,然第假借其名,不变其实也。迨及宋元,乃录参同炉火而言内丹,炼养阴阳,混合元气。斥服食胎息为小道,金石符咒为旁门,黄白元素为邪术,惟以性命交修为谷神不死羽化登真之诀。其说旁涉禅宗,兼附易理,袭微重妙,且欲并儒释而一之。自是汉晋相传神仙之说,尽变无余,名实交溷矣。

唐宋间丹道学术,已由原始道家出入于儒佛禅宗之间,有直取禅理而言炉鼎丹药之道者,如张紫阳、白紫清二人,尤为显著。至宋室末造,北方崛起一邱长春(处机)真人,学问道德,冠迈群伦,乃奠定道教"龙门派"之基础。邱长春原与马丹阳、孙不二等七人,同学于重阳真人王嚞之门,其年事道力较幼,唯力学精勤,终成大器。金人慕其德行,屡聘不赴,而应元太祖之隆重礼聘,兵骑维护,间关至于雪山。应对之间,劝以戒杀,且谈玄论道,至为平实,崇尚清虚之旨,一洗历来方士习气,丹道门庭,焕然一新。其于西行经历,著有《西游记》一书,以纪其实(非小说之《西游记》也)。长春之学

术务实，有会三教一元之趣，时之儒者，有曾接近其人，咸叹为一代之圣，足见其感人之深。而此派又有称之谓"全真教"者，盖隐谓其有别于方士之道术，全三教之真也。金元好问《离峰子墓铭》云：

> 全真道有取于老佛家之间，故其饿憔悴，痛自黔劓，若枯寂头陀然。及其得也，树林水鸟，竹木瓦石之所感触，则能颖脱，缚律自解，心光晔然，普照六合，亦与头陀得道者无异（《元遗山文集》）。

又，元代元和子《长春观碑记》云：

> 全真之教，微妙玄通，广大悉备，在人贤者识其大，不贤者识其小。大抵绝贪去欲，返璞还淳，屈己从人，懋功崇德，则为游藩之渐。若乃游心于澹，合气于漠，不以是非好恶，内伤其生，可以探其堂奥矣。

宋元以后，所谓道家者，大抵皆举南（张紫阳）北（邱长春）二派丹道之学。然丹道学术，与昔来道家或道教，迥然有别，学者不能不察。及乎明清二代，于南北二派以外，异宗突起，诸说纷纭，其中较著者，乃有西派东派之谓。或主单修性命以为宗，或主双修阴阳以为旨，要皆祖崇吕纯阳，合四派之流，统不外于吕祖之支分焉。清代学者颇多，而以乾嘉道学之著者刘悟元、朱云阳二人为其翘楚。刘朱道学，皆出入于禅，尤以刘悟元

之说理修炼,纯主清静,力排方士诸说,参合佛理要旨,于丹道法中,又别创一格。其人羽化以后,肉身尚留于甘肃成陵朝元观。此外,成都双流刘沅(止唐)为乾嘉时之大儒,讲道学于西蜀,世称为"刘门",传为亲受老子口诀,边居青城八年而道成。著作丰富,立论平允,于三教均多阐发。其授受方法之间,颇有藏密成分,抑其地居近于康藏,其学术思想,不无挹此注彼之处,此一系,相当于元之"全真教"、明之"理教",亦为三教之变焉。

　　道家学术,在晋宋元三个时期,另有三家,均为诸家所重视,而不入派系之列者:即汉之魏伯阳,著有《参同契》,以阴阳五行炉火丹鼎之说而言道者。宋之陈抟,以易理无极太极之学,而言丹道,数传至邵康节,发挥易数之学,至于鼎极,并渐变涸入儒家之理学。宋元之间张三丰,以烧炼丹法修气调御为主者。此之三者,当以魏伯阳为丹道正统之宗祖,陈抟不失为道家之真,张三丰则为方士中之卓越仙才。

　　此外,明代万历时,有伍冲虚、柳华阳师弟,传授性命双修之学,独成丹道之特别一派,世称之谓"伍柳派",其学术思想,浸淫于佛道之间,而皆错解经义,附之异说。以修气修脉,锻炼精神为主。方法不外于服气之域,理论则为佛道糟粕,于养生祛病,或稍有助,以之探求大道,殊有旁驱歧路之虞!但此之一派,盛行各地,

以及于今,世之言丹道者,竟以为归。学术之惑乱人心
者,实亦甚矣!

道 教 之 经 籍

　　古代儒道不分,南宋陆九渊(象山)、清初崔述,早
曾有见及此。如战国末年《吕氏春秋》、西汉初年《淮南
子》、《韩诗外传》、《春秋繁露》,他如《论语》、《礼记》,皆
掺入道家议论。骈衍援《尚书》洪范九畴之篇,创五行学
说,使吾国二千余年学术思想,均未离于阴阳五行之藩
篱。西汉末年所出《纬书》,启两汉乃至后代图谶学说之
门,阴阳术数之学,掺变于儒道中心思想者,其由来已
久且固矣。宋明之间,道教经典,仿佛教藏经之例,亦汇
编为《道藏》,经历代增添,全藏共有五千四百八十五
卷。其他丹经旁说,散佚流通者,亦复不少。《道藏》收
集至广且杂,举凡儒家、阴阳家、兵家、医家诸书,统为
罗致。例如成都青羊宫兼收《诸葛武侯全集》而入《道
藏》,学者有谓其"综罗百代,极尽精微广大"者,亦非过
誉之言。

　　宋真宗时,张君房奉敕校正秘阁道书,撮其精要而
成《云笈七籤》,为道教经籍丛编之宗典,道家之言,于

以大备。其书以天宝君说洞真、灵宝君说洞元、神宝君说洞神，为上中下三乘。以太元太平太清三部为辅经，又以正一法文遍陈三乘别为一部。统称三洞真文，总为七部，凡一百二十二卷。凡经教宗旨及仙真位籍之事，服食、炼气、内丹、外丹、方药、符图、守庚申、尸解诸术，以及前人诗歌、文字、传记之属，涉及于仙道者，均悉编入（有商务印书馆《四部丛刊》影印本）。

《道藏》编辑，全仿佛经，有三洞十二类。洞真、洞元、洞神，为三洞。以太元部辅于洞真，太平部辅于洞元，太清部辅于洞神，而统会于正一部，共为七部大纲，与《云笈七籤》编汇相合。复以本文、神符、玉诀、灵图、谱录、戒律、威仪、方法、众术、记传、赞颂、表奏，为十二类子目。明正统中，宋披雪雕印《道藏》四百八十函，五千三百零五卷。万历三十五年，天师张国祥复编集《道经》，续加三十二函，百八十卷，綮然备陈，都成今藏。中所收罗，多有周秦诸子、晋唐佚书，于保存吾国文化，功实非细。天启间，上元道人白云霁（字明之，道号在虚子）作《道藏目录详注》四卷，考证颇具崖略，足资研究。通常流通，尚有《道藏辑要》二百册，另有《道藏精华录》一百种，皆钩元提要之作。

道家学术，有特立独行，摆脱道教方术范畴而直指丹法者，凡此著述，统名之曰"丹经"。自魏伯阳援《易》

作《参同契》后，历世之所言丹道者，皆祖述其旨。自宋
张紫阳《悟真篇》以次，如《入药镜》、《翠虚篇》、《指玄
集》、《性命圭旨》、《规中指南》、《中和集》等著作，皆为
丹道正统之言。清人著作若朱云阳之《参同契阐幽》、
《悟真篇阐幽》，以禅理而溶入于丹道，别有会心，允为
伟著。刘悟元著书十二种，清虚平实，力扫方士积习，俨
然开佛知见。尤以其名著《修真辨难》一书，特论笃实，
足为丹道式范。至若闵一得（小良）《古隐楼丛书》，则驳
杂无归，离道尚远。清人黄元吉著有《乐育堂语录》，乃
儒化道家之正者，言多隽永。复外如伍柳著作《天仙正
理》、《仙佛合宗》、《金仙证论》、《慧命经》等，则为丹道
之歧，不能视为正途。依道家而言道家之正者，除上述
诸书外，若吕祖之《百字铭》、曹文逸之《灵源大道歌》、
孙不二之《女丹诗》等，已简摄玄微，直指窍妙，丹道之
旨尽在其中矣。依经而论，则太上十三经（《道德经》、
《阴符经》、《清净经》、《玉枢经》、《日用经》、《洞古经》、
《五厨经》、《金谷经》、《循途经》、《护命经》、《大道经》、
《定观经》、《明镜经》、《文终经》、《老子真传》、《辨惑
论》），已尽其大。若《黄庭内外景经》，当与《黄帝内经》
（灵枢素问）参研，再参合于藏密之甚深内义根本颂，于
养生服气修气修脉之术、中西医学生理学等，必另有汇
通与新知，贡献于世界人类者，更为有功。至若陆潜虚

之《方壶外史》、张三峰(三峰言阴阳双修之术,另有其人,非张三丰也)《丹诀》等作,皆当别列一类,入于双修之宗。上焉者,同于密宗无上瑜伽双身修法之欲乐大定,而潜虚之术,或有过于此矣。其次,皆不外于《素女经》、《玉房秘诀》等房中术之流亚,邪见谬术,无足言者。唐代帝室宫廷,乱于此道,亦如元代内廷,乱于密宗之双修,皆为佛道之大不幸者。

其他或托乩笔,或借伪名,或假古仙遗著,或演寓言隐秘;若创作,若注释,玉石并陈,真伪莫辨,皆不足观矣。此之一类。无以名之,姑称之谓"道瘤部"。

要之,道家学术,再变而为道教,复演而成丹道,历代罗致,驳杂已极。纪昀尝论之云:

> 后世神怪之迹,多附于道家,道家亦自矜其异,如《神仙传》、《道教灵验记》是也。要其本始,则主于清静自持,而济以坚忍之力,以柔制刚,以退为进,故申子韩子,流为刑名之学。而《阴符经》可通于兵。其后长生之说,与神仙家合一,而服饵导引入之。房中一家,近于神仙者,亦入之。鸿宝有书,烧炼入之。张鲁立教,符箓入之。北魏寇谦之等,又以斋醮章咒入之。世所传述,大抵多后附之文,非其本旨。彼教自不能别,今亦无事于区分。然观其遗书,源流变迁之故,尚一一可稽也。(《四库

全书总目提要》子部道家类）

道教典籍，名辞闪烁，寓言法象，如阴阳、炉火、坎离、龙虎、男女、黄白之类，各师其说，定义不一。且文辞理则，大抵诡诞浅陋，以至学者茫无所归，愈入愈迷。至若琼寰玉宇，芝阁琳宫，缥缈清虚，读之令人有翩翩霞举之概！此为文辞之另一境界。

丹道之类别

道家学术，内容罗致极广，举凡天文、地理、阴阳、术数、医药、星相、符箓、技击等学，皆其所尚；以之配合服气、炼养、服饵、烧炼等而归入于玄微。地理之有堪舆，术数之有卜筮，符箓之有驱遣，技击之有剑术与外功（炼形气合一为剑术之最高造诣，以炼气炼筋骨为内外功之分途）。无论为学为术，要皆归合于道，汪洋博大，确非浅见可窥。梁启超论道家学术，曾分为四派：以丹鼎为一派，符箓为一派，卜筮占吉凶为占验一派，以何晏、王弼、向秀、郭象等为道家玄学之正派。此犹以道家整体而为类别者也。符箓之学，在道家称为正一派，皆归入"南宫"一途。"南宫"者，谓其司天人祸福之际，非道之宗主也。

　　道家之言,修仙皆以丹法为主。金丹之事,又有内外之别。以守一、服气、炼养,为内丹之学。以服饵、烧炼,为外丹之术。而内外丹皆有上中下三品之说,以别其成就之等差。复有天元、地元、人元之分,单修、双修方法之不同,而要皆须具备法、财、侣、地为修道之基本条件。及其成就,复有神仙、天仙、地仙、人仙、鬼仙,种种差别。略举如薛道光注《悟真篇》所云(按:《四库全书总目提要》谓薛注实乃翁葆光注之误):

　　　　仙有数等,阴神至灵而无形者,鬼仙也。处世无疾而寿者,人仙也。飞空走雾,不饿不渴,寒暑不侵,遨游海岛,长生不死者,地仙也。形神俱妙,与道合真,步日月无影,入金石无碍,变化无穷,隐显莫测,或老或少,至圣如神,鬼神莫能知,蓍龟莫能测者,天仙也。阴真君曰:若能绝嗜欲,修胎息,存神入定,脱壳投胎,托阴阳化生而不坏者,可为下品鬼仙也。若受三甲符箓、正一盟威、上清三洞妙法及剑术尸解之法而得道者,皆为"南宫"列仙。在诸洞府修真得道,乃中品仙也。若修金丹大药成道,或脱壳或冲举者,乃无上九极上品也。

　　若此之说,各宗其传,大体无多出入。唯至朱云阳注《悟真篇》,则述天仙之义,迹中为仙,事则入佛矣。如云:

　　世人才说学仙二字，除却黄白男女，便以吐纳导引，搬精运气者当之。至为浅陋可笑，不必言矣。又闻道家说有五等仙，天地神鬼，优劣判然。佛家说有十种仙，寿千万岁，报尽还堕。学道之士，茫茫多歧，莫知适从。岂知无上至真之道，只有天仙一路而已。此非五等仙中留形住世、十洲三岛之仙，亦非十种仙中，不修正觉、报尽还堕之仙，乃无上仙也。此天非凡夫欲界、色界有漏之天，并非外道非想非非想定无色界，销碍入空；与夫穷空不归，八万劫终，毕竟轮转之天，乃第一义天也。

　　正统之天仙丹道，其学术思想，至此为极，一变再变，已纯入于禅。至若旁门左道、邪僻之说，统皆不足观矣。

　　丹道门庭，共衍为四派，有南北东西四者之分。南宗丹道，以东华帝君授丹法与钟离权，权授吕洞宾，宾授刘海蟾，蟾授张紫阳，递传至石杏林、薛道光、陈泥丸、白紫清、彭鹤林为南派。张紫阳、白紫清之最高指授纯以禅语而言丹道。如紫阳之《悟真篇外集》、紫清之《指玄集》，皆力扫寓言法象而直陈心法。北派丹道，复以钟吕传授王重阳，王传邱长春等七人，而以邱大其阐扬，成为北宗之"龙门"一派，邱祖授受之际，亦复归于平实，无诸怪诡之言。迄明隆庆时，陆潜虚亲感吕祖降

于其家,留于"北海草堂"二十日,得其丹法,而成东派云云。陆之丹法,以双修为宗,迷离莫测,后世借附致成邪说者亦多。清咸丰间,李涵虚曾于蜀之峨嵋山亲遇吕祖于禅院,密付玄旨,李著有《道窍谈》等书传世,公推为西派之祖云云。四派丹法,通途皆祖述吕纯阳、上溯东华帝君而云直接于"老君"。老子之学,清静无为之旨,见于遗文,而以炉鼎、水火、阴阳、五行之说言丹道者,当以汉之魏伯阳为始。吕祖实此中集大成者。若四派之学,皆自吕祖而分途,穷源探本,自可悉其旨归。伍柳一系,当在例外。

　　至若旁门左道,乃流为邪魔之说者,即道家自宗,亦力加排斥,如称旁门八百,左道三千,种种名目,各标邪说者,屈指难数。道家学术,易入神秘邪说者,不但现在如此,晋时葛洪《抱朴子》,已详列当时妖妄之言甚众。若今世之相传某某道、某某社、某某会者,大抵多为元代白莲教之遗流,复采集佛道之言,牵强附会,自命为道之宗,历传久远,蛊惑已深,自亦不明其本矣。凡此之类,亦多小善可风,唯借道学而淆惑人心,不入正途,且易被狡黠者所利用,具有政治野心而复不明人文政教之本,终至身罹刑辟,神堕泥犁,殊为可悯!虽然,有地藏菩萨相待于地狱之中,当可拯斯族类之痴迷矣!

佛道优劣之辨

　　道家以金丹为方便,以登真而证仙位为极则。内丹以一己心身为起修基础,所谓炉鼎、坎离,不外此一心身止观之异名寓象。守窍存神,初以调和气脉,解脱身执,终使制心一处,渐达禅定阶梯。外丹则以药物服饵,初以变此气质之躯,使归于心定神闲,趣入禅定解脱。要之,正统丹道学术,所谊寓言法象,皆指禅定过程中种种觉受境界而言。其中以禅定解脱程度深浅之不同,而定其地位之等差,别无神秘可言。若上品丹法,以心身为鼎,天地为炉,则冥合顿超之趣。进而接触佛法,与禅宗接流,则于昔来丹法以外,终以禅宗圆顿之旨为其旨皈矣。禅宗知解宗徒,与乎狂禅之流,舍弃禅定工夫者,比之丹道尚犹未足。若具正知正见,透顶透底,涣然解脱者,则视丹道之言,皆为有过,凡所说法,尽成多余矣。

　　众生心行,有种种不同积习,故从上诸佛圣贤,设许多方便,循其所欲,导登无上正觉之道。如《普门品》所谓:"应以何身得度者,即现何身而为说法。"奈吾佛之徒,一触异说他宗,即嗤之以鼻,目为外道。殊不知

"外道"一名词，凡诸宗教，指他宗异学，统皆称为外道。
此所谓外道者，实乃外于我之道也。以彼之视我，亦犹
我之视彼，"才有是非，纷然失心"。徒以自形其隘耳。佛
所谓外道，指"心外觅法"、"向外驰求"之事也。如此则
纵依正教，未见自心，虽行埒圣贤，说超佛祖，安得谓独
非外学哉！若以正智视之，只觉可愍，须谋拯救，视之为
仇，亦乌乎可！况左道亦道也，唯左于直道耳。旁门亦
门也，惜旁于正门耳。不能拨乱而反正，愚在众生，过在
圣贤，于人何尤乎！道家之徒，大抵皆推崇佛法，唯所崇
拜者，独为佛及菩萨，且极尊禅宗六代以前诸祖，盖言
佛及祖，皆为"大觉金仙"。而云自六祖以后，法已不传，
故佛之徒，仅知修性而不修命，但能证解脱之鬼仙，未
能得形神俱妙之无上大道；殊不知彼所谓性者，事非真
性，所谓命者，亦乃形质之滓耳。真能证悟真如本性，自
体本具万法，所谓命者，咸在其中矣，岂假造作而后得
哉！

　　凡此之论，皆为成见碍膺，未达诸学之圆极也。穷
诸万变，不出一心，试举丹道家言，自可明其梗概。张紫
阳真人《悟真篇》原序有云：

　　　　故先圣设教，开方便门，教人了性命以脱生
　　死。释氏以了性为宗，顿悟圆通，则直超彼岸；故习
　　漏未尽，尚徇生趣。老氏以了命为本，得其枢要，即

跻圣位；如未明本性，又滞幻形。……根性猛利者，一见此篇，便知仆得达摩西来最上一乘妙法。如其夙业尚存，自堕中小之见，则岂仆之咎也哉！

原著后序复云：

欲体至道，莫若明乎本心。心者，道之枢也。人能时时观心，则妄想自消，圆明自见，不假施功，顿超彼岸，乃无上至真妙觉之道也。此道直截了当，人人具足，只因世间凡夫，业根深重，种种迷惑，以致贪著幻身，恶死悦生，卒难了悟。黄老悲其贪著，先以修命之术，顺其所欲，渐次导之了道。

又其诗曰：不移一步到西天，端坐西方在目前。顶后有光犹是幻，云生足下未为仙。

白紫清《指玄集》中，论药物、炉鼎、火候，皆是一心，丹道之旨，于斯毕露。三复其吟"金丹"、"冲举"诸诗，尤为亲切。如：

佛与众生共一家，一毫头上现河沙。九还七返鱼游网，四谛三空兔入罝。混沌何年曾结子？虚空昨夜复生花。阿谁鼎内寻丹药，枯木岩前月影斜。（金丹）

自从踏著涅槃门，一枕清风几万年。弱水蓬莱虽有路，释迦弥勒正参禅。谁将枯木岩前地，放出落花雨后天。两个泥牛斗入海，至今消息尚茫然。

（冲举）

凡此之说，仅举其略。如吕纯阳见黄龙而明最后一著子，释道光遇杏林而成丹，禅定与丹道，又各据为长短之争。究为如何，略复论之。

吕岩真人，字洞宾，京川人也。唐末，三举进士不第，偶于长安酒肆遇钟离权，授以延命术，自尔人莫之究。尝游庐山归宗，书钟楼壁曰：一日清闲自在仙，六神和合报平安。丹田有宝休寻道，对境无心莫问禅。未几，道经黄龙山，睹紫云成盖，疑有异人，乃入谒。值龙击鼓陞座。龙见，意必吕公也。欲诱而进，厉声曰：座旁有窃法者。吕毅然出问："一粒粟中藏世界，半升铛内煮山川。"且道此意如何？龙指曰：这守尸鬼。吕曰：争奈囊有长生不死药？龙曰：饶经八万劫，终是落空亡！吕薄讶，飞剑胁之，剑不能入。遂再拜求指归。龙诘曰："半升铛内煮山川"即不问，如何是"一粒粟中藏世界"？吕于言下顿契，作偈曰：弃却瓢囊摵碎琴，如今不恋汞中金。自从一见黄龙后，始觉从前错用心！龙嘱令加护。（事载《指月录》）

说者有谓此则公案，疑为后人所诬。以吕祖之贤，岂必待黄龙方能见道乎？殊不知大道平易，愚者不及，智者过之。吕之工用见地，已臻玄境，唯此向上一路，待

黄龙一指方破，盖亦时节因缘，触此机境耳。未见黄龙时，正此一著子，见亦见得，明亦明得，用亦用得，只是不能放舍。待黄龙点破而大休大歇去，方见本具之性，不因工夫修证而有增减取舍于其间也，容复何疑！

丹道学者则谓南宗祖师薛道光，虽参禅已悟，不得究竟，乃转而学道，故谓禅宗只是修性，未得修命之诀，非为究竟。如云：

紫贤真人，名式，字道源，一字道光，陕西鸡足山人也。尝为僧，云游长安，参开佛寺长老修岩，岩示以道眼因缘：金鸡未明时，如何没这音响？又参僧如环，问：如何是超佛越祖之谈？环曰：胡饼圆陀陀地。参讯有年，一夕，闻桔槔有省，作颂曰：轧轧相从响发时，不从他得豁然知。桔槔说尽无生曲，井底泥蛇舞柘枝。二老然之。自是顿悟无上秘密圆明法要，机锋迅速，宗说皆通，积有年矣。一日，复悟如上皆这边事，辩论纵如悬河，不过是谈禅说道，尚未了手。遂有志金丹修命之道，竭力参访。崇宁丙戌冬，寓郿县佛寺，适遇杏林（陵）道人石泰得之，时年八十五矣；绿鬓朱颜，夜事缝纫，紫贤密察焉，心窃异之。偶举张平叔（紫阳）诗句为问，石矍然曰：识斯人乎？吾师也。紫贤闻其语，即发信心，稽首皈依，请卒业大丹。得之悉以口诀授之。且戒

之曰：此非有巨公外护，易生谤毁，可疾往通都大邑，依有德有力者图之。紫贤遂弃僧伽黎，幅巾缝掖来京师，混俗和光，方了此事。薛成道后，以丹法授陈楠（翠虚），陈授白玉蟾（紫清），总是南方人，并紫阳、杏林，共五代，所谓南宗五祖也。（《石薛二真人纪略》）

稽此一则公案，薛道光于宗门所悟处，实为解悟，非力透三关之证悟也。充其极，亦只于光影门头，觌面一见，即乾慧勃发，茫无旨归，复发真疑，事所必至。若僧如环示以"胡饼圆陀陀地"，为超佛越祖之言，实为颟顸般若，于佛祖心印，迥没交涉。及见紫贤一偈，许以见道，骤加印证，不知其仅在声色门头，领会境界而已。紫贤转而学道，适见其参学之诚，于禅宗无咎！此皆误于无目宗师，盲人瞎己，与禅宗圆顿旨归，所距至远。禅宗无师，过复谁属！石杏林乃直承张紫阳之学，紫阳自称得达摩无上之诀，紫贤终复入于丹道家传承之禅矣。

朱云阳注《悟真篇》有云：

> 金者，不坏之法身，丹者，圆成之实相。复云：言其真，则性命在其中矣。以此视世之妄指肉团身中而修性命者，当可猛省。

又：大抵是恐泄天机，不敢直说，故有药物、炉鼎、火候之法象，有乾坤、坎离、龙虎、铅汞之寓言。

奈何言之愈淳,世人愈加茫昧。孰知真者,即人人
具足之真性命也。……篇中种种法象寓言,迷之则
一切皆妄,悟之即一切皆真。盖言真,则性命在其
中矣。言性,则穷理尽性以至于命,悉在其中矣(注
《悟真篇》前言)。

清帝雍正,以帝王身入道,自命为禅宗宗师,褒贬
诸方,以圆明大觉而自号,独于丹道张紫阳真人法语,
备加推崇。且其论仙佛之道,尤为允当。世之言性命双
修者,参究雍正之言,当可知所旨归矣。如云:

紫阳真人,作《悟真篇》以明玄门秘要。复作
《颂偈》等三十二篇,一一从性地演出西来最上一
乘之妙旨。自叙云:此无上妙觉之至道也,标为外
集。审如是,真人止应专事元教,又何必旁及于宗
说,且又何谓此为最上?岂非以其超乎三界,真亦
不立,故为"悟真"之外也欤!真人云:世人根性迷
钝,执其有身,恶死悦生,卒难了悟。黄老悲其贪
著,乃以修生之术,顺其所欲,渐次导之。观乎斯
言,则长生不死,虽经八万劫,究是杨叶止啼,非为
了义,信矣。若此事,虽超三界之外,仍不离乎一毛
孔之中,特以不自了证,则非人所可代。学者将个
无义味语,放在八识田中,奋起根本无用,发大疑
情,猛利无间,纵丧身失命,亦不放舍,久之久之,

人法空，心境寂，能所亡，情识灭，并此无义味语，一时妄却，当下百杂粉碎，觌体纯真。此从上古德所谓：绝不相赚者！真人以华池神水，温养子珠，会三界于一身之后，能以金丹作无义味语用，忽地翻身一掷，抛过太虚，脱体无依，随处自在，仙俊哉！大丈夫也！篇中言句，真证了彻，直指妙圆，即禅门古德中如此自利利他，不可思议者，犹为希有！如禅师薛道光，皆皈依为弟子，不亦宜乎！刊示来今，使学元门者，知有真宗，学宗门者，知惟此一事实，余二即非真焉。是为序。（雍正御制《悟真篇·序》）

雍正一序，所谓金丹大道，与乎禅宗圆顿之旨，皆已回互阐出，而无余蕴。丹道之学，终入于禅，于兹可证。虽然习丹道者，亦如密宗学人，终执幻形，易滞法执。不若自心法入门，了则透体放下，提则拄杖可依。此中微细差别，学者不能不察也。

丹道入禅，已臻化境。唯禅宗以及佛法诸宗，受老庄道家影响者，亦复不少。如傅大士之偈云："有物先天地，无形本寂寥。能为万象主，不逐四时凋。"此所谓"先天地"、"本寂寥"，非老子之"有物混成，先天地生。""寂兮！寥兮！"之脱胎乎？昔来宗师，斥狂禅之说，为"空腹高心"，非取老子之言"虚其心，实其腹"之为是乎？又若

"回光返照"、"无位真人"等等名言，借引之处，亦至多矣。

虽然，圣贤仙佛，要皆具大悲愿，以自觉觉他为本行。但能救度众生，解脱苦海，证登正觉，不论其化迹为何，当勿以门户之异而兴诤讼。唐代仙人谭峭有言曰：

> 线作长江扇作天，鞑鞋抛向海东边。蓬莱此去无多路，只在谭生拄杖前。

世之学道者，应须速抛鞑鞋，急觅拄杖，得失短长，是非人我之见，绝不可萦于胸中。不然，无论学佛学仙，均非用心之所宜矣。

禅 宗 与 理 学

　　中国文化,渊源深远,周秦之际,百家争鸣。迨汉武帝尚儒术,诸子百家之流,如百川之汇海,而一尊于儒,皆讲习六经,明体达用,于人文政教之道外,初非有标新立异,自命得孔孟心学不传之秘者。自董仲舒以下,精疏博证,浸成为训诂之学,历代传习,固无所谓心性理气等玄妙之旨。时至北宋,儒家之学,忽有理学崛起,谓得孔孟以来心法,大变从来讲学之趣,遂成儒家道学一途。儒者之言,别开生面,产生心性、理气、性情、中和、形上、形下、已发、未发诸问题;初则自分四派(濂、洛、关、闽),后惟朱(熹)陆(象山)是争。在君子,只是讲明正学,互诤意见之不同,在小人,终窃师儒之道,而成门户之私,援讲学之名,而滋朋党之祸。乃酿成元佑庆历二次之党禁,欲求至善而反流于狭隘,洵足为学术之悲也。清儒纪昀有云:

　　　　儒者本六艺之支流,虽其间依草附木,不能免门户之私,而数大儒明道立言,炳然具在,要可与

经史旁参。

古之儒者,立身行己,诵法先王,务以通经适用而已,无敢自命圣贤者。王通教授河汾,始摹拟尼山,递相标榜,此亦世变之渐矣。迨托克托等修宋史,以道学、儒林,分为两传。而当时所谓道学者,又自分二派,笔舌交攻。自时厥后,天下惟朱陆是争,门户别而朋党起,恩仇报复,蔓延者垂数百年。明之末叶,其祸遂及于宗社。惟好名好胜之私心,不能自克,故相激而至是也。圣门设教之意,其果若是乎!(《四库全书总目提要·子部·儒家类序言》)

儒家至北宋间,理学之异军突起,并非偶然之事。一种学术之成衰,必然有其社会环境之背景,及为当时文化潮流所驱使。理学之兴,亦循此例。其故为何?断言之曰:受禅宗之影响也。

理学之先声

汉代诸儒,于义理上既无新见地,唯致力于注疏考证,末流余习,渐趋于词章小道之学。两晋以还,天下大势,继承平而渐肇变乱,吾国民族文化精神,乃有一新

的嬗变。士大夫间谈玄风气,与佛法传播,同时称盛。当时学者,以三玄(《易经》、《老子》、《庄子》)之学为哲学思想归趋,已渐疏忽经世之学而趋向于虚渺幽玄之域。自时厥后,西域高僧,如鸠摩罗什等远来东土,大阐佛法,国中大师蔚起,如道安、道生、慧远者,皆毕生尽瘁弘法。如慧远之入庐山结"白莲社",一时名士若刘遗民等,皆依习净业,陶渊明亦时相过从。足见当时知识阶级之思想风气,不免随政治及社会环境而转移。迨隋唐之间,王通起而讲经世之学于河汾,继之天下升平,贞观间多数文武将相,均出于王氏之门,儒学至此,复臻昌明。

　　南北朝间,禅宗初祖菩提达摩,已由印度渡海至梁,传佛心法。至初唐有六祖惠能与神秀者出,南北宗徒,风起云涌,上至帝王,下及妇孺,靡不涵濡沾被,因之佛教文化,与盛唐治绩,并烛寰宇。禅师辈之膺封国师者,屡见不鲜,朝野趋向,风靡可知。肃宗时,韩愈为迎佛骨一事,上表谏阻,而排斥释道为异端之说,于以滋兴。其时儒者为卫道(儒道)而非诋佛法者,不乏其人,然皆不若韩愈之立言激烈。其《原道》、《原性》诸篇之作,实欲高张儒家道统之说,揭儒门之帜,以凌驾于佛老之上。实则受禅宗传心之影响,而目儒学为道统一贯之传。次则,李翱著《复性书》阐发性情之说,为北宋

理学滥觞。其后理学崛起，当以韩李之说，启其端倪。然韩李生平之学术思想，亦终不能自固封畛，丝毫不受佛老影响。亦如南北宋诸大儒，固皆出入于佛老之间，而别倡理学之说。韩愈贬潮州后，常问道于大颠禅师。故其在潮州，有三简大颠，在袁州时，曾布施二衣。周濂溪《题大颠壁》云："退之自谓如夫子，原道深排佛老非。不识大颠何似者？数书珍重寄寒衣。"《五灯会元》、《指月录》等书，则有记云：

> 韩愈一日白师曰：弟子军州事繁，佛法省要处，乞师一语？师良久。公罔措。时三平为侍者，乃敲禅床三下。师曰：作么？平曰：先以定动，后以智拔。公乃曰：和尚门风高峻，弟子于侍者边得个入处。

李翱曾屡问道于当时名僧，且数向禅师药山惟俨问法。金儒李屏山则云："李翱见药山，因著《复性书》。"《传灯录》载之甚详：

> 朗州刺史李翱，初向师玄化，屡请不赴。乃躬谒师，师执经卷不顾。侍者曰：太守在此。李性褊急，乃曰：见面不如闻名！拂袖便出。师曰：太守何得贵耳而贱目？李回拱谢，问曰：如何是道？师以手指上下。曰：会么？曰：不会。师曰：云在青天水在瓶。李欣然作礼。述偈曰：炼得身形似鹤形，千

株松下两函经。我来问道无余话，云在青天水在瓶。李又问如何是戒定慧？师曰：贫道这里，无此闲家具。李罔测玄旨。师曰：太守欲保任此事，须向高高山顶立，深深海底行，闺阁中物舍不得，便为渗漏。宋相张商英曾颂其事曰：云在青天水在瓶，眼光随指落深坑。溪花不耐风霜苦，说甚深深海底行？

按：张颂之意，盖谓其未见道也。李翱曾受知于梁肃，为作感知遇赋。而梁肃为天台宗之龙象，《大藏经》中有梁肃之《止观统例》。

《复性书》认为性本明净，为七情惑而受昏浊，故为"制情复性"之言。如云："人所以为圣人者，性也。人之所以惑其性者，情也。喜、怒、哀、乐、爱、恶、欲七者，皆情之所为也。情既昏，性斯溺矣，非性之过也。七情循环而交来，故性不能充也。水之浑也，其流不清。火之烟也，其光不明。非水火清明之过。沙不浑，流斯清矣。烟不郁，光斯明矣。情不作，性斯充矣。"又云："性与情，不相无也。虽然，无性则情无所生矣。是情由性生，情不自情，因性而情。性不自性，由情而明。"

张商英之颂，嗤李翱之未见性，颟顸承当，自以为是，适成其非。观《复性书》之所言，学者谓其含有佛学成分，依梁肃止观之说，而变易其名辞而作。实则，李氏

出入佛学，仍未彻底。诚如李氏之言，性本圣洁，因情生
而惑乱，此圣洁净明之性，何因而起情之作用？岂谓性
不自生，因情故明。则情返而性复，复性而当复生情矣。
若谓置制此情而后复性，则制之一著，岂亦非情乎？性
能自制，情何以生？制亦情生，终非性明自体。此则自
语相违，矛盾未定。所以然者，盖其自未见性，但认得清
明在躬，性净明体者，即为自性。殊不知此乃心理上意
识明了，澄澄湛湛觉明之境，以之言性，谬实千里。明亦
性境，情亦性境。此性不住于明暗昏清，亦未离于明暗
昏清，则非李氏之所知欤？以此见地，而李氏于《大学》
之"至善"，《易》之"无思也，无为也，寂然不动，感而遂
通天下之故"均有未彻。后世之言理学者，大抵亦如李
翱之徒耶！若有透此藩篱者，皆入于禅矣。

北宋理学之崛起

　　唐祚既移，历五代而至宋，禅宗声教，渐被上下，五
家宗派兴盛，而与吾国原有政教，并无磨擦。佛法解脱
之学，纯为出世，其超哲学之精神领域，坠裂世谛。而大
乘之慈悲济物精神，与圣人王道大同思想，蕲向吻合，
功成辅翊，故儒佛之间，融合无间。唯少数偏执之人，笃

于守旧，以卫道自任，出而排斥，立言之间，仍不免此疆彼界，比长挈短。此类儒家之激进者，盖为韩愈、李翱、欧阳修数人而已。然其所以辟佛者，大抵摭拾形迹，指为异端，非圣人之教。且力诋其教徒（出家比丘）之弃家披剃，为无父无君，不忠不孝。然于佛法之中心奥义，固多茫然。

时至北宋，有世所称五大儒者出，于儒家道学（理学）门庭，创立端绪，学校渐遍于四方，师儒之道于以奠立。学者所谓相与讲明正学，自拔于尘俗之中。五人皆并世而生，且均交好，吾国学术思想，遂呈云蒸霞蔚之观，故后世谓为聚奎之占验。五大儒者，即周敦颐、邵雍、程灏、程颐、张载。厥后，加朱熹、陆象山、吕祖谦，并为继往开来南北宋间八大儒。虽中间魁儒硕彦颇多，要以此为其宗主。八大儒之学说，异同之处，颇多争论。要皆以祖述尧舜禹汤、文武周公、孔孟之言，为圣贤授受一贯之心学，阐明仁义之说，演绎心性之际，为远承先圣之道统。与历来儒者唯知讲经注疏之因袭风气，大相迳庭。其中思想之嬗变，学说之创获，探其蛛丝马迹，颇多耐人寻味之处。而其启导后世道统之争，门户之战者，当非其初心所及也。纪昀于《四库全书总目提要·子部·儒家类》案语云：

　　王开祖以上诸儒，皆在濂洛未出以前，其学在

于修己治人，无所谓理气心性之微妙也。其说不过诵法圣人，未尝别尊一先生号召天下也。中唯王通师弟，私相标榜，而亦尚无门户相攻之事。今并录之，以见儒家初轨与其渐变之萌蘖焉。

吾国学术，历来自儒道两家并驱以来，至后汉历南北朝而至唐，突然而有佛家加入，实质渐变，至北宋为一大转纽。而承先启后，一直支配东方学术思想者，亦始终不离儒、佛、道三家之学。宋代大儒，学者认为佛化儒家，以禅论道者之领袖如陆九渊，亦公认其事。《象山全集》卷二与《王顺伯书》中尝云：

> 大抵学术，有说有实，儒者有儒者之说，老氏有老氏之说，释氏有释氏之说，天下之学术众矣，而大门则此三家也。

儒家至北宋，八大儒讲道论学，而构成理学一派。时之学者，循此一思潮而向前发展，为数颇众。发其轫者，厥为学者所称之安定（胡瑗）、泰山（孙复）、徂徕（石介）三先生。黄震曾云：

> 宋兴八十年，安定胡先生、泰山孙先生、徂徕石先生，始以师道明正学，继而濂洛兴矣。故本朝理学，虽至伊洛而精，实自三先生始也。（《宋元学案卷二·泰山学案》黄百家案语引）

此外门户攻伐，学术异趣，与程朱对立者，厥为苏

学（即苏洵父子三人之说）。而苏东坡、黄庭坚辈于从政以外，为学途径，尝直认游心佛老门庭而不讳，视一般理学家之高立崖岸，排斥异说，复然不侔。故于政见之争外，即学术主旨，亦大相迳庭。而后世正统儒家，以其说之不洽于程朱，亦相与摈之于度外。

所谓承儒家道统之正者，学者皆以程朱并提，夷考其实，则所谓八大儒者，思想学术，殊多不同。二程学于周敦颐，而复自成一系。后之承其绪者，为婺学（金华）永嘉二派，变为史学及事功之途。朱熹之说，初承二程，后复创见颇多，非但不尽同于程学，有时且大异其趣。后贤有谓朱子之学，出入佛老，终为一道化之儒家，朱子自亦直认与程子意见有不同者。《朱子全集》卷二十三有云：

> 伊川之学，于大体上莹彻，于小小节目上，犹有疏处。

> 某说大处，自与伊川合，小处却时有意见不同。

论程朱不同之说者，明末有刘宗周，清代有黄宗羲、纪昀、皮锡瑞，及现代学者何炳松等，皆主此说。

程朱以外，张载有张氏之见，邵雍有邵氏之学，吕祖谦则有吕氏独特见地，主经世实用之史学，而于朱陆异同，尝作调和之努力者。而邵雍则主易数之学，迥然

不同于众，但出处仍一准于儒，唯与二程之间，仍难协调。邵氏与程子居处相邻，交往甚密，但相见虽频，而不语及于道与学也。朱熹则于其易数之学，大加推重，有异其师承观念者巨矣。

儒家理学初兴，数十年间，门户异见，终成攻伐之党祸者，略陈其梗概如此。内容出入，罄竹书劳。见地未臻圆通，致使末流推荡，愈演愈烈，良用致慨！清初诸儒，重返汉学路线，盖深有感于此。论者有云："宋儒好附门墙，明儒喜争同异，语录学案，动辄灾梨。"纪昀谓其"是率天下而斗也，于学问何有焉！"又云：

> 门户深固者，大抵以异同为爱憎，以爱憎为是非，不必尽协于公道也。（《四库全书总目·史部·传记类》存目孙承泽《益智录》提要）

理学初兴，志在阐明儒家正道，排斥佛老异端之说。孰知出入佛老之间，用以驳入佛老者，终成为佛化儒家，或道化儒家。且所立说、排斥佛老者，仍不能撼其中心。唯此一相激相荡之局，却开拓一代学术之领域，以创兴理学门庭，洵为奇特，至其外排佛老则不足，内起戈矛而有余，卒至于伤残相及者，则洵为学术之大不幸焉！

佛化儒家之踪迹

东方文明,在中国独有儒佛道三家之说互相异趣而复殊途同归者,诚非偶然。历来学者,努力于三教合辙,代不乏人。偏执者,虽互相排斥,博达者,仍力主沟通。其中要以东汉末年《牟子理惑论》为最早。历唐宋元明清各代,高僧大德,尤以禅门宗匠辈,烛照群象,洞穷法源,大抵皆淹博世典,出儒而归于佛。其中之彰明较著者,厥为北宋名僧契嵩,以沙门立场,大唱佛儒一家之论。永明延寿禅师,在其巨著《宗镜录》中,每引儒老之言,通诠佛法。宋金居士李纯甫体道最深,其所议论,常分润于佛老二家,阐发其蕴义。南宋诸儒受其影响,亦复不浅。《续指月录》中亦曾载述其事云:

> 屏山李纯甫居士,初恃文誉,好排释老。偶遇万松秀和尚于邢台,一言之下,遂获契证。乃尽翻内典,遍究禅宗,注《金刚》、《楞严》等经,序《辅教》、《原教》等论。尝著《少室面壁记》。略曰:达摩大师西来,孤唱教外别传之旨,岂吾佛教外,复有所传乎?特不泥于名相耳!真传教者,非别传也。自师之至,其子孙遍天下,渐于义学沙门,以及学

士大夫,潜符密证,不可胜数。其著而成书者,清凉得之以疏《华严》,圭峰得之以钞《圆觉》,无尽得之以解《法华》,颖滨得之以释《老子》,吉甫得之以论《周易》,伊川兄弟得之以训《诗》《书》,东莱得之以议《左氏》,无垢得之以说《语》《孟》。使圣人之道,不堕于寂灭,不死于虚无,不缚于形器,相与表里,如符券然。虽狂夫愚妇,可以立悟于便旋顾盼之间,如分余灯,以烛冥室,顾不快哉!士著述甚多,开发后学,大有功于宗乘。临终无疾,趺坐合掌面西而逝。(《续指月录》卷八"曹洞宗"报恩秀嗣)

李纯甫以居士身,偶遇万松秀,言下契悟,著述弘化,普及僧俗。若二程兄弟、吕祖谦等大儒,均逊其智量。学者得其片羽吉光,而阐明体道者,事当甚多,皆源流淹没,师承不彰,殆以李氏中心致学于佛,为门户之见所囿耳!《宋元学案》原列屏山之学为殿,后儒疑其学无师承,并予删去,益见其浅陋也。

初期理学大儒周敦颐,著《太极图说》启发诸家思想,厥功甚巨。而濂溪(敦颐)曾师事鹤林寺僧寿崖,得太极图,自加阐说。此图原出于道家之陈图南(陈抟),本原易理,汇通儒道之产品。僧寿崖得而藏之,以授濂溪,不啻还其故物。故濂溪之受学,不能无丝毫之影响,世传濂溪参禅于黄龙南,问道于晦堂,谒佛印、了元于

归宗。太极图经此三家授受，其思想必有会三为一之旨，况南北宋百余年间，正禅宗鼎盛时期，名匠如林，士庶争趋，其间之思想沟通，错综互摄者，尤属显而易见。

宋至南渡以后，儒家外排佛老之事，已成习见之举。然惟见之于思想上之攻击，尚无实际上之行动。其朱陆门户之争，则势成水火。自佛教中人视之，则一任其自然发展，不惟不加抨击，且常疏释理实一致之说。南宋禅师如名震一时之大慧杲，绎其言行，力主息争。杲师于南渡以后，诏主径山法席，门下问道者，达官名士、博学鸿儒至多。秦桧忌其与岳飞、张九成等交往，贬之衡阳十年，复移梅阳五年。而僧俗间关相从，常至数千。其论儒佛一致之言，往往超人意表。如云：

> 博及群书，只要知圣人所用心处。知得了，自家心术即正，心术正，则种种杂毒，种种邪说，不相染污矣。

> 为学为道一也，为学则未至于圣人，而期以必至。为道则求其放心于物，物我一如，则道学双备矣。（示莫润甫）

> 予虽学佛者，然爱君爱国之心，与忠义士大夫等。但力所不能，而年运往矣！喜正恶邪之志，与生俱生。永嘉所谓：假使铁轮顶上旋，定慧圆明终不失。予虽不敏，敢直下自信不疑。（示成机宜

季恭)

呆师之时,朱陆之争方盛。"尊德性"与"道问学"方兴未艾。呆师以片言匡救而成之。至其忠君忧国之言,原非为辩护佛教徒之无父无君、不忠不孝而发,实呆师之目击时艰,恻然心悯,为佛门吐其不平之气。大权应化,固应如此。观其辩三教一致之主张,尤为明显。如云:

士大夫不曾向佛乘中留心者,往往以佛乘为空寂之教,恋着这个皮袋子。闻人说空说寂,则生怕怖。殊不知只这怕怖底心,便是生死根本。佛自有言,不坏世间相而谈实相。又云:是法住法位,世间相常住。《宝藏论》云:寂兮寥兮!宽兮廓兮!上则有君下则有臣,父子亲其居,尊卑异其位。以是观之,吾佛之教,密密助扬至尊圣化者亦多矣!又何尝只谈空寂而已!如俗谓李老君说长生之术,正如硬差排佛谈空寂无异。老子之书,原不曾说留形住世,亦以清净无为为自然归宿之处。自是不学佛老者,以好恶心相诬谤尔,不可不察也。愚谓三教圣人,立教虽异,而其道同归一致,此万古不易之义。然虽如是,无智人前莫说,打你头破额裂(示张太蔚书)。又云:

在儒教,则以正心术为先。心术既正,则造次

颠沛，无不与此道相契。前所云：为学为道一之义也。在吾教，则曰：若能转物，即同如来。老氏则曰慈，曰俭，曰不敢为天下先。能如是学，不须求与此道合，自然默默与之相投矣。佛说一切法，为度一切心，我无一切心，何用一切法？当知读经看教，博及群书，以见月忘指，得鱼忘筌为第一义，则不为文字言语所转，而能转得语言文字矣。（示人）

南北宋间之名僧古德，世称宗门大匠者，其讲论主张如此。而儒家学者，往往先多问道受学其间，启发新机，归温故物，使东土圣人言教，昔疏难明者，今乃焕然大彰。奈何始终局于门户之见，不得不于佛法故作贬词。惟佛教之智者则不然，如元代禅师高峰中峰师弟，于三教一致主张，尤为著力。明代憨山大师，学通坟典，常以佛理疏注学庸老庄。蕅益大师则以易义释禅，固无所谓内外之见，横梗于胸，而避讳之也。近代之印光法师，则常以儒理诠佛，可称卓识。梁武时之傅大士，据《五灯会元》记载中有云：

> 傅大士一日披衲顶冠靸鞋朝见。帝（梁武帝）问：是僧耶？士以手指冠。帝曰：是道耶？士以手指靸鞋。帝曰：是俗耶？士以手指衲衣。

四朝儒者以道统自命之理学家，乏此包罗万象之量。否则，不入于佛，即入于道，却为儒者所斥。唐宋间

较为彰著者,如裴休、房融、富弼、赵忭、王安石、苏东坡、黄山谷、陆游、张商英、杨大年辈,皆游心禅观。影响所及,历代之文人学士,凡其著作,以具有文字禅之隽永有味者为高。理学家讲学,亦多剿袭禅师辈之法语。北宋以前诸儒,著述流传,一仍旧贯。自理学家兴,动有"语录"、"学案",以绵其世泽,大反昔儒方式,盖多取则于禅宗也。禅师辈平生法语,门弟子记载之者,统称"语录",且皆为当时之平实语体,不事藻饰。凡其致力体道,参究事迹,记述之者,统称曰"公案"。宗门之"语录"、"公案",搜罗至广,儒者学之,以产生"语录"、"学案"之体例,复撷其精华,诩为创见,自张门户,以遂其推排,殆不足法。若赵忭以北宋名臣,高风亮节,昭垂史册,并未尝以学佛为讳,《指月录》载其事云:

　　清献公赵忭,字阅道。年四十余,摈去声色,系心宗教,会佛慧来居衢之南禅,公日亲之。慧未尝容措一词。后典青州,政事之余,多宴坐。忽大雷震惊,即契悟。作偈曰:默坐公堂虚隐几,心源不动湛如水。一声霹雳顶门开,唤起从前自家底。慧闻笑曰:赵阅道撞彩耳!公尝自题偈斋中曰:腰佩黄金已退藏,个中消息也寻常。世人欲识高斋老?只是柯村赵四郎。复曰:切忌错认!临终遗书佛慧曰:非师平日警诲,至此必不得力矣。

赵阅道进士及第,累荐殿中侍御史,弹劾不避权倖,京师目为"铁面御史"。知成都,匹马入蜀,以一琴一鹤自随,擢参政知事。王介甫用事,屡斥其不便,乞去位………以太子少保致仕,卒年七十七。他如此类之儒者尚多,未尽据引。

老氏有言:"为学日益,为道日损。"日益为"道问学",日损为"尊德性"。"道问学"须广其知见,"尊德性"须放心旷寂。放心必要空其所有,广知见则须实其所无。日益不已,则自我伟大之见愈高,宋儒之大抵陷于此微细习气者,殆不自省耳!若蒋山元禅师之于王安石,直规其过,可谓理学家共通之病。《指月录》载云:

荆公原与蒋山元禅师,少时游如昆弟。荆公尝问祖师意旨于师,不答。公益扣之。师曰:公般若有障三,有近道之质一,更一两生来,或得纯熟。公曰:愿闻其说。师曰:公受气刚大,世缘深。以刚大气,遭深世缘,必以身任天下之重。怀经济之志,用舍不能必,则心未平。以未平之心,持经济之志,何时能一念万年哉?此其一。又多怒,此其二。而学问尚理,于道为所知愚,此其三。特视名利如脱发,甘淡泊如头陀,此为近道。且当以教乘滋茂之可也。公再拜受教。及公名震天下,无月无耗,师未尝发现。公罢政府,舟至石头,入室已三鼓。师出

迎,一揖而退,公坐东偏,从官宾客满座。公环视问
师所在,侍者对曰:已寝久矣。公结屋定林,往来山
中,稍觉烦动,即造师相向,默坐终日而去。公弟平
甫,素豪纵,但甚畏师。请问法要,师勉为说之。
……且戒之曰:申公论治世之法,犹谓为治者不在
多言,顾力行何如耳? 况出世间法乎!

儒者论心性之学,原非所尚,纪昀论之甚力。宋代
理学,统由禅宗蜕变而来。南宋以来,朱熹集理学之大
成,而其立论,颇多躲闪。朱氏虽继承程门,而于尧夫
(邵雍)之数理,张载之性气二元之说,濂溪之“太极
图”,彼此常为畛域者,朱氏皆并宗之。复尝于武夷山
中,与道家南宗祖师白紫清(玉蟾)交往颇切,欲随之学
道而不得请。且化名崆峒道士邹䜣,注《参同契》。纪昀
曾力证其事。有曰:

> 殆以究心丹诀,非儒者之本务,故托诸廋辞
> 欤?考《朱子语录》论《参同契》诸条,颇为详尽。年
> 谱亦载有庆元三年,蔡元定将编管道州,与朱子会
> 宿寒泉精舍,夜论《参同契》一事。文集又有蔡孝通
> 书曰:《参同契》更无镂漏,永无心思量,但望他日
> 为刘安之鸡犬耳云云。盖遭逢世难,不得已而托诸
> 神仙,殆与韩愈贬潮州时邀大颠同游之意相类。
> (《四库全书总目提要·子部·道家类》朱子撰《周

易参同契考异》按语）

复次，明代大儒如王阳明，亦初习佛法天台止观，且曾于定中得相似神通，后复失之。又三度求道于道人蔡蓬头，不遂而罢。终成一代儒宗，《王文成公年谱·辛酉事》有云：

先生录囚，多所平反。事竣，遂游九华，作《游九华赋》，宿无相化城诸寺。是时，道者蔡蓬头，善谈仙，待以客礼，请问，蔡曰尚未。有顷，屏左右引至后亭，再拜请问，蔡曰：尚未。问至再三，蔡曰：汝后堂后亭，礼虽隆，终不忘官相！一笑而别。闻地藏洞有异人，坐卧松毛，不火食，历岩险访之，正熟睡，先生坐旁抚其足。有顷醒，惊曰：路险何得至此？因论最上乘。曰：周濂溪、程明道是儒家两个好秀才。后再至，其人已他移。故有会心人远之叹！

宋明诸儒，固皆出入佛老，尤多取自禅宗，而复排斥之者。而究之取者或为糟粕，舍者皆为精华，其见地诚多罅漏！近世梁启超评之甚当。《万有文库·清代学术概论》三中有云：

唐代佛学极倡之后，宋儒采之，以建设一种“儒表佛里”的新哲学；至明而全盛。此派新哲学，在历史上有极大之价值，自无待言。顾吾辈所最不慊者，其一：既采取佛说而损益之，何可讳其所自

出,而反加以丑诋?其二:所创新派,既非孔孟本来面目,何必附其名而淆其实?是故吾于宋明之学,认其独到且有益之处确不少;但对于建设表示之形式,不能曲恕;谓其既诬孔,且诬佛,而并以自诬也。明王守仁为兹派晚出之杰,而其中此习气也亦更甚;即如彼所作《朱子晚年定论》,强指不同之朱陆为同,实则自附于朱,且诬朱从我。

又云:

　　进而考其思想之本质,则所研究之对象,乃纯在昭昭灵灵不可捉摸之一物;少数俊拔笃挚之士,曷尝不循此道而求得身心安宅,然效之及于世者已鲜;而浮伪之辈,摭拾虚词以相夸煽,乃甚易易;故晚明狂禅一派,至于"满街皆是圣人","酒色财气不碍菩提路",道德且堕落极矣。重以制科帖括,笼罩天下;学者但习此种影响因袭之谈,便足以取富贵,弋名誉;举国靡然从之,则相率于不学,且无所用心。故晚明理学之弊,恰如欧洲中世纪黑暗时代之景教。

禅宗与理学之渊源

两宋学术，既受禅宗影响而兴，其工夫见地，又不能深入禅宗心法之奥，灯分余焰，以立理学一门，而成一家之言；其来龙去脉，略如上述。若其讲明心性之理，参究天人之际，罅漏至多，不及详矣。清初诸儒，如黄黎洲、顾亭林、李二曲、颜习斋、王船山辈，以遭逢世乱，鉴于宋明诸儒空疏迂阔之弊，力图矫正；以四朝之"平时静坐谈心性"，无补时艰者，欲悉举而反之。且目宋明诸儒，均为怪物，若谈虎而色变者然，亦已过矣。以学术而言学术，但论其内容之价值，至措之以收效于治平，而非治学者之责；衡之史乘，千百年间，学为圣贤仙佛者，代不乏人，而治臻上理，比隆前古，反多不觏，此岂为学者所能悉任其咎乎？

无论理学家学术思想之造诣如何，其一己之律己持躬，大都淡泊自甘，不求温饱，善恶之际，辨别尤严，岩岩行履，深有合于佛家之大乘行道，或同于比丘之戒律精严者，此皆足资矜式。宋末如文天祥，虽未标于理学之门，然观其所作《正气歌》，足为其人格之崇高代表，从容就义，殉道以终，非学究天人之际者，其孰能

之？明代如王阳明之功业彪炳史册；此外，如李二曲、黄宗羲、顾炎武辈，其学养多从理学中陶冶而来，以成其充实光辉之美；故理学之陶钧万类，鼓铸群伦，其功实不可及。

综观理学之整个体系，可析为一大纲、两宗旨、三方法：一大纲者，要使学问与道体合一，至于"极高明而道中庸"，此为朱陆及各派之所同；两宗旨者，即朱子以"道问学"为尚，陆子以"尊德性"为主。"道问学"须多识前言往行，以博识弘文为务；"尊德性"则以体会得心性本然，则本立而后道生，其余皆在其中矣，此朱陆之所以异也。然其宗旨虽异，但皆主张从用工夫入手，至用工夫之方法，则有主"敬"、主"诚"、主"静"之不同；不论其用工夫方法以何者为是，而此所称用工夫之实，稽之先儒，均乏前轨，《语》《孟》之教，未尝及斯，《大学》所举之止、定、静、安、虑、得之次第，不过提示其要略耳。夫用工夫之说，本起源于佛法中之禅定，唐宋间禅宗之辈，不论僧俗，统皆于此致力，儒者效之，乃倡致学之道，必须于静中养其端倪，所谓"主敬"、"存诚"，皆止静工夫之一端耳。禅定所诣，差别多途，毫厘有差，谬隔千里；况禅定之极，仅为佛法中一种"定解脱"之学，至于"慧解脱"，则当尤有进焉。理学儒者于静定工夫，确有一番心得，但论其极致，大抵至于初禅二禅境地者为

多,若言圣凡迥脱,如肇法师所云:"能天能人者,岂天人之所能。"非其所诣矣。禅宗三祖有言:"才有是非,纷然失心。"理学家者,尤皆未脱此一圈套,如能进而超越乎此,则两宋理学,当别有一番面目矣。

宋明诸儒之论心性、理气、性情、中和、形上、形下、已发、未发之理,皆有其独到之处,故认心身性命之学,宇宙万有本体之元,都已透彻见到,只从此一理上出发,未免有草率之嫌。充其所学,只是心理学上最高修养,使妄心意识,磨砻干净,留个荡荡无碍,清明在躬,即认为是妄心净尽,天理流行,衡之唯识家言,正是澄明湛寂之处,尚为第七末那识窠臼也。以言禅宗门下,正好痛吃辣棒,此中理则,比引繁多,姑置毋论。

以去人欲之私,存天理之正,为理学家修养之鹄的,如程明道云:"天理二字,是我自家体贴出来。"程伊川云:"人只有个天理,却不能存得,更做甚圣人。"周敦颐主"诚",平生以默坐澄心,体认天理。伊川及朱晦庵(熹)则主"敬",上蔡之"常惺",龟山主"静"中观喜怒哀乐未发前,作为气象。和靖之使其心收至不容一物。虽皆精辟独到,要之不外乎有个澄澄湛湛境象,都是识阴区宇,若到禅宗门下,首须痛捧一顿,教令放下,直叫大死一番,贬轧得无地可容,而后转身一路,方可认得从来门户;若此之不落凡情,即取圣量,尚非知解宗徒所

取,以言证悟,戛戛乎难矣。以此而论宇宙万有本体,终不外以思量分别之心,从我此心内之宇宙,比拟万有之宇宙,以推测其似,非究竟之理也。禅宗心法则超于是;故理学家言,若引之哲学思想范畴,则有可取,谓其进乎道矣,实为大有问题。

明儒王阳明,远绍陆象山心法,世称其已近于禅,其著名之四句教,为毕生学术思想中心,至有以之与禅宗心法并提者,实则大误。四句教云:"无善无恶心之体,有善有恶意之动,知善知恶为良知,为善去恶是格物。"若心之体,本无善恶,则此体为一废物,意动而忽生善恶,此善恶之来,纯出无根,而其于心体两不相关,何须为善去恶;为善去恶又与心之体有何关系?纵不为善去恶,心之体亦自无善无恶也,此其误一。心既有体,在善恶之意未动以前,非绝无善恶,为潜伏于体中耳;此心可称之曰性善,亦可称之曰性恶;因善恶两俱潜伏。如心之体,在意未动前,是净明无过;则应准《大学》之义称之曰"至善";否则当用《荀子》之意,称之曰"本恶";何得言无善无恶。无与有乃相对意义,各代表绝对之词;天下之无,何能生有,既认有心之体,而云无善无恶;于辩正名词上,不免过失;不若以"无"易"非"之为有当矣,此其误二。四句教中,为学得力处,只是一个"知"字;"良知"得辨其善恶,是以用为善去恶工夫,

返此动意之初；如返之于无，则终成一个废物，明此心性何用？最不解者，此"知"之一字，又从何处生起？"良知"若从心体自生，心体绝非无物，"良知"若从外来，于心体绝无交涉；况此一知者，为是意动，为非意动？若为意动，落在善恶中矣；若非意动，"知"之一字，即为心之体，何云无善无恶为心之体，此其误三。阳明以一代儒宗，其四句教纲领，大误如此，世不之察，推为心性理学之极则，殊为识者所惜！儒师针石老人者，尝为文辨之，论说颇当。大慧杲禅师有言曰：

> 而今学者，往往以仁义理智信为学，以格物忠恕一以贯之类为道；只管如博谜子相似；又如众盲摸象，各说异端。释不云乎！以思惟心测度如来圆觉境界，如取萤火，烧须弥山，临生死祸福之际，却不得力，盖由此也。杨子曰：学者所言复性，性即道也。黄面老子云：性成无上道。圭峰云：作有义事，是惺悟心，作无义事，是狂乱心；狂乱由情念，临终被业牵，惺悟不由情，临终能转业。所谓义者，是义理之义，非仁义之义；而今看来，这老子亦未免析虚空为两处；仁为性之仁，义乃性之义，礼乃性之礼，智乃性之智，信乃性之信；义理之义，亦性也；作无义事，即背此性，作有义事，即顺此性，然顺背在人，不在性也；仁义礼智信在性，不在人也；人有

贤愚，性即无也；若仁义礼智信在贤而不在愚，则
圣人之道 有拣择取舍矣；如天降雨，择地则下矣。
所以云：仁义礼智信，在性不在人也；贤愚顺背在
人，而不在性也。杨子所谓修性，性亦不可修，亦顺
背贤愚而已矣；圭峰所谓惺悟狂乱是也；赵州所谓
使得十二时，不被十二时使也。若识得仁义礼智信
之性起处，则格物忠恕一以贯之在其中矣。肇法师
云：能天能人者，岂天人之所能哉！所以云：为学为
道一也。（示人）

　　儒者之见，若能进而体会于善恶、心物、理气
之外，打破漆桶，则知佛出世入世之言，与平心性
"修齐治平"之道，悉在其中，何被滞于化迹，析虚
空为两橛哉！

理学与禅宗之异同

　　宋兴七十余年，学术黯淡，至安定、泰山、徂徕、古
灵兴起，始以师儒之道明正学，而范高平（仲淹）、欧阳
庐陵（修）实左右培掖以成。逮仁宗末年，五大儒并世而
生，理学门庭，于以建立；厥时禅宗声教，正方兴未艾
也。

百源(邵雍)濂溪之学，皆源出道家。宋初道士陈抟之"先天图"四传而有百源，衍为象数术之宗主；"太极图"亦三传而有濂溪，濂溪复于僧寿崖处得先天地偈，乃互参而明性命之理；二程于此二者，素皆不喜。横渠(张载)之学，主于论气，以变化气质为穷理尽性至命之道；及朱晦庵则统集诸说，以集其大成。陆象山有谓其学无师承，有谓其源出上蔡(谢良佐)；后有谓学于僧德光。至若洛(伊川)学后人，多归于佛；程门高弟，如荐山(游酢)等终入于禅；横浦(张九成)实问道于大慧杲禅师，而识旨归，此皆显明可徵者，余犹未尽。百源之学，纯出道家外，诸儒初皆出入佛老固无疑矣。

在儒言儒，宋代理学，自有二程出，方揭示宗旨而立门户。其初如高平之《潜虚》，百源之《皇极经世》，濂溪之"太极图"，固皆宗于易学象数，以窥天人之秘者。迄濂溪之《通书》始括《语》《孟》《学》《庸》之要，以阐述性命根源。同时横渠著《正蒙·西铭》，以训示学者，理学根基，实植于此。诸儒之学，要皆宗于孔孟，汇于五经方为其道统之正者。

而宋代诸儒，大抵于禅道之学，有所参悟，方得启发其真知，只可论其成分多少，实不能别其参杂有无。盖自唐代禅宗兴盛以来，道家学术，亦受其影响，而起一大变，融会圆通，大有人在，亦学术潮流之必然趋势

也。及宋代禅宗特盛,禅师兼通儒学,以佛理说《中庸》《周易》及《老》《庄》之学者,著述颇多。而佛学说理,采用名言,多有取于儒书,固皆参研启发互资证明。儒者参禅,一变而有性理之学产生,实亦时会使然。其后之辟佛诽禅者,皆囿于道统观念,限于社会风气。而明达之士,犹多缄默。综其原因,厥有二者:一、为学目的与方法之不同。二、见地造诣之不同。儒者为学目的,学究天人之际,而以立人极(人本位)为宗;故学须致用,用世而以人文政教,为儒者之务;故以"诚意"、"正心"、"修身"、"齐家"、"治国"、"平天下"为入世准绳。佛学目的,以学通天人造化,但初以立人极为行道镃基,终至于超越人天,出入有无之表,应物无方,神变莫测。故以佛之徒视儒者,犹为大乘菩萨道中人;而以儒者视佛,则为离世荒诞者矣。复次,儒者为学之方法,以"闲邪存诚"、"存心养性"、"民胞物与"尽其伦常之极为归。佛者则以不废伦常,但尽人分为入道之阶梯;形而上者,尤有超越形器世间之向上一路,则非儒可知矣。有善喻者曰:譬如治水,儒者但从防洪筑堤疏导为工,佛者更及于植树培壤等事宜。远近深浅,方法迥异,此其为学目的与方法之不同者,一也。儒者出入于禅道,从诚敬用工入手,于静一境中,体会得此心之理,现见心空物如之象,即起而应物,谓"内圣外王"之道,尽在斯矣。而禅

者视此，充其极致，犹只明得空体离念之事（亦可谓之但知治标），向上一著，大有事在（方可谓之治本）。而儒者于此，多皆泛滥无归也；若有进者，如洛学后人、象山门人，多遁入禅门矣。此其见地造诣之不同者，二也。至如理学而至于如狂禅一流，此皆二家所病诟，何独有于禅哉。

伊川十字之教云："涵养须用敬，进学在致知。"又以"敬"与"致知"之不可分，云："入道莫如敬，未有能致知而不在敬者。""诚，然后敬，未及诚时，却须敬而后能诚。""君子之遇事无巨细，一于敬而已。""唯上下一于恭敬，则天地自立，万物自育。""所谓敬者，主一之谓敬，一者，无适之谓一。"故其工夫从敬入手，而主于专一；而其所谓一者，无适无莫之谓；即实此意念，而无一物存胸之境也，以此起而应物用世，则近于道矣。孰知至此，但为佛法之见空、禅宗之初悟一著子也。伊川又云："性即理也"，且单提理字，又云："天之赋与谓之命，禀之在我谓之性，见于事业谓之理。""自理言之谓之天，自禀受言谓之性，自存之人言之谓之心。"于此而见伊川之言心者，即指此意识心也。由诚敬入手，至于主一，而无适也，无莫也，即明此心。明此心而体会天命、性理，皆具于我矣。具于我，乃有诸己也，要须保任得，应用得，如明道所言："有诸己，只要义理栽培。"理学家

明体而达用,未有出此藩篱也。故晦庵尝曰:"才主一,便觉意思好,卓然精神,不然,便散漫消索了。"又云:"以敬为主,则内外肃然,不忘不助,而心自存。""整齐收敛这身心,不敢放纵,便是敬。""当使截断严正之时多,胶胶扰扰之时少,方好。""惺惺乃心不昏昧之谓,只此便是敬。"凡此皆近习禅定,于静中体会得一念在,清明之象也。静坐之说,则始于洛学,静非冥然无知之谓。故曰:"所谓静坐,只是打叠心下无事,则道理始出,今人都是讨静坐以省事,则不可。"乃主动中静中,都须用工夫,及会得道时,亦有同于参禅者之初悟境象。如赵宝峰(偕)读慈湖遗书,静然省悟,有见"万象森罗,浑为一体。"曰:"道在是矣!何他求为!"理学家见地,类皆至此为极。见此之后,发为圣解,析理出语,迥然超群者,盖儒者得文字便宜,由此而发知解,不可一世矣。

象山一脉,世称为佛化儒家,乃理学之禅者,但亦只认得此心。陆门巨子,甬上四先生中,有袁洁斋(燮)者,象山教以直指本心,初未之信,一日,始豁然大悟,笔于书曰:"以心求道,万别千差,通体吾道,道不在他。"又曰:"大哉心乎!与天地一本。""道不远人,本心即道。""人生天地间,所以超然独贵于物者,以是心耳,心者,人之大本也。"其于心法所明者若此,亦只明得吾人心中这一著子也。复如杨慈湖(简)谓"人心自明,人

心自灵，意起我立，必固碍塞，始丧其明，始失其灵。"学者称其言直截洞彻，谓慈湖以不起意为宗，复议其为禅。若以不起意与禅之无念为宗，相提并论，无怪儒者所知之禅，止此而已，其于佛也，禅也，实未梦见。故谓理学家之见地造诣，只明得意识心念清净，起而应用为极则，其于用工夫，则只入于冥坐澄心之途，余犹非所及。

至于立言悬解，如濂溪之《太极图说》，"实足以阐性命之根源，作人生之准则"，当之无愧。明道之《定性书》，价值亦足千秋。横渠之《正蒙·西铭》，阐说"民胞物与"同体之理，无欲之仁实云至矣，固亦可为禅者之参考也。宋元明清四朝理学，要皆不能超越于此，若治平事业之说，义不干此，所不及论。

儒家至宋而有理学崛起，远迈往昔，传述千秋，至为盛矣，固为其治学精严，足堪淑世。而儒者有硕德崇望，大抵皆得居高位，学以致用，以立身廊庙，以行道要务，实亦有政治之栽培使然也。若禅宗虽亦有依附于帝王卿相，为之倡率，大致皆由民间自由推戴而成，价值重轻，亦有轩轾。至于理学末流于空疏迂阔，禅宗末流于知解狂禅，亦势所使然，可谓同病相怜者也。今而后，禅亦以学名，禅亦理之禅矣；二家志士，固当勖之。

佛道儒化之教

　　儒佛道三家学术思想，二千余年间，迹虽相距，理常会通；外则各呈不同之衣冠，内容早已汇归一途，共阐真理。尝谓三家学术，论其端绪，则各有偏重。所谓偏重者，第言其入门途径之所取尚，非谓整体皆然。如儒家则偏重伦理，留心入世，善则有侠气，弊易入霸道。佛家则偏重心理，志求解脱，善则无可非议，弊则流于疏狂，而皆以心法入门，超拔精神进于"形而上"者。道家则偏重生理，从形质入门，善则出神入化，弊则易落私吝，而亦终外形器，而达"形而上"者。入门方法既有不同之等差，故为学为道之始，不期然而见偏重之异迹，及其终皆归于道。佛说"一切贤圣，皆以无为法而有差别。"旨哉言乎！"会万物于己者，其唯圣人乎！"故为学为道之极致，皆以"无缘慈"、"同体悲"而兴"民胞物与"之思，此皆三家之同一出发点也。

　　历来三家之徒，欲调和偏执而会归一致，代不乏人，然终不能化其迹象；盖亦如形器名相之难脱也。明社将屋，有"理教"者崛起山东，仿元代"全真教"之迹，而成新兴宗教之一门，风行草偃，遍及南北，尤以北方

为盛。理教之为学为道，一则为化易人心，一则为保存民族正气，虽不足语正大之宗教，实亦有可取之处。且其汇合三教，宗奉一尊，为"圣宗古佛"（即观世音菩萨），而以四维八德为入德戒持之门，工夫日用，则以道家之修炼为法则；教以理名，即儒家理学之义，"理即是道，道即是理，理外无道，道外无理。"理学至有"理教"产生，遂化佛道之迹，而别成一教矣。

"理教"创至崇祯末造之杨来如（教中尊称为羊祖，或杨祖）。登进士第时，适逢李自成、张献忠之乱，继遭亡国之痛，乃归里养亲，日诵观音圣号及诸佛经，效善财童子之五十三参，自称得感悟而成道。出而度世，终清之季，遍及朝野，风行南北，自为应此一时代之机而勃兴者。

乾嘉间，西蜀双流，有刘沅（字止唐）者出，初以博学鸿儒，不猎功名，归而学道，相使得老子亲传，居山八年而成道。以儒者而兼弘佛道之学，著作等身，名震当世，世称其教曰"刘门"。长江南北，支衍甚多，而尤以闽浙为盛；其学以"沉潜静定"为旨，工夫口诀，采于道家，说理传心，皆撮三教之长；而其实质，亦为儒化佛道之另一教门，虽其标榜为调和三家之业，然亦"断崖无路只飞梯"耳。

心物一元之佛法概论

佛法言心,厥有二义:一指妄念意识之心,亦曰妄心。一指如来藏性之心,亦曰真心,复名为性。此二义之所示,研习佛法者,首当抉择;须视其经文全部教理,而审辨其所标之义别。若断章取义,以偏概全,则佛法与近代心理学所不同者几希。故视佛法为唯心论者诚误矣;然则,同于唯物论乎?斯尤误矣,盖佛法认心物二者,皆一体所生之用,亦即一元之二面也。故禅宗古德之言性,有时曰"即心即佛",有时曰"不是心,不是物,亦不是佛"。以人智易执,一落言诠,即便迷头认影,故须种种巧设权言,以透脱滞见,独露真如。不知色身外洎山河大地,咸是妙明真心中物。唯识概八识于心王含藏宇宙万有心物之种子,皆标明佛法之言心,即谓心物一元之体性。又曰如来藏性,亦曰真如。如者,如其真耳,非离诸妄以外,而别有一真如独立常存。苟其若此,则真如为常,常见者,佛所呵斥。盖真与妄对,凡有对待,真亦成妄,同遣真妄对待二边之见,故曰真如,乃无

以名之强立之名也。

本体之性，心物一如。寂然空净，能生万法。所谓法者，概心物等一切之理事而言。故谓自性具足一切法，不因修证而有增减，不因聚散而有生灭，不因动静善恶而有净染。虽能生万有，而不随万有迁流，故生生不已而实无生。万有虽灭而不随之断绝，故生灭轮旋而终无生灭处。夫既寂然不动，从何而得万有之生灭往来？盖体性功能，本然运行不息；运行者，体性无始功能之力，亦曰风，亦曰气，而非习知之风与气，故以功能之力言。功能之力，运行不息，常寂而常动。空寂之性，性自功能，无有主宰之者。唯动静二方，互为循环，运动发光。光明常寂而常照，明照极而暗生，明暗代谢，亦如动静之往复，皆为体性功能性自本然之力。光与热俱，光热炽然，电磁物质之极微，涵絪而成，热极而为溶液。复随力与光热电磁液体等物之互相化合，地质物质，于以形成。故谓万有之成，非自然而有，乃因缘所生。因缘者，多种生元之互为化合也。唯体性功能，既非自然，又非因缘所生，能生万有者，非万有所能。非生因之所生，乃自性之所现。故力者光电等之互为化合，万有得以滋生，天地由是乎分。然此地质物质总依虚空而住，虚空犹为体性功能之一现相，空间无际无量无边，与体性合其寂然。而虚空非即体性，乃真如本然一相也。

　　于体性寂然空净之中，含有一灵明妙觉之知性。性净妙明，含裹十方，光耀独朗，能用于物，非物所容。灵明之光，为常寂无相之光，不倚物而常存，及其起用，须依物而相应。虽灵光独耀，而与体性功能力之运行，同其动静明暗，循环往复，运动力强；强力妄行，动极生乱，则灵明觉知，变易为动乱之无明矣。无明者，变易其明而不明也，虽然无明，而其为灵知之性光者一也。徇无明以依附于物体，带质而生我人之生命色身；身之生理，与物理同其功用，心之性理，则不同于物而异于本性之妙明寂净矣。然所谓异者，变异也，若力能反此变异，虽动而固常静，虽明暗生灭而不失其灵明妙觉，虽依附于物而常离，则复于体性寂然之功能，至此则灵光独耀，迥脱根尘矣。迥脱根尘者，非物所能拘也。而体性功能者，以空为体，其起用也，以万有一切之用为用，以一切相为相，本即空寂，故灵明妙觉亦空寂，物亦空寂，虽有相之与用，皆一时间空间上之偶然缘合。故万有之有，乃一时假聚化合而有，非有一常存者。唯体性能生空有，而非空有之所能。故曰："缘生性空，性空缘生。"妙矣哉！诚非心思口议所可及矣。

　　佛法于体性之颂名别号甚多，略举如曰"真如"，以其真而复如；如曰"涅槃"，状其寂然本净而圆寂；曰"法身"，为体性之自身；曰"如来藏"，表其含藏万有而本无

去来；又曰"般若"，示灵明妙觉本空之灵知。凡此之类，异名罗列，皆体性一心之多名也。异学立为别名，尤多不胜收，如涵义同斯，则皆一法之所印，等无差别，否则，概非正见也。复如曰"佛陀"，曰"正觉"，曰"见性明心"等，亦皆表诠证悟体性之极果耳。等次以还，名、相、理，皆可汇推；要皆标示治心之学，或为心法之分析，不尽繁列矣。

是知心物为一元之体性，证知体性者，乃明此心不复逐妄而迷真。而此非生因之所生，乃了因之所了，非徒为理知可及，乃心物之证验可圆。故华严宗立四法界，曰"理无碍"、"事无碍"、"理事无碍"、"事事无碍"，若透彻事之与理，证得真如，则心能转物，即同如来。倘逐物而迷心，认心而非物，则皆见未圆融，自生障碍也。

心 法 与 力 学

心理现象，与力学运动，其原理与事实，完全相通，心理现象所生之见、闻、觉、知，归纳称之曰念。当一意念生起作用，即发生联想，或忆念之过程，亦如力学之圆周运动。所以然者，即如一意念初起时，刹那之间，即循此一意念而联想，或忆及其他；当次一意念生时，前

之初生意念,早已消逝。如此络绎不断,犹如一星之火,旋转而有轮圈现状,亦如波浪之相续,而见不断之瀑流。实则,水流乃波波相续而成,轮圈乃火星联转而有。此心之意念,虽自觉如流之不息、轮之无端,实亦始于一念,虽其中间经过无数其他意念,而终归于初生意念之流转。

意念生起,或引发回忆,或引起联想。细者为思,粗者为想,一刹那间,速率频繁,不可捉摸。纵使捉摸得意念,已非初一意念。盖心理现象,亦如物体运动之力,一意念之生起,即为"向心力",由内外界交感之"向心力"而构成一意念。但当一意念生时,同时即起"离心力"作用,"离心力"起作用,"向心力"即随之而生,故意念终不能停止于一,如此旋转不停,人之思想,永在变动,不得停止。试以念起之"向心力"生时,称之曰生,念起"离心力"散时,称之曰灭,如此生灭不已,交互循环,终无已时。即使在睡眠状态,所起梦境,仍为思想意念之一种,即心脑思维,亦未稍减,虽睡眠住在一种极度昏迷状态,亦有意念,自不觉察耳。即使完全停止意念而不起作用,谓之静力之 境。所谓静力者,力之动向与功能,潜在未发也。如静极而动,亦可谓乃"向心"、"离心"二力之交互作用,何则?以静极为"离心力"之极致境界,变动为力之起用现象,故以"离心"、"向心"二力

之交互往返，而见人生日常意识与生活动态；如强以
"离心力"名之曰空，则"向心力"名之曰有，或代名谓之
阴阳，均可象徵表示其体用。"离心力"中，含有"向心
力"之能，"向心力"中，亦即具"离心力"之能；故空有阴
阳动静，交互为用，心理生理，互为消长，心理之悲欢喜
怒，精神之衰旺，衡以力学，莫不皆如。故物极必反，乐
极悲生，心雄万夫，身力不及，身欲冲举，力不从心，疲
劳而思休息，休息复又思动，个人心身，终如二力之生
灭，天地昼夜、风雨晦明，亦皆二力之盈虚消长。推而观
之，人与人间，人与社会间，人与宇宙间，亦复如是。如
喜爱一物一人，久则生厌。久雨思晴，久旱祈雨，静极思
动，常动欲静，皆同此离向二力之往复也。

　　故佛法名心意识之力，而曰念力，曰业力，曰通力，
曰不可思议力等，总之为一心之力也。此心力乃妙不可
思议之物，视而不见，听而不闻。其静也，动力潜能于
静，故静极而必动；其动也，静力亦含于动，故动极而必
静。盖心力亦如物力，有波动作用，其频率至速。故人
与人间，人与物间，心力坚强者，可互通，所谓心灵感应
是也。如力之波率方向相同，由二而合于一，共成为"向
心力"，反之，复亦相排相荡，心力速率方向各异，而互
成其"离心力"。故"三人同心，其利断金。"同为"向心
力"也，"一人一心，各奔西东"，各为"离心力"也。个人

之心力,名为别业之力,合众人之心力,则成共业之力,其相同相反,而生共别业力之等差平等。由个体心力物力之单位,而与群体共力为相推相荡,互为吸引,乃合于宇宙万有功能之共力。复由本体功能而产生"离心"、"向心"之功,于是"地心吸力"引聚万类,"万有引力"引聚地球,及诸星球,而运行不息。其理不易,可通万汇。旷观宇宙,唯一力之世界耳。

佛法治心,深明力之作用,以其"离心"、"向心"之力交互往还,旋转不停,生灭无已,不能自主其控制,又无一实体之存在。故喻此变易不定,如猿猴之不可捉摸,而又谓此心无一实体,只是空有盈虚消长,名之曰虚妄。《金刚经》云:"过去心不可得,现在心不可得,未来心不可得。"即极言此心无一永恒常止之"向心力"可得,亦无一永恒终止之"离心力"可得,但能互为变易。而此力能实非生灭,生者,为力之动,灭者,为力之静,动静往返,互为消长。然当其力之波动功能起作用现象时,在个体与共体之力与力间,其相排相吸,互为摩荡,而形成因果关系,故因果律乃心力作用之不易原则也。然则,力之原起,又何自来耶?曰:本体之功能,本然具足也。然则,本体何状?曰:非状可及,姑谓之以空为体。然则,力之原起亦空耶?曰:诚然!诚然!性空真力,性力真空。姑举一相类似的譬喻,若吾人持一真空球,以

其无一切之存在,故轻而易举,及其真空爆破,则其力
至巨,故本体虽空,而真空中所含蕴之力源乃无穷也。

　故治心法则,乃循于力学原理,导之使返于真空体
性,如修止修观等禅定方法;初则使心意识先能单提一
念,止于一点,止者,乃求力之支点集中"向心力"也。然
愈求止,愈益纷扰,愈见其止向之难,于此中方见离向
二力之交互迅速刹那不停。用志不纷,工力渐熟,迨能
止于一念,已渐习渐凝,或出于自动,或出于自然,止之
一念,骤然离舍,乃见"离心力"之现象。及乎此也,"离
心力"现,"向心力"泯,远离离向之二边,而呈现心境一
段空之现象;唯此中空如有境(即有一空之境界),尚为
念之觉受,空亦为微细之念。及舍此空,心身两忘,住于
非思议之体性真空,则了无一物可得,常寂常惺之性现
前,返合于体性功能矣。然犹未也,迨真空呈现妙有,习
知空有离向之为用,然后自主自在,控制操纵总由一心
而应用,返其自然之力,而约之在我,则治心程度,可臻
玄奥矣。此循"向心力"之途径所立之法则也。心法谓
之止念,谓之收心,谓之内观等,皆此例也。反之,但不
随念起止,唯静观念之生灭;其生也,知为"向心力"所
聚集;其灭也,知为"离心力"所消散。或住于离散之有
相空境,渐求进步。或于离向二力之往返,概放任其自
然,而不制止,唯住于无静境之静,观其变易,不加造

作。久而久之,生灭二力之交还,皆消失于无形,唯一静极呈现,亦无静相之可得,然后离静离动,能静能动,皆操持由我。但须知动静犹皆为自性境也。如此顺习,亦可入于玄阃。此循"离心力"之途径所立之法则也。心法谓之空,谓之放心,或谓之放下等,皆此例也。如禅宗有言:放下,放下的亦放下。又曰:放不下提起走。此皆指示治心之善巧矣。

综上所述,本体功能运行而为力,力有动静离向等作用,生灭于万有,而本体功能非动静离向所能也。于此观察,透彻证入性真,则于心物力之为用了然矣。

心 法 与 声 音

佛法于声音之学,虽未详说有如物理之声学,而于人类心身与声学之关系,特多阐发,并应用于心法之起修,约分为二:

(一)寻求闻性之根源。

(二)自发声音之缘起。

二者统为观世音菩萨法门,亦曰耳根圆通。

凡耳之于声,以闻性为用也。今首言前之一者:但择钟鼓铃铎风声水声等任何一种或多种,专意于耳根,

以听闻其声。于此,又姑分为内外二法:(1)外闻者,当听觉缘此声时,闻有声时,此谓之动相。而声终无常,不能久住,当前声已灭,后声未生,此中间无声可闻,虽有听觉,亦了无用处,此谓之静相。夫声有断续之相,听缘可知,复乃追寻返闻,我之闻性,究有断续否?当其闻声闻性,是有忽无,闻时闻性何存? 如是心观,追寻闻性,有声时不因静性而不闻,无声时不因有声而常存。如是久久渐纯,方知声有断续来去有无,而我此闻性,终未有变。或有习此者,虽无外声,而耳根似有声存,此乃意识自生影响,非真声也,未可自认为奇特。倘有迷恋,即成心理幻觉之精神变态矣。(2)内闻者,即于闻性听觉有声时,谓之动相,声无闻时,谓之静相,于动相闻时,不住于动,无闻静相时,亦复离舍,不住于静,于此动静二相之来去,了了分明,此了了者,亦复舍离,离至于无时,知得动静二相,皆为外缘所引发,我此闻性,非属动静,亦复当舍,舍之又舍,忽尔心身两忘,了不可得;于不可得中,无有内外动静诸相;经称此谓返闻闻自性,远离动静二相之法门。然犹未也,即此心身不可得中,又为静相,尚当舍离,迫至舍无可舍,动静如一,虽有二相,了然不生,则于闻性法门,可以入道矣。

次言后者:今日我人所居之世界,其已为科学知识实验所了知者,为万物及人类所发之声,谓之动声也。

然声亦如光，尚有非我人听觉及科学智识所及知者，姑名为静声。何谓静声？试为例证：如修习禅定之人，至极静境，其所闻声，无远弗届，无微不至。以其静也，故能闻虫鸣如雷震，闻远处声音如在耳边，同时可闻十方之声。此即闻性功能凝聚于静定境中，故不因物而阻隔；及其至也，虽在万籁无声之高峰绝顶，亦可得闻空中旋律清绝之声；此声也，夐非世间声，或曰：此即"天乐"也，或曰：此即庄子所谓"天籁之音"也，此说容亦有之。唯本体自性功能，具足一切法，体性之运行，声随光起，此体性功能自发之声，要非心身常在动乱者可闻，必至此心如空，接近于自性空体，方得知之。唯光之与声，自性均具，亦以空为自性也，其受干扰于万有之动乱，故通常所不能闻，唯自空其念力，能渐空清，接近于体性功能之波率者，即得闻知。如婴儿初生，首能闻声，动物无思维意识亦能辨声，五官感觉作用，唯以耳之听觉，其应用力所及程度，为最远而普遍，故有耳通性海之说。复次，五官为用，专事于一，易感疲劳，唯事听觉者，可以持久，如闻音乐，可以移人性情。靡靡郑声，令人心荡，易水悲歌，令人慨慷；以音乐训练动物，功效亦著，凡此之类，皆足见声之功能。

　　故佛法教人，造作自发之音声，如持咒、念经、念佛号，以极和谐之旋律，先自怡悦，开廓其心情，然后依此

音声,又自返闻其声,观察此声之缘起,乃喉、舌、口、齿、气、鼻之交作;主之者,意也,因此诸缘和合,乃有声音。有声之起用也,谓之动相,其无此声,谓之静相,并复追寻,虽无声音可闻,而心意识习惯已久,口虽无声,心声历然。迨至动静相灭,心声不生,静极无声,内外皆寂,寂与性合,了然于声之动静有无。缘声之动静有无,易现空寂之境,空寂境界,接近于体性本然之真空;则知经称"此方真教体,清净在音闻"者,义究何指。声以阻碍干扰而无,因空而传播,闻性以寂时而无,因有而起闻,由此声与闻二者之间,可明心法之理矣。

心 法 与 光

现代物理学之言光,凡发光之体,谓之光能,光有辐射折射等,光波互为干扰,光速至快,科学计程称谓光年,凡物皆在发光,只因光波振动,而使光波之长短不同,乃有种种颜色不同,其为光者一也。复谓自然光则遍满空间,本此等原理,应用于事物者,洋洋乎大观矣。

自然光者,遍满空间,红、橙、黄、绿、蓝、靛、紫,皆光之色相,亦光波振动所变现。自然光之光能,即为本

体功能显现，与力俱生，含照万有，日月星辰等发光体，皆借本体功能自然之力而放射光能，其力尽时，光亦消散。万有亦秉此事理而存在，亦随时在振动，我人心身，亦复如此。光之在人，曰神。心意识生起念力时，即有光之放射，唯非肉眼形器所能见。而眼之与心，互通作用，故心念静定，精神强盛者，目光炯炯，心邪则目邪，衰老则目昏，孟子所谓观眸子而知心者，良有以也。故佛法教修习禅定之人，"回光返照"，"内观其心"，皆借光之作用，而使渐返于本体之方法也。密宗"妥噶"（看光）、"光明成就"等法，亦即用此方便。禅定法门，初以两目垂睑，先使目光凝定，目光宁静，即不攀缘外物而逐色相，心念虽动，力渐薄弱，迨心目之光凝定于一，即至心无念可起，目无相可见，住于初禅。如初得定者，用功至力既久，必色泽光鲜，目光定而有神。盖心目静定于无念境上，心身念力少有波动，既少波动，乃保持其饱和状态，若能保持饱和状态，自然减少放射。故得精神充沛，色泽光润，此乃自然之理，不足为异。若在禅定过程境中，心身内外，发现种种幻相之光，即为念力未定，心力交互于动静之间，摩荡发光，统为幻相。禅宗名为"光影门头"，"弄识神影子"。此如人以手揉目，可见面前点点星光，体弱力衰，亦可见空中光或圆圈。此皆心身病态，未可认为奇迹，若一著此等，即成魔事，被幻

觉错觉所转,而成心理变态之精神病象矣。凡修习禅定
有经验者,初则目光最不易定,心念亦随之不止,迨将
定时,目之与光,必如有外力骤使之返,乃入于宁静之
境,心身两安矣。然虽至目光静定,心念无起时,亦但属
初禅境象,及乎外观无相,人物天地,皆如在梦幻光中
而观,一切觉无实体之存在;此时心身愉悦,无与伦比,
虽视而不视,心而无心,用功至此,往往自谓已见本性,
孰知此犹为"光影门头"事也。心身二者,已稍接近本体
光力功能,犹为未是。然后心身内外,与自然光能同成
一片,久久定深,返于本体无相光境,则常寂光现,实相
无相之体以见。而此中过程,微细难言,要在学者之实
验体会。苟至于此,与见性明心之事,犹迥无交涉,必如
《楞严经》云:"见见之时,见非是见,见犹离见,非见所
及。"若能如此,方许有少分相应矣。

　　故以佛法而观空间之自然光,及物体个别之光;在
物言物,则今日物理学所谓之光学知识,洵有所见;若
以光透心物一元之本体而言,尚未能确为究竟之论。盖
如来藏性,性自发光。唯体性之光,寂然无象,非视觉仪
器可见,名曰常寂光,亦曰法身之光。其体空而常寂,以
光名者,顺世间之习称也。然此实非通常光明之光,常
光寂然,先宇宙万有而常住,唯常光流注,静力饱和而
忽动;动力与光热俱生,此之光明,即我人视觉仪器而

测可见者;明暗代谢,昼夜往来,皆自然光之盈虚消长。而明暗皆为光也,以光波振动不同,复生种种光色;万物借之以资生,非光能生万物,实为同体而互为用也。个别光体,振动放射,力尽时即消灭归于自然之光,自然光则返于空之体性。生灭旋轮,只是本体功能运行不息之现象也。以此旷观宇宙,真有"身世蜩双翼,乾坤马一毛"之感矣!

　　人之心目为咎,念念生灭不休,目如照像机,心如摄影师,以机照像,留影而起分别者,我人心意识之作用也。如是念念旋流,心光振动频繁,从朝至暮,无有已时,使心光放射消耗而终归于无。迨生命灭时,即沦于黑暗状态,此明暗代谢,如旦暮往返,永无停日。故须假定慧之力以凝之,使返于常寂光体,则可不随生灭明暗之迁流,而能自为之主矣。经云:"静极光通达,寂照含虚空,却来观世间,犹如梦中事。"通乎其理,明乎其事,则于物理学所言光学,可推究其未及知者矣。

心 法 与 电 磁

　　盈天地间,万物之生,皆一本体功能,性自运行,凝结而成,既成而住,又不断放射其功能,乃至消散坏灭,

于是复变易互入于他物。物质不灭之说，以此现象，为其根据，迷于唯物论者，持之有故，言之成理。盖天地万物之生灭，乃本体自性功能变易之现象，其光力热电等物，互为化合，互为消长，入此出彼，无有穷尽，虽生生不已，有世界之成住坏空，而本体寂然无生，无丝毫动静往来；其有动静往来，成为宇宙间一切变化者，皆为本体功能起用之相状也。体性功能，动含于心物，其动也，即本然运行之力，力之运行，即具足声光电化之变化。本体功能力之运行，本自具足电磁作用，空静时，电力之用，潜蓄于空静中，有向心吸引之能，运动时，电力放射，可生声光化合之变化现象，有离心排外之力。天地之中心空静，而有子午线与南北极之互为吸引，故见天体为一电组织，大地为一电磁场。电磁之为体，亦空静如无物，迨其互为摩荡而起用，方见有迹象之可循。佛法所说"真空妙有，妙有真空"之原理，比类可通。而电磁之为用，又与太阳放射之光热有密切关系，不但依年月而变，亦且随时日分秒而变，由点而面，由面而体，随时皆在放射其功能；其生成于万有，亦复随万有而归灭。故人与人间，人与物间，人与宇宙万有间，其电磁可以互通，心灵可以交感，悉循其自然之生灭轮转而无已时。

人之为人，为有心身，心身生存于天地间，亦如天

地同为一电磁组合,具放射与吸收作用,人物自然间,彼此互为排吸,互为因缘,而为其枢纽者,乃即此心,故须修定慧以凝固其功能,使返于体性相应。初修定慧,为求止念,念止,则使心身放射者凝固。外物皆在放射,而我能凝固,则彼之放射者,即皆被吸收于我,渐得与外缘隔绝。复而心空一念,如磁针"中和区"现象,两端虽有感应之用,而"中和区"终不能起感缘作用矣。终进而复返于体性,无我无物,同其一如,然后能使用生灭,转心转物,不为生灭心物之所转。常人心身,循声逐响,遇色追形,心识纷驰,鹜于外境,如光电之放射无已,力难自主控制,强加制之,反生阻碍;若依定慧法门,久久修习,一旦豁然感通,则此心身,自与自然界之声光电化之力,同其作用,自可得神通之妙用矣。此中微妙,实验方知,略发其端,用供体究。

心 理 与 生 理

世出世间,一切事物之理,统摄于一心。而分析心法之最详尽者,莫过于佛法。如唯识学析心之法相,般若学辨心之法性,《楞伽》、《密严》、《大乘起信论》等,世称为如来藏宗者,详论心性之体用,渊深博大,迥非现

代心理学所可几及。今之心理学，所牵涉范围，有生理、遗传、社会、病理等学，施之于实用。复有教育心理、群众心理二者，用之于政教。犯罪心理，用之于侦讯；变态心理，用之于医疗；而皆以心理现状为讨究之对象，用以培养人格，范围论理，功能至巨。但其为学内容，则以人类有生命存在，依此意识心活动现状为依据。故其所谓心理者，即现实人生意识活动之现象与变化也。现实人生，当不能离生理而独存，故学之造诣，亦止于意识而已。若离五官感觉与思想运用之明了意识，惟认知有一潜意识（或称下意识），以之比观唯识学之说，终不出第六意识范围。即所谓潜意识者，仅当唯识之独头意识（或称独影意识）。若唯识所说第七末那识（我执），第八阿赖耶识（含藏持种之义），固非今时心理学所知。故说如来藏性，乃心物一体，天地同根，万物一如，此中事之与理，若以心理学说观点视之，则幽玄而不切实际，几同于变态心理者知觉上之病态。复若般若学之说心识虚妄，体性空寂，意识运思，无一而非如空花梦幻，终无一实法可得，则尤为心理学所未知者。故以佛法视之，今时心理学者，实乃唯识法相学中之一分耳。苟谓佛法即心理学，或谓佛法乃一种学术思想者，其去佛法诚远矣。以此观念，谓之研究佛学则可，谓之学佛或深入佛法，诚有严格之辨别矣！佛法之言心言性，皆切就

其通乎本体而论,虽亦有侈言法相,析说妄心意识现象,皆非究竟之第一义事。所谓第一义者,"言语道断,心行处灭",不可思议者也。佛法实乃超科学、哲学之一大实验事,一切学理寻绎,但为其入门之准备,若滞情于此,则迷化城为宝所矣。

不但一般学者,谓佛法乃心理之学,即学佛法者,在概念上,亦多落此窠臼,故于身心二者,在思想上,常截分为二。孰知心理与生理,亦即心物二事之交互作用,皆属一体之所生,《楞严经》及诸大乘经论,多涵此义。唯识学谓第八阿赖耶识,通含山河大地之种子。《大乘起信论》立一心真如生灭二门,而皆极论此二者一元之变。人而具有心身,心识之为用,名之曰心理,身体之为用,曰生理,心识强盛者,力可转变生理,例之精神治疗,及催眠瑜伽等术可知。但生理实足影响心理,如人有病,心理反常,事例尤多,若仔细实验观察,固知心身实为一体之所生。身同物理世界,气候之变化,通生理周期性之觉受,物质之转移,刺激心理变态之现象,此皆人所习知者。若人身之精气神同自然界之光热电,主其中枢者,寂然应物之心性也。明体达用,须融会而贯通,直入顿超,舍心宗而莫属。

然佛法心宗,禅门古德,均不言及此者何也?盖祖意隐晦,蕴之工用之中,言之则恐落筌蹄,易滞迹象。至

若密宗，则以调色身气脉为其首当要基（他如正统道家，除旁门左道外，则依身根而起修）。欲实验修证佛法戒定慧，而不明斯理，轻心掉之，虽尽形寿，恐终难有成矣。盖调摄气脉，为对治生理之缺陷，色身既调，通于自然，影响心理，得至空忍，二者之间，如风静浪平，晴空无翳，则永住安谧晴旸之境，得于胜定。然后逆其变化之流，复返于体性本然之域，则于四大假合之身，六尘缘影之心，取舍由人，可得自在矣。故身在动者，心随之移，心常乱者，色随之变。故曰"心能转物，则同如来"。鸦片、吗啡之为物，吸之可转移人心理性情，砒霜、草乌之为物，食之戕人之生命。不能转物，即为物转，事理至明。而心能转物者，如来藏性之本体真心也，妄心意识力弱，仅可移易小变耳。而言生理，则今时物理世界，声光电化等学，略可通悟，善用之者，以之化物成性，不善用之者，随流乘化以归尽，波靡轮转，终无已时矣。此义深窅，冀毋以人而废其言，当今科学日进无疆，无数崭新之创获，正好为佛法作注脚，而益资证明，世有高明，必肯斯语。

　　附注：本篇匆促完成，未尽阐说，容后补充。

佛法与西洋哲学

　　西洋哲学，渊源于古希腊，流衍而成近代各学派之思想；有谓佛法亦系其中哲学思想之一派者，此实似是而非之论，须加辨正。按古代西洋之民族思想，多为神话所笼罩，希腊诸哲学家酷爱真理，探讨寻求，不遗余力，渐使神话理性化，而奠定哲学之基础，影响欧洲数千年之文化，其在西洋哲学之功勋，洵有足多者；盖希腊人生活简朴，蔬食饮水，芒鞋布褐，乐其天年，其政治则早已创立民主制度，思想自由，学说争鸣，故能孕育其哲学思想而发皇光大之，实非偶然事也。

　　希腊古代之宗教雏形，初亦为庶物之崇拜，而演进为多神教，终至成一有系统之神。如希西阿(Hesiod)之神统记(Theogong)，阿斐克之宇宙开辟说，皆说明众神有一定之系统；而其神亦为人格化，人间亦必须神化。至若神自何来？与宇宙万有始末之关系为何？则又须哲学理论为之解释。哲学初起，皆为"宇宙论"，其求证真理之方法，则多为"辩证法"，苏格拉底建立"知

识论"之基础,及黑格尔乃集辩证法之大成,溯至康德时代为止,常与科学相混合,无严格之区分;及后科学大兴,始渐脱其范围,二者俨然异趣。科学专重证验,哲学概属想像,门庭各别,愈离愈远,竟不知二者之本为一体,各执一端,而相水火,无有融会而贯通之者,实为学术上一大缺憾!

希腊哲学初期心物之争

希腊最古学者泰勒斯,即为"唯物论"者,史称其为米利都学派之基石。彼认万有一切根源,发端于水,否认神为"造物主"。但承认世界有精神之存在,磁能吸铁,因磁最富于精神;且谓知识为固具,非外力所加附。其门人亚拿其孟特,以万有之根本为无限;无限之为物,充塞宇宙之间,既无一定性质,亦无一定界限。世界具体事物之形成,由于无定形之物质自身发冷发热,交互分化;先则为水,继复凝固而引导火气土之出现。一切万有,均生发于无限,终复归于无限。虽有消灭形成之过程,只如旧变为新,但不否认神之存在,唯神乃不参与世界之生灭;精神存在,同其师说。亚氏门人亚拿其孟斯放弃其师门之抽象物质论据,而以具体之物质

空气，为万有之根本；谓人生与宇宙，皆假空气以维持
其运行，空气之稀薄者变为火，浓厚者成风云水地，甚
至谓神亦由空气所产生，但不直接否认神之存在；此皆
为米利都学派哲学论说之特征，依违于心物二者之间，
终不能化矛盾为统一；以现代科学进步之观点视之，不
待辩而知其误矣。凡此诸说，与印度原有诸学派佛称为
外道者，各家义理，大体甚为相近。

　　有赫拉克利特者，其立说不同于米利都学派之所
云，更接近于近代之思想。如云：世界上无不动之实体，
亦无不变之实体，万有一切，皆不断在变化和运动，固
无片刻之停止；人生亦然，如火燃焰而复熄灭。所谓宇
宙，即为生灭流转之过程，无始无终之大变化；如火灭
而形现，形消复归于火。在此不断创造变化之世界中，
所谓"固定"、"休止"、"存在"等等，仅为功能之幻觉耳。
复谓事物都有内在矛盾而发生斗争，而又同时并存于
统一之整体内，此种现象，不但为自然发展之根源，且
亦为社会发展之根本，此皆为规律的，乃自身所固具，
绝非神 之所赋予，故云："生即是死，壮即是弱，少即是
老。"而复反对调和矛盾之说，以为唯有斗争力量，方能
使物质世界存在和发展。赫氏为当时"唯物论"者之巨
擘，其思想不惟影响于当时，且波及于后代，成为"辩证
法"之先导；此皆统一于"唯物论"，但亦认精神现象为

万物之要素。

复有毕达哥拉斯者，为"数论"之创说者。其本人毕生无著述，唯门徒记载其理论，推崇备至，称之曰"神人"。彼谓万有根本，即是"数"，"数"乃抽象的，脱离一切感觉性，合理而支配整个世界。人能认识万物，即是认识"数"，盖万物由面而成，面由线成，线由点而成，"点"和"数"，即为物之起源。能谐和世界秩序之存在，皆基于"数"，人类社会生活亦然。对于"十"之一数，推崇备至，乃由"唯物论"而进入"唯心论"矣。其于矛盾斗争之说，则斥为无秩序而破坏均衡；故谓善之与恶，静之与动，凡矛盾事实，但为外表而非内在，矛盾乃彼此对立转化之现象耳。此派学说，影响亦巨，学者争趋其所立说，有相同于印度之"数论"，而犹不知点之从来，故于"数"之学，终未能臻化境。吾国古人，讲《易经》"理"、"象"、"数"之学者，亦以太极始于一画，一始于点，点之连接为线，为一阳之初爻；而一犹非太极之究竟，必须知乎"画前一卦"，方合于道矣；比之数论，较远胜矣。

及至埃利亚学派诸人，则宣称一切存在，皆属于"静止"，本无矛盾可言，万有根本，为非感觉之物质，而为唯一"静止"不变不易之实在；其实在之特征，唯理性才为真知之渊源，一切多种变化，咸为感官之幻觉；彼

依"唯心论"而诠释实在，但又否认"造物者"之存在，复否认矛盾与运动，以万物虽有运动，而每以一瞬间皆存在于空间一定之位置上，并未转移于他方，唯不在于原定之位置。即使运动存在，亦不外于感性；感性者，乃虚幻无常，自为变化耳；其思想已接近于"形而上"者，故黑格尔诋之为"消极辩证法"。

希腊盛时心物之争

迨纪元前五世纪至四世纪之前半期，希腊哲学已由"宇宙论"而转入于"人事论"，前后百年之间，名人辈出，学术文化，达于鼎盛。为"宇宙论"者，皆依据其自发之"辩证法"，竞以论证其主张。而为"物质原子论"者，则开十八世纪"机械唯物论"之先河，例如阿那克萨哥拉和恩培多克勒二人，即为德谟克利特"原子论"之最前驱。阿那克萨哥拉对于宇宙万有，认为必须有无数之元素，始足以说明其万变之形状，彼谓元素为种子，以种子乃无始无终，不灭不变之微分子，生灭乃种子之离合聚散于空间；但为外形之转移，本质并无出入，而宇宙之运行，又非种子自能。假定物质以外，别有精神之存在，此精神具有伟大之能力，完全自由，而为一切运

动及生命之根源，且能洞悉万物而支配宇宙。而复谓精神自体亦为一至精微巧妙之物质。

恩培多克勒亦为当时"唯物论"者，彼谓"地水风火"，为宇宙之根本要素，一切生灭变化，皆此四种元素离合之现象；而其所以有离合者，则因有爱憎之存在。爱为结合之因，憎为离散之因；宇宙间一切事物之生灭，即此爱憎交迭而生。彼反对埃利亚学派不生不灭之"静止"说，而认伊奥尼亚派之运动说为真。及德谟克利特，乃集"唯物论"者之大成。彼坚决反对苏格拉底、柏拉图之"唯心论"及其政治观。谓世界根源，乃原子之结合。然原子不变化、不可分之说，经后世科学证明，而非真见；且于原子根本之所由来，终未探溯其究竟。

其时有苏格拉底，为当世唯心思想之大哲，彼谓宇宙为"神"所创造，研究宇宙，乃违反"神"之意志，一切善之观念知识，即乃人类认识自体。人之理性，谓之"普遍观念"，道德为人类唯一之认识对象。依此，观念即是世界根源，产生万物，观念非自然界事物之反映，亦非知觉与感性之产物。彼为矫正"雄辩"、"怀疑论"等学说，鄙弃个人利益，提出人类普遍善良、公正、永久道德等观念，奠定后世遵循之一般理性。其于"伦理"、"形而上"学等，均大有阐发；有拟之为西方孔子者。然自然之反映，与理性之"普遍观念"，其间关系，要不能尽洽其

理,岂天命与性,亦夫子所罕言乎?而其学说,经门人柏拉图为之修正而益著。

柏拉图者,乃当时"唯心论"之泰斗,少游于苏氏之门,由其师之"普遍观念",进而探寻宇宙根本之实在。彼分世界为二:一为理念世界,一为物质世界,而以前者为万有之根源,后者为理念世界之摹写;故前者能杂物而存在,后者仅为生灭虚幻之变化;且谓观念唯理性可知,非感觉所及。盖彼之思想,于一切存在之上,确立一永恒不变之理性,实为"唯心论"者"形而上学"之总归,影响古今唯心思想者至巨,其著述又全部留存,有拟之为西方之孟子,彼之学说,较其师尤备。

亚里斯多德为柏氏门人,学问至博,其于哲学、伦理、艺术、自然科学之著作均多,可谓集希腊哲学之大成。凡其认为合理者,兼收而并蓄之,认为错误者,则删之务尽。其于中世纪哲学之思潮影响至巨;但其基本观念,终徘徊于"唯心"、"唯物"二者之间。对其师理念一说,则持反对态度;谓天体之运行,乃"神"力所引起,依"神"而有存在。综其学说,殆为本体一元之"神我论",虽思想闪烁,理实糊模,盖一博学之儒耳。

希腊末期哲学

公元前三三六年，马其顿王亚历山大统治希腊，至公元前一四六年，马其顿与希腊，又为罗马所灭亡。随此政治之变动，希腊文化，相随分解，由"唯心论"、"形而上学"，转入于"唯物论"，注重自然界及社会生活之研究。

伊壁鸠鲁在雅典创立自己学派，拥护德谟克利特之"原子论"，分哲学为三部，一为物理学，二为论理学，三为伦理学。其于"认识论"，则又带有"唯心论"之说，主张感觉之存在，而以精神为特殊之运动，系圆形原子所构成，随人体而毁灭。其于"伦理"则认内心之闲静安逸，为人生之至乐，理想人格，即为澹泊宁静之智者，较昔勒尼学派之肉体快乐主义，更重真知之追求。继其后者，为罗马之卢克莱修，主张"无神唯物论"，此外，尚有斯多亚学派、怀疑派、折衷派、及新柏拉图学派等。

斯多亚学派：乃芝诺所创，后继者大有人在，渐传至罗马森内加等处（当公元前三年至公元六五年间），人才辈起，学说纷陈，大抵皆为理性主义之倡导者。其早期学说，多接近于"唯物"思想，而非如"唯物论"者之

偏执。彼谓火为世界之根源,与"神"同一重要。而于
"认识论",多有同于亚里士多德。于"伦理",则立足于
先天之理性,以人有天赋之理性,但能循理而行,即为
有德之士,而合乎自然之理,若德与不德,善与恶,皆存
于内心,且无中和可以缓冲者,故以从自然而生活,为
人生之最高目的;而此自然者,谓之曰"神",谓之曰"理
性",即充塞天地间之"天道",亦即为存在于人性间之
法则。故以物欲乃反乎道者,顺从理性,弃欲绝物,隐遁
山林,遨游湖海,以度其安逸之人生。可谓西洋出世学
派之先导者,相当于佛法所称之自然外道。

怀疑派:乃皮浪所创,继之者有埃奈西德穆、恩培
里柯。彼认"知识"为相对性,凡对一切事物之认识,如
是非、真伪、善恶、妍媸之判断,皆是人以不同感觉之特
点,遽下之"特称盖然判断",尽不可靠;当弃智绝欲,实
践伦理道德,乐其安适之人生。盖乃达观一流,游心物
外,浮沉于世者。

新柏拉图主义为基督教"神"学之创始,其中代表
人物,如埃及之普罗提诺,极力反对"唯物论";谓物质
为反统一,不协和,最丑陋;"神"为一切存在之根源,乃
尽善尽美之精神实体;"神"以自身之"发放物"创造世
界理性,理性依其顺序产生世界精神,此世界精神,复
产生可感觉之形体,形体之后,始有纯粹之物质。故物

质非为实体,乃神造一切中最低级之物,人体同于物体,固当为邪恶者;故能引导人之精神,走向罪恶途径,我人必须摈弃一切肉体物质之诱惑,救出精神,归于超感觉的"神"之世界,乃得与"神"相接。若沉湎感觉,其终将贬为物质之奴隶,或成动物,或成植物,此其所以异于柏拉图之学说者。盖柏氏论"神",仅能高于实在,而不能高于理念;新派之"神",则超越一世,尤非理念之可及,"神我论"之宗教学说,实植基于此。

希腊哲学合论

　　综观希腊哲学,归纳其类,不外于本体之寻求,称之曰"本体论"。知识之研究,称之曰"认识论"。"伦理"之建立,亦曰"人生哲学"。"本体论"者,大抵归于一元、二元、多元之别;为其根本者,或谓"精神",或谓"物质",或谓"神"。"知识论"者,大抵皆取证于"论理学",且极重"辩证法"。"伦理"之说,大抵皆求世界人生之真善美,唯观点不同,方法有异。综合各家学说,如主张"唯物"者,至德谟克利特而极盛;主张"唯心"者,至柏拉图而大成,渊源远溯于先民神秘之寻求,终以学者之观察,而为哲学之解释。其求证之方法与工具,端借聪

明睿智之思想；故哲学者，实至高深之思想也。吾国宋
儒程明道所谓："思入风云变态中。"实极状邃于思想者
之善变。当西方哲学之初入吾国，学术思想，均激而一
变，甚之，有谓吾国文明，亦来自希腊，且周秦百家学
说，皆系受其影响而产生，愚昧无知，曷胜感喟！世界文
明古国，如中国、希腊、印度、埃及，源远流长，各有其独
立之文化思想，虽略有出入，而亦互相形似者，盖人类
思想智慧，大体均同，所谓"人同此心，心同此理"也。虽
东西疆域各别，而其知见所及，终不越乎人心思想之范
围，各以种种不同之名言理趣，阐说其理耳。至若取希
腊哲学与吾国先哲学术思想，较其短长，此中轩轾，大
须甄别，安可笼统而混为一谈。复推西洋宗教神学理
趣，其内容罗致殊博，追溯渊源，皆由希腊哲学渐变而
来，乃有中世纪"经院哲学"之产生，此实希腊哲学之结
晶也。

欧洲中世纪哲学

中世纪一名，史家所言，各不一致。以政治史言，则
自公元四六七年西罗马帝国灭亡，至公元一四五四年，
东罗马帝国之灭亡止，前后约千年。以文化史言，则自

公元五二九年罗马帝封闭雅典大学,及其他世俗学校,令文化事业,全归基督教会起,迄十五世纪欧洲人文运动之勃兴止,亦约一千年。以哲学史言,断自公元五世纪至十五世纪中叶止,由于基督教教权之伸张,迄至文艺复兴,创开世界思想自由之先河,为属此一时期。

当此时期,政治文化,变迁均大,罗马人起于意大利中部泰北河岸之罗马市,以智勇征服四邻,建设一大帝国,后复分为东西二罗马,渐以式微,先后继亡,代之而兴者,为日耳曼民族与沙拉逊帝国。日耳曼民族征服罗马,即吸收其文化(五世纪至十二世纪之间),其别支益格鲁撒克逊人,和哥尔人,则在英法等地,分途建立王国,后复为英法德诸国发展之基。故此时实为基督教文化鼎盛时期,一切文化思想,皆以宗教信仰为主,于先哲遗训,教会特权,奉之惟谨。哲学思想中心,皆依从"教会"及"经院",以奥古斯丁、柏拉图、亚里士多德之哲学为理据,尽其智能,以哲学解释其教义;复以信仰归纳其哲学之思维,一切皆假定宗教之真理为合理;理智与信仰,上帝启示与人类思维,皆当一致。故斯时之哲学,但努力与宗教信仰沟通,调和了解,以成"经院哲学"之大成;学者有称谓"神父哲学"云。其开创巨子,当推奥古斯丁,奥氏致力于证实已所习知之定论,范围宗教真理,不遗余力。其方法概用演绎法,依思维运用之

三段论法,作为研究之资;其兴趣对象之所在,亦非"认
识论",而为超越世界之"真神"。故于自然科学及精神
科学,皆所忽略。谓心灵不能用分析而知,伦理未可以
经验而论,人间至善,皆上帝所赐福。故于昔来希腊之
人本人文主张,皆易而为"神本"观念,一切以依靠于
"神"之信仰为中心。

"经院哲学"之"宇宙观",认为世界乃上帝所创造,
而非上帝本质中所产生。因上帝不断在创造,故宇宙不
致于支离破碎;时间和空间,亦上帝所创造,而上帝自
身,则无时间空间之限制。被创造之宇宙,则非永久存
在,乃有限而为变化消灭者。又:上帝乃一全智全能全
德之神,且可以设想之事物,皆可表示于其中;上帝所
创造之事物,本为绝对之善,故于"人生观"完全以至善
之道德观念为归;并以恶非真实之恶,乃善之缺乏,而
善之缺乏,乃由人自身之所为,故人须避恶迁善,以返
于上帝之至善意志。

当罗马帝国时代,因知识阶级之改变,教会组织之
发展,基督教之僧侣,已渐起而替代往日之哲学家而掌
握学问特权;及至日耳曼民族勃兴,其所有僧侣,殆尽
为野蛮民族之子弟加入,知识浅陋,兴趣低级,对于古
希腊之哲学精神,渐已消灭于无形。故当第七八世纪之
际,实为欧洲文明最黑暗之时期,及至九世纪中叶,始

复有埃里金纳之著作,公之于世,可称为"神父哲学"之继承者,于基督教之哲学史上,作为一种革新之先驱。此一阶段,如是持续,约五世纪半之久,统称为"经院哲学"时期;及至十三世纪,而亚里斯多德之哲学复兴,基督教学者,依其学说为背景,渐为开明之说。虽承认绝对为实在,而不承认超越万有而存在,谓即在万有之中。此种思潮运动,以大阿尔伯特与托马斯·阿奎那为其中大师,盛于十三世纪,衰于十四世纪。厥后思想家遂认共相之"普遍观念",非为万有之本质,乃为我人心中之一般概念,或一名词而已。此与十一世纪之"唯名论"如出一辙,终至打破"经院哲学"设想信念之说,而摧毁其权威。

按:此一时期哲学与宗教之神学,若水乳交溶,成为一宗教"经院哲学"之特色;而以学术观点仔细观察,则二者之间,仍各有其藩篱,如泾渭之分清。盖宗教但使专于信仰,则应放弃理智,一切皆为多余之说;若欲依绝对真实之理性,依理智而入于信仰,则其中罅漏殊多,仍不得不有所审辨。唯经院学派之集思广益,汇诸异学他宗之说,而阐扬神学之教义,此种努力精神,至现代而弥坚,洵足嘉佩。即如一九四二年间,外国教会,尝以数百美元之代价,请燕京大学教授郭某,在西蜀灌县灵岩寺,译搜吾国道藏经典,以供参酌。我曾目击其

事,深佩其存有中世纪经院集成学术之精神。复若香港道风山之基督教丛林,罗致他宗人物及其学术著作,亦至努力。故其教义常能随各国之人情文化,而求适合于时代,非偶然也。至若神之存在,神之体用等辨,义关宗教学术,姑置勿论。

阿 拉 伯 哲 学

初,穆罕默德之信徒,由于传教之热情,于公元六百三十二年起,至七百十一年间,竟以武力征服四邻,建立一地跨欧亚非之大帝国(即沙拉逊帝国)。斯时,叙利亚、埃及、波斯、阿非利加及西班牙,皆并入于东方大帝国之领域内,于是阿拉伯之学者,得有机会,认识亚里士多德之哲学。首由叙利亚文翻译,后由希腊文翻译,更进而究柏拉图之"共和国"之说;凡法律、数学、天文、医学,以及其他自然科学,皆得而研究发扬,于后世学术上之贡献颇大。

西欧学者,本带有新柏拉图学派之精神,回教学者自得希腊学术之助,乃将其宗教奠基于哲学之上,而创一不同于西欧之宗教哲学。其研究中心,为神之默示,以及人类之知识与行为有何关系,其目的在注释《可兰

经》，使信仰合于理性。阿拉伯哲学之典范，乃一部"百科全书"，此书由五十篇论文组织而成，乃十世纪"伊斯兰胞教团"之产品，对伊斯兰教信仰，贡献至大。谓一切现象，皆由于"神"之一统而流露，终复归之于"神"。人生乃宇宙之缩影，必须脱离物质羁绊，自洁圣明，而后能返乎其所自出。

然伊斯兰教学者之间，争论亦多，如"神"之预言，与"人"之自由关系，"神"之统一和"神"之属性关系等问题。其正统派则认《可兰经》教义，确定有一全知全能之真"神"，支配万事万物。而自由思想家，则反对其说，以理性为真理之标准，取哲学见解，以维持其理论。而至十一世纪末，阿尔格泽又一面攻击哲学，一面并反对正统派所持之理论，对于前此之创造说、人格不灭说、神为绝对预知之信仰等，皆加以诋诽。遂使阿拉伯之哲学，一趋于衰微。及至十四世纪间，又得有一派起而反对哲学，同情于正统派。此外如伊斯兰教高等神秘派，则侧重于新柏拉图派之神秘说，谓现实为幻象，物质是神所遗留之最低级产物；人能修炼至无我无欲境界，则灵魂可远离迷梦，而得入于神之怀抱。而对此持反对论者，又有理性派，如阿尔发拉比、阿非散拿等，皆注重"论理学"为哲学之入门。

东方阿拉伯之哲学，在十一世纪之末，固已式微，

而西方阿拉伯之哲学，则依然盛行于西班牙之穆尔地方，尤其在科多华，乃有名学校之所在地；犹太教徒基督教徒，皆自由研究学问于其中，各自相安而无忤。其中代表人物，如阿温柏斯、阿布巴塞、阿维罗斯等，皆为物理学者兼哲学家，其思想影响于基督教经院学者亦巨。阿温柏斯之学说，谓各人心中之"普遍智慧"为不灭，人生理想，可超出心灵之低级阶段，而入于完全"自我意识"；在"自我意识"中，思想与对象，能为合一；而此种状态，可由各人之精神机能逐渐发展，而达到其境界。其实践理论，稍似于禅观初修行者。唯以"自我意识"为极则，正落在识神境上，距离究竟尚远。阿布巴塞赞成其说，曾在哲学小说中，描写一人独居荒岛，其自然能力逐渐发展，因禁欲与无我修养，而得与神相接。阿维罗斯亦认人类心理，有共通现象，故曰："灵魂不死"；复谓宗教中所说之真理，乃系象征性者，哲学家以比喻说明之，常人则于字面讲究之，故宗教与哲学，皆彼此否认而异趣。以此见解，终被伊斯兰教逐出教廷。

按：伊斯兰教受希腊哲学之影响，故其宗教哲学，亦植基于此，而且与基督教关系密切。近代学者，有谓基督教与印度教有关，且谓伊斯兰教亦复如此。盖穆罕默德其初商旅于欧亚各地，复隐居专修于青海边境山中数年，故其论教义与哲学，可能为东西哲学宗教文化

交织之产品。

近代哲学之变革及影响

当十五世纪至十八世纪三百四十余年之间，史称近代，实为人类思想之一大转变时期。其时交通发达，经济繁荣，东西各国，往返频仍，物质文明，日新月盛，而"新大陆"之发现，尤使人之眼界扩充，自尊心理增强，于往昔之圣哲遗训、宗教道德，悉皆怀疑而毁弃之。所有谦让、退隐、顺从、皈依、信仰等观念，几尽视为变态之心理。而于一切政治、经济、知识等等，亦皆起一大变革运动。故其时西洋之宗教哲学，亦渐由"神本"思想而转为"人本"主张，一反过去之"经院哲学"，而脱离其羁绊。然无论如欧陆之"唯理论"与英伦之"经验论"，人才辈起，学说缤纷，而大抵皆承认其基督教之教义，并未能超出"神学"之范围，故学者谓西洋哲学家，都有"神"之观念存在，允为可信。

降至现代，各种新兴哲学，其精辟独到之论固多，而穷源溯本，亦皆远绍于希腊哲学之固有精神。虽因时代推移，人类思想进化，科学知识发达，理论依据虽新，要皆尽为支离之扩充，并无崭新高远之识见。

西洋哲学之批判

今者,综合以希腊为渊源,演变而成西洋哲学,古今诸家之知见缤纷综错,如网交织。无论其所立宗旨为何,要皆不能出于思想之范围。哲学者,以聪明睿智之思维,各言其是,作为人类思想之一类则可,若欲于此中寻求人生真谛,解决宇宙万有根源者,终见其有未可。如希腊时代各说,与印度各派主张,与佛称之谓外道者相同之处颇多。印度自释迦出世,遍习外道异学,终于菩提树下,证悟大觉;乃起而扫除邪说,建立法幢,如赫日经天,群阴扫迹;其所驳斥诸外道异学之见者,约纳为五类:曰身见、边见、邪见、见取见、戒禁取见。

所谓身见者:即执我有身,而以我身为主,观察万法。西洋哲学皆以执我之见,立主观之论。即使力避主观,自称客观者,孰知其所谓客观一观念,亦正为意识思维之主观也。

边见者:如执一元、二元、多元、唯心、唯物、唯神等,皆属于斯,何则?皆依有一体而立,有边际之可循也。

邪见者:如肉体快乐之主张。以物质经济决定一切

等,皆属于斯。

见取见者:即以我所见者为真,此之思想理念知见为最高,一切皆非,独取此见之极则为是。

戒禁取见者:自立此观念为真,立有禁犯范围,一切宗教之说,皆属于斯。

以此五见,例彼西洋哲学,实皆未脱此窠臼。佛说"如来藏性",姑顺学名,谓之"本体",然体非实相,体自性空,一既不立,多自何居?主宰为神,神从何立?神若非属本体,则本体与神析而为二;若谓是一,一则何独灵于其神?论万有之生灭,以因缘缘起为妙有之用,故非自然能生。然依体性自空之如来藏性而言,则又非因缘,更非自然所能。论万有之生灭过程,皆是无常。无常者,即一切均在变化运动迁流而不常在也。体性真常,常亦名言方便之设词。故说本体为一"真如",如者,即如其万物之如。《楞严经》所谓:"离一切相,即一切法。"但有名言,都无实义。至若求证此体性之方法,在思维法则上,仍采用论理之"因明"。在实验证觉上,则采用思维禅定次序,而终趋智慧之性海。而"因明"三段论法,则以"中观"正见为依。"中观"者,不但舍二边而立"中道",即"中道"亦属空名,如有中可立,中亦同边矣。且力言意识运用之思维,终不能求证体性。盖体性正以思维而起自障也。故说认识之知识,终为虚妄,何

则？若有所见则见仍非实；以无见为真见，而无又非冥顽断灭之无。其论人生以无常苦空为警戒；而生命虽幻而实有，世界虽幻而实存在；此过程以人为本位，范围于伦理，与物同如其一体，故兴"无缘之慈，同体之悲"，牺牲自我，救度众生。复以生未可尽，而不以厌离。起无尽无量之大愿大行，以尽其至真至善至美之人事，且不以之为我之德，乃顺性为当然之行。

复以体性空而无相，一切之立皆为假有。而立假即真，以假妄而显真如之实相；故又不舍名言，示此真旨。空自性能，即生万法，心物二者，皆自性之所生。虽生终灭，真亦同妄，形似矛盾，其终统一矛盾而析入于空。空亦不立，权假中说，但皆非思维意识之可达，唯证方知。故极称"不可思议"，以显体非思想可即。若如唯识所立：相分、见分、自证分、证自证分四者，衡诸哲学思想之旨归，则但为识见之一端耳。相分者，约一切万有现象存在之谓相。见分者，约以我之见而见相分。自证分者，复进而能证自见之体。证自证分者，即此自证之体，究竟为何，仍当再一返证。如此由外物现象而返证自心于知，终而空无实相。故遍观哲学思想之理趣，只在见分上立足，学者自身，大抵皆未返自证分之知见，故罅漏百出，罄竹难书。若知自心不得见乎自心，思而得者未必实，识所见者未必真，可入圣道矣。虽然，以《华

严》十玄门之义,综合西洋哲学,亦可视为佛法之一门。
若世称佛法,亦为一种哲学思想,实谬不可以千里计。
今依佛法立场观点而言哲学,略如上述,此篇草就,为
时过促,未暇详评;若以禅宗之祖师禅论之,则统为闲
学解,亦何有于道哉!至如西方哲学与宗教哲学中之神
秘学派等说,皆未涉及,统俟他日稍得从容,另作专论。

修定与参禅法要

佛说戒定慧，为三无漏学。即定言定，实为戒慧二法之中心，且亦为全部佛法修证实验之基础；盖由定而使戒体庄严，慧发通明，八万四千方便法门，皆乘定力而入菩提果海，各宗修法，皆定所摄。唯定并非专指跏趺坐（俗称打坐）而言，坐与行住卧等，各为四威仪之一，且坐有多种姿势，修定门中，约为七十二种；诸佛所说，以跏趺坐为最殊胜。跏趺坐中，既得定已，而后于行住卧中锻炼如一，乃至应事接物，定力不失，方为坚固。以此证取菩提，如攀枝取果，无不得心应手；然知见不正不彻，修法易歧，摄其理趣法要，略陈端绪，广探其奥，须遍习诸经论，尤于禅观等经，如天台止观、密宗法要等学，详为会通。

兹略述坐法——毗卢遮那佛七支坐法。

一、双足跏趺（俗名双盘），不能者或金刚坐（右脚放在左腿上），或如意坐（左脚放右腿上）。

二、两手结三昧印（右手掌仰放左手掌上，两大拇

指相拄)。

三、背脊直立如串铜钱(身体不健康者,初任其自
然,定久自直)。

四、肩平(不可斜塌拖压)。

五、头正颚收(后脑略向后收,下颚收压左右两大
动脉)。

六、舌抵上颚(使舌轻接于上龈唾腺中心点)。

七、两目半敛(即半开半闭状,或开而易定则开,但
不可全开,稍带敛意,或闭而易定则闭,但不可
昏睡)。

附注事项:

1. 坐时裤带等束身之物,一并放松,使身体松弛,
完全休息。

2. 气候凉冷时,必使两膝及后颈包裹暖和,否则,
风寒侵入,非药可治,须特别注意。

3. 初习定者,空气光线应须调节,不可使光线太强
或太暗;因光强易散乱,光暗易昏沉。座前三尺,
空气务使对流。

4. 过饱不可即坐,昏睡过甚不可强坐,待睡足再
坐,方易于静定。

5. 无论初习或久习,臀部必须稍垫高二三寸。初习
者,两腿生硬,可垫高至四五寸,渐熟渐低(臀部

不垫,身体重心必至后仰,气脉壅塞,劳而无功)。

6.下座时,两手搓揉面部及两脚,使其气血活动,然后离座,且当作适度运动。

7.坐时面带微笑,使面部神经松弛,慈容可掬,不可枯槁,免使面容趋于峻冷矣。

8.初习坐时,时间少坐,以适为度,次数多坐,以勤为用,如初练时。强之久坐,必生烦厌。

初习禅坐时,务须极力注意姿势,如渐久成习,无法改正,影响生理心理,反易成病。此七支坐法,所以必须如此规定,其中皆涵有深义,极合于生理心理之自然法则,不宜或违。

人之生命,首赖精神之充溢,故精神须加培养;培养之法,但使心空身宁,使生理机能,生生不已;生之不绝,耗之日少,自然充沛胜常。精神随色身气血之衰旺而见盈亏,气血以思虑劳疲而渐消失;故安身可以立命,绝虑弃欲,可以养神。古医者谓生机藉于气化,气运流动,循脉以行;脉非血管,谓身体内 部气机运行必循此一规则之脉路;惟此事微妙,非粗浅所可知。内经言奇经八脉,当从古代道家脱胎;道家以任督冲三脉为养生修仙之要,西藏密宗亦以三脉四轮为即身成佛要法。密典如甚深内义根本颂,论气脉之学,较之《内经》《黄

庭》诸书，各有其独到之处。唯藏密与道家，虽皆修三脉，而道家主前后，藏密主左右，此为修法之大不同者。但均重中脉（冲脉）为枢纽，两家之见皆同。坐禅姿势，采取毗卢遮那佛七支坐法，虽不明言专注气脉，而其功效，已涵蕴于中。两足跏趺，使气不浮，易沉丹田，气息安宁，心易静止，气不乱行，渐循诸脉流动，反归中脉，迨其脉解心开，妄念不生，心身两忘，斯入于大寂之境。如其气脉不宁，而云能得定，绝无是事。例如常人身体，健康正常，心感愉快，脑力思虑亦少；如有病态，则属相反。又如得定至初见心空者，必感身体轻安愉快，神清气爽，无可言喻。足见心理、生理二者，交互影响，元是一体也。人身神经脉络，由中枢神经左右发展，而相反交叉，故两手结定印，两大拇指相拄，成一圆相，左右气血，起交流作用。体内腑脏，皆挂附于脊椎，若曲脊弯背，五脏不能自然舒畅，必易致病，故竖直脊梁，可使腑脏气舒。肋骨压垂，肺即收缩，故肩平胸张，可使肺量自由扩张。后脑为思虑记忆机枢，颈间两动脉之活动，连输血液至脑，增加脑神经活动，故后脑稍向后收，下颚略压二动脉，使气血运行和缓，减少思虑，易得宁静。两齿唾腺间产生津液，可助胃肠消化，故舌接唾腺，以顺其自然。心目为起心动念之机括，见色而动，闻声逐象，皆目为之机，心乱则转动不止；傲而散者则上视，阴而

沉思者则下视，邪险者常左右侧视，故敛视半闭，可凝止散乱之心。松解束缚，使身安适，常带笑容，使精神愉悦，皆为静定之要。故禅坐姿势，皆有关于气脉，虽不专言调和气脉，而已存摄于其中。若专修气脉，身见历然，我执难去，反为正觉之碍矣。倘不调正姿势，随意而坐，曲背弯腰，久必成病，故修禅习坐者，或致气壅，或致呕血，色身禅病，坐是丛生，可不慎哉！如依法修持，身体本能活动发生作用，气机流行，机能活泼，大乐现前，光明流露，皆为禅定过程，乃心身动静交互摩荡所生现象，概不可著，执之即为魔境，致成向外驰求。若修定合法，心身必得利益，如头脑清凉，目明耳聪，呼吸深沉，四肢柔畅，甘粗粝若珍馐，宿病消除，精力充沛。至此，须力戒消耗，若一著淫欲，则气塞脉闭，心身皆病矣。

初修禅定入门方法

定慧入门，首重发心，次当修诸福德资粮，方能入道。显密修法，各以四无量心为重，若无大愿大行，终入歧途。夫工欲善其事，必先利其器，吾人六根外对六尘，逐妄迷真，随流不止，《楞严经》中称谓六贼，如云："现前眼耳鼻舌及与身心。六为贼媒，自劫家宝。由此无始

众生世界生缠缚故,于器世间不能超越。"今欲依禅定之力,而返还性真,亦当如世俗成事,而有藉于工具。修定工具,不待外求,即吾人六根是也。无论眼耳鼻舌身意任取何种,系心一缘,熟练渐纯,即可得初止境。但每一根尘,可产生若干差别法门,分析难尽。佛说一念之间,有八万四千烦恼,故云:"佛说一切法,为度一切心,我无一切心,何用一切法。"今言修定入门方法,亦随吾人根器相契者,任择其一,为所依止。试列通常习知者数种言之,广则应习显密诸经论(《楞严经》二十五位菩萨圆通法门,已多汇列)。

　眼色法门:纳为二类,系缘于物,与系缘光明。缘物者:如于眼可见处,平放一物,或为佛菩萨像,或其他任何物件,但以稍能发光者为宜,而于光色选择,亦须配合个人心理生理。例如:神经过敏,或脑充血者,用绿色光,神经衰弱者,用红色光,个性暴燥者,用青色柔和光体;凡此须视现实情况而定,未可执泥一端,既选定一种,即不变更,若时常变易,反为累矣。

　系缘光明者:如对一小灯光(限用清油灯),或香烛光、日月星光等(催眠术家用水银晶球光),此可纳为一类;但以光对视线,稍偏为宜。此外如观虚空,或空中自然光色,或观明镜,或观水火等物光色,亦统纳一类。唯鉴镜观形,习之纯熟,未达理趣,可致神离,幸勿轻试。

若斯诸法,内外诸道通用;其在佛法,首须知为尽是权设,不过初用系心,为入门方便耳。若执著为实,即落魔外,因心不能止于一缘,用作制止。而修定过程中,有种种差别境象,光色境中,易生幻象,或发眼通,不依明师,终为险道。而有上根利器,不即不离,于色尘境中,豁然而悟者,则非常例可拘;如睹明星,或瞥见物,即洞见本性。禅宗古德,灵云禅师,睹桃花而悟道,甚为奇特。悟后有偈曰:"三十年来寻剑客,几回落叶又抽枝。自从一见桃花后,直至如今更不疑。"后贤有步其后尘,复颂曰:"灵云一见不再见,红白枝枝不著花。叵耐钓鱼船上客,却来平地搣鱼虾。"诚能如是,自非诸小法所可囿矣。

耳声法门:约有内外二种:内则自作声音,如念佛念各种经咒等;此复分为三:有大声念、微声念(经称金刚念)、心声念(经称瑜伽念)。当念此声,即即用耳根返闻其声。初则声声念念,渐渐收摄,终归于专心一念一声,即得系心初止。外则任缘何种音声皆可,但最好以流水声、瀑布声、风吹铃铎声、梵唱声等。凡缘音声,最易得定,《楞严》二十五位菩萨圆通法门,独以观音为最,故云:"此方真教体,清净在音闻。"当初专一声音,不沉不散。已得定矣,持此有恒,忽入寂境,于一切声,皆不闻矣。此乃静极境象,定相现前,经称"静结",不可贪著。

当离动静二相,不住不离,证知中道,了然不生,则已由定而进于观慧之域矣。慧观闻性,非属动静,不断不常,体自无生。然此犹为次第渐法。若禅宗古德,不历阶梯,一句了然,言下顿悟,闻声解脱,忘其筌象者,为数至多,故禅门入道者,统皆谓观世音法门可也。如百丈会中,有僧闻钟声而悟,百丈即曰:"俊哉! 此乃观音入道之门也。"他如香严击竹而了,圆悟见雉飞而知声,又若圆悟勤之"薰风自南来,殿角生微凉。"又如举唐人艳体诗"频呼小玉原无事,只要檀郎认得声"等,皆于言下证入,伟哉胜矣!世之修习耳根圆通者多矣,于动静二相,了然不生句下死者,亦复甚众。纵然离外境音声,了不相关,自能寂然入定;孰知定相现前,仍为静境,不了自心自身,皆本来在于动静二相之中,犹为外见,若能超越于此,可许入门矣。

鼻息法门:统纳一类,即缘呼吸之气也。进而呼吸细止,即谓是息。凡修气修脉,练各种气功数息随息等法,皆摄此门;天台藏密二家,尤所注重。其最高法则,即为心息相依。凡思虑过多,散乱心盛者,依息缘心,易见功效,既得止已,细微体察,可见心息本来相依为命。念虑非缘息而不生,气息以念虑而起作,气定念寂,泊然大静。然斯二者,皆为本性功能之用,非道体也。道家之言,有先天一气(气或作炁),散而为气,聚而成形

之说。一般外道,误执气为性命之根本,认物迷心,不知体性为用,内外之道,于是分歧。若了自性,工用日深,得心息自在之用,则归元无二,一切皆为权法矣。

身触法门:此分广狭两类。广义者,如上所述诸法,莫不依身根而修,苟我无身,六根何附?狭义者,如专注想色身一处,如眉间、顶上、脐下、足心、尾闾、会阴等;或作观想,或守气息,修气修脉之类,统摄于此。依身修法,易见感受、触觉、凉暖、和软、光滑、细涩等,不一而足。执此者,常视气脉现象等见,以定道力之深浅,终至陷于人相、我相、众生相、寿者相。密宗道家,易陷此过,终不易脱法执。身见难忘,黄檗禅师尝以为叹。《圆觉经》云:"妄认四大为自身相,六尘缘影为自心相。"古今愚昧,同此一例。故永嘉云:"放四大,莫把捉,寂灭性中随饮啄。"或曰:功未齐于诸圣,何能如此?要当借假修真,以此为方便,岂非入德之门耶?曰:苟知如此则可,唯恐迷头认影,终难自拔耳!老子曰:"吾所以有大患者,为吾有身!"至哉言乎!从知禅宗古德,绝口不言气脉者,信有以也。

意识法门:统摄诸类,广绎如八万四千,大体如《百法明门论》之所具。若上来诸法,虽有五根尘境,五识之所对摄,而五识由意识为主,如傀儡登场,中藉一线牵系。意识如统牵诸线之主力,心王为牵线之主人公,凡

诸法相,无非心之所生。故一切法门,皆意识所造作也。独指意识自性,强为规范,则观心止观参禅等法,当属此门所摄。所谓观心,入门之初,非指具体真心,乃谓念头生灭之妄识心也。静坐观心,唯内观返照,觅此生灭妄心,来踪去迹,相续生灭之流顿断,前念已灭,灭而不追,后念未生,未生不引,当体空寂。喻如香象渡河,截断众流,当体此境,即为"奢摩他"之止。然犹未也,此犹住空,非为究竟,当体观有自空起,空自有立,生灭为真如之用,真如为生灭之体,不住二边,而见中道,中亦不立,边见舍除,即为"毗钵舍那"之观慧。由此而止观双运为因,得定慧等持之果,地地上进,可证圆满菩提。天台之学,与藏密黄教《菩提道炬论》,中观正见等学,不出斯门也。至於参禅,初期禅宗,不立一法示人,言语道断,心行处灭,何有于斯。后代参禅,以参话头,起疑情,做工夫,非意识而何?唯其用意识入门,而不同于他法者,即疑情之为用也。所谓疑情,非如止观之观心慧学,亦非百法所摄之疑,疑而曰情,实彻第八阿赖耶本识,带质而生。此心此身,互和而凝为一,如有物横胸,不可拔锲。必待遇缘触物,豁然顿破。故曰:"灵光独耀,迥脱根尘。""凡所有相,皆是虚妄"矣。若"末后一句,始到牢关,把断要津,不通凡圣。"此为踏破"毗卢"顶上,抛向"威音"那畔,千圣聚议,难措一词,岂是思知虑得,拟

议所及哉!

定 慧 影 像

　　佛法小乘之学,由戒而定,得乎慧而解脱,终至解脱知见。大乘由布施、持戒、忍辱、精进,而禅定,终至般若之果海。曰止曰观,皆为定慧之因,言其初象耳。凡六根为用,演出八万四千方便法门,初皆为止此意念之用。念止为定,以功力之深浅,分别其次序。其方法则或先以有为之有而入空,或以空其所有而知妙有之用。方便多门,归元无二也。今拣修定,首明其定相。系心一缘,制心一处,即为止境,入定之基也。何谓定?即不散乱,又不昏沉,惺惺而复寂寂,寂寂而亦惺惺,定也。"不依心,不依身,不依亦不依。"定也。修法之初,不为散乱,即为昏沉,此二者交相往来,吾人竟日毕生于此中讨生活而不觉耳!今析此二法之象。

　　(1)散乱。

　　粗名散乱,细名掉举。若心不能系止于一缘,妄想纷飞,思想、联想、回忆、攀缘等等形状,不能制心一处,此为粗散乱。若心似已系住一缘,而有若干轻微妄念,如游丝尘埃,犹在往来,虽不干扰,而终为缠眠,此如

"多少游丝羁不住,卷帘人在画图中"之概,此为掉举。用工夫者,住此境中者至多,不识不知,自谓已得定矣。孰知其大谬不然!初用心人,先则妄念不止,心乱气浮,不得安静,可先劳其身,若运动,若礼拜,使其身调气柔,再行上座,但不随妄念,只住一缘,久久自熟。换言之,视妄念乱心,如宾客往来,我但专作一主,不迎不拒,渐渐可止。唯将止时,自心忽又觉此止境,即又起妄。再复去妄,妄去又止。如此周旋,终难止矣。须不作修止修定之想,止象现前,不必耽著,方可渐入。倘觉禅坐时,妄念反较平时为多,此乃进步之象,不必厌烦。喻如明矾投水,方见秽浊之质;又如日光过隙,方见飞尘之扬,不足为累。如散乱力大,不可停止,对治之法,可作数息随息等法,或观想脐下或足心,有一黑色光点。又出声念阿弥陀佛,念至佛时,使此最后声音,拖长下沉,好像心身皆沉至无底处。此皆为对治散乱之有效方法也。

(2)昏沉。

粗名睡眠,细名昏沉,睡眠乃身疲劳,或心疲劳所致,有此情形,不可强坐。先令睡足,方再上座,如借禅坐而睡,习惯一成,终无得定之望矣。昏沉者,心似寂寂,既不能系心一缘,亦不复起粗妄想,唯昏昏迷迷,乃至亦无心身感觉,此种现象初起时,或有幻境,如梦相

似。换言之，幻境之来，必在昏沉状态中者。因在此境界时，意识不能明了，独影意识，生起作用也。修定者，最易落在昏沉状态，若自以为定，堕落可悲。宗喀巴大师尝云："若认此种昏沉为定，命终堕入畜生道。可不慎哉！"对治之法，观想脐中有一红色光明点，直冲上顶而散。或极力提全身力量，大呼一声呸，或捏闭两鼻，忍住气息，至无可忍时，极力用鼻射出，或用冷水沐浴，或作适度运动，如练习气功者，可能少有此种现象。（又有认昏沉即顽空，非也，顽空乃木然无思念，类似白痴。）

　　散乱昏沉，若得离已，忽于一念之间，心止一缘，不动不摇，必生轻安现象。轻安生起，亦有二途：若初自顶上有清凉感觉，如醍醐灌顶，遍贯全身，心止身轻，柔若无骨，身直如松，所缘境念，历历他明，了无动静昏散之相，自必喜悦无量，但或久或暂，犹易消失。若初自足心发起，或暖若凉，渐上至顶，如洞穿天宇，则较易为保持。儒家称静中觉物，皆有春意，如云："万物静观皆自得"，即由此境中体会得来。轻安现象发后，最好独居静室，直道上进。倘复攀缘，终至消逝。如精进无间，轻安觉受渐薄，此非失去，亦如惯食其味，渐失初时异感耳。

　　由此精进不断，定力坚固，清明在躬，色身气脉，有种种变化，发暖发乐，微妙莫名，即得内触妙乐之趣，方可断除世间欲根。而初机发动，生机活泼，阳气周流，如

忘系缘一境，必使欲念炽然，如履险道，可不慎乎！过此以往，发生顶相，气息归元，心止寂境，三昧所戒，难用言传。且此中过程，心身变化百端，皆须知其对治，方克有济，戒所遮止，姑置勿论。

止定之道，至此或有气住脉停现象，他家言其境象至详。邵康节诗云："天根月窟常来往，三十六宫都是春。"但言之甚易，行之维艰。至此仍住定境，可发五种神通，神通以眼通最难发，如眼通发起，其余可相继而发。亦有根器不同，或发一通，或为并发，并无一定。眼通发时，无论闭目开目，彻见十方虚空，山河大地，微细尘中，一一如透明琉璃之体，不隔毫端。凡所欲睹，应念可见；其余四通，例彼可知。然当此时，定心未臻上乘，智慧未开，既随妄流转，失却本心矣。至若以此惑人，即成魔事。故以定为止境者，如履黑夜，最易落险。魔外分途，正在于此，不可不察。或不发通，而定心坚固有力，随意可控制心身，停止气息心脏活动，若印度婆罗门、瑜伽术、吾国之炼形器合一之剑术等，皆得此而用，以惊世骇俗。唯笃行至此，非摒除外务，穷年累月，专心致力，亦不可幸得也。

佛法内明定慧之学，以定为基，得此定已，终复舍此一念，住于"生灭灭已，寂灭现前"。此心此身，皆所不取，何况心身所发现之诸境界。一有境界可得，即为心

所之所生,仍属生灭之念,终为虚妄。《楞严经》云:"现前虽得九次第定,不得漏尽成阿罗汉,皆由执此生死妄想,误为真实。"若舍定相,住于寂灭,性空现前,为小乘所宗之果,破了我执得人空耳。修大乘菩萨道者,犹舍空寂,转观假有实幻之生灭往来,缘起无生,成为妙有之用。终复不住不著,不执空有二边,舍离中道,不即不离,以证等妙二觉果海,方知一切众生,本来在定,不假修证也。其中理趣,佛说一大藏教,反复详论,毋待赘言。虽然舍定无基,徒知其理,未证其事,终为乾慧狂见,随流不返,不能主持由我,亦属虚妄耳。世之学贯古今,舌粲莲花者多矣,工用毫无,徒逞口说者,任从说得顽石点头,终见其无济于事,徒逞人我,毁他自赞,宁为佛心耶!古德云:"说得一尺,不如行得一寸。"必当猛自反省,痛砭斯病,循五乘阶梯之学,为不易之理,相期同勉之。

参 禅 指 月

　　参禅法门,不同禅定,亦不离禅定,其中关系(见禅宗与禅定,参话头各节),已略言之矣。今复画蛇添足,且作落草之谈。夫参禅者,首当发心。且须知直趋无上

菩提,应非小福德因缘可办,由人天二乘而至大乘,五乘道所摄六度万行,修积福德资粮诸善法,均须切实奉行。达摩初祖曰:"诸佛无上妙道,旷劫精勤,难行能行,非忍而忍,岂以小德小智,轻心慢心,欲冀真乘,徒劳勤苦。"发心真切,福德圆具,自然时节因缘易熟,择法智慧分明,故曰:"学道须是铁汉,著手心头便判,直取无上菩提,一切是非莫管。"既具办此心胸见识已,须觅真善知识,依止明眼过来人,急觅拄杖,直趋大道,不生退悔心,今生不了,期之来生,坚志三生,无有不成者。古德有谓:"抱定一句话头,坚挺不移,若不即得开悟,临命终时,不堕恶道,天上人间,任意寄居。"须知古德中之真善知识,深明因果,绝非自欺欺人者,其所立言,宁不可信!话头者,即为入道之拄杖,善知识者,犹如识途老马,手握拄杖,乘彼良驹,见鞭影而绝尘,闻号角而脱锁,自他互重,子啄母啐,一旦豁然,方知本未曾迷,云何有悟耶!

若以起疑情、提话头、作工夫,而并论参禅,其中过程,可作影响之谈。须知此所言者,实为影响,非实法也,"与人有法还同妄,执我无心总是痴!"如执以为鉴,印己勘人,皆变醍醐成毒药,丧身失命,过在当人。倘轻以为非,则龙见叶公,顿时远避。是法非法,交代清楚,不任其咎矣。

青原惟信禅师。上堂法语云："老僧三十年前，未参禅时，见山是山，见水是水。及至后来，亲见知识，有个入处，见山不是山，见水不是水。而今得个休歇处，依前见山只是山，见水只是水。大众，这三般见解，是同是别？有人缁素得出，许汝亲见老僧。"

故曰："参要真参，悟要实悟。"若大死一番，忽然大活，初见悟境现前，心目定动，觅此身心，了不可得，古德所谓："如在灯影中行"，乃实事境象。到得此时，夜睡无梦，而可证得醒梦一如之境。三祖所谓："心如不异，万法一如。眼如不寐，诸梦自除。"方乃亲见实信，纯为实语，非表诠法相。故陆大夫向南泉禅师曰："肇法师也甚奇特，解道天地与我同根，万物与我一体。"师指庭前牡丹花曰："大夫，时人见此一株花，如梦相似！"此所指梦相似，以及经教所示如幻如梦之喻，皆与事合。及乎至此，亦视力有深浅，须加保任。云岩示道吾以笠，嘱盖覆，庶免渗漏，正为此也。而盖覆保任之功，如百丈示长庆，曰："如牧牛人执杖视之，令不犯人苗稼。"否则，仍复退失。世之禅人，亦多经此境，究乃"如虫御木，偶尔成文。"俗谓瞎猫撞着死老鼠，自无把握。若明得见得，如牧牛保任之功，自然复能深入。但初得此象，易发禅病。韶山示刘经臣居士曰："尔后或有非常境界，无限欢

喜,宜急收拾,即成佛器。收拾不得,或致失心。"黄龙新
示灵源清曰:"新得法空者,多喜悦,或致乱,令就侍者
房熟寐。"若到得此已,能随处茅茨石室,长养圣胎,只
待道果成熟,然后向世出世间,两边行履,"一切治生产
业,与诸实相不相违背。"说得的即是行得的,悟行合
一,不落边际,大义当为之事,虽镬汤炭火在前,应无分
别而行。久久锻炼,于念而无念之间,自在运用矣。

　　然犹未也,于此无实相境象,仍要舍离,著此即落
法身边事,涅槃果海,犹隔重关。仍须死活几番,打得心
物一如,方得心能转物。苟以前境纯熟,得如圆满月时,
恰为初悟。曹山所谓:"初心悟者,悟了同未悟。"于此语
中,须细检点。故南泉玩月时,有僧问:"几时得似这个
去?"师曰:"王老师二十年前,亦恁么来!"曰:"即今作
么生?"师便归方丈。何以谓至此须打得心物一如,方可
转此重关? 归宗曰:"光不透脱,只为目前有物。"南泉
曰:"这个物,不是闻不闻。"又云:"妙用自通,不依傍
物,所以道通不是依通。事须假物,方始得见。"又云:
"不从生因之所生。"文殊云:"惟从了因之所了。"夹山
曰:"目前无法,意在目前,不是目前法,非耳目之所
到。"凡此等等,难以枚举,皆有事相,非徒为理边事也。
既到此已,又须抛向那边,如灵云法语,可通斯旨。

　　长生问:混沌未分时,含生何来?师曰:如露柱

怀胎。曰：分后如何？师曰：如片云点太清。曰：未
审太清还受点也无？师不答。曰：怎么含生不来也？
师亦不答。曰：直得纯清绝点时如何？师曰：犹是
真常流注。曰：如何是真常流注？师曰：似镜长明。
曰：向上更有事也无？师曰：有。曰：如何是向上事？
师曰：打破镜来与汝相见。

　　然则打破镜来，已是到家否？曰：未也。到家
事毕竟如何耶？曰：岂不闻乎："向上一路，千圣不
传。"虽然如此，姑且指个去路，曰：最初的即是最
末的，最浅的就是最高深的，诸恶莫作，众善奉行。

如上简述，皆是事理并至，实相无相，影响之谈。是
法非法，由人自拣。倘是上根利器，早已不受他人惑乱
之言。但切勿轻率口说禅道，事相毫无证得，知解自重，
狂言吞人。曰：古德云：大悟十八回，小悟无数回。我已
身心皆忘，不识不知，顿然入寂，大死大活过几回，犹未
在也，何得言之极简？曰：古德此说大悟小悟，非证事相
之言，谓悟理入之门耳。此语固可激励后学，而误人亦
匪浅矣。若言顿寂与大死大活无数回，统属工用边事，
如曹洞师弟所称功勋位上事，不尽关于吾宗门之实悟
事也。惟悟后行履，"不异旧时人，只异旧时行履处。"不
执功勋，亦重功勋耳。利智之士，直探根源，但如贼入空
室，赤条条来去无牵挂，何有于理于事哉！虽然，也须出

一身白汗始得，非如画眉点额事，轻浅可及也。所言出
一身汗，终亦不可执相，不出汗而悟者，亦大有人在。但
示非甘苦到头，终不踏实耳。如：

龙湖普闻禅师，唐僖宗太子。眉目风骨，清朗
如画，生而不茹荤，僖宗百计移之，终不得。及僖宗
幸蜀，遂断发逸游，人不知者。造石霜，一夕，入室
恳曰：祖师别传事，肯以相付乎？霜曰：莫谤祖师。
师曰：天下宗旨盛传，岂妄为之耶？霜曰：是实事
耶。师曰：师意如何？霜曰：待案山点头，即向汝道。
师闻俯而惟曰：大奇！汗下。遂拜辞。后住龙湖，
神异行迹颇多。

灵云铁牛持定禅师，太和磻溪王氏子。故宋尚
书赟九世孙也。自幼清苦刚介，有尘外志，年三十，
谒西峰肯庵剪发，得闻别传之旨。寻依雪岩钦，居
槽厂，服杜多（头陀）行。一日，钦示众曰：兄弟家！
做工夫，若也七昼夜一念无间，无个入处，斫取老
僧头做舀屎杓。师默领，励精奋发，因患痢，药石浆
饮皆禁绝，单持正念，目不交睫者七日。至夜半，忽
觉山河大地，遍界如雪，堂堂一身，乾坤包不得。有
顷，闻击木声，豁然开悟，遍体汗流，其疾亦愈。且
诣方丈举似钦，反复诘之，遂命为僧。

五祖演参白云端。遂举僧问南泉摩尼珠语请

问。云叱之，师领悟。献投机偈曰：山前一片闲田地，叉手丁咛问祖翁。几度卖来还自买，为怜松竹引清风。云特印可。………云语师曰：有数禅客自庐山来，皆有悟入处；教伊说亦说得有来由；举因缘问伊，亦明得；教伊下语，亦下得，只是未在！师于是大疑，私自计曰：既悟了，说亦说得，明亦明得，如何却未在？遂参究累日，忽然省悟，从前宝惜，一时放下。走见白云，云为手舞足蹈。师亦一笑而已。师后曰：吾因兹出一身白汗，便明得下截清风。

若斯之类，方为亲切，而又何其便捷，倘执"大死大活"、"枯木生花"、"冷灰爆豆"、"团的一声"、"普化一声雷"等。形容譬喻字句，认为实法，必有事相，则于宗门无上心法，永未梦见在，不值识者一笑。如认此皆是譬喻语，非关事相，亦如痴人说梦，不知梦是痴人也。

然则，参禅悟后人，复修定否？曰：修与不修，乃两头语。"不擒不纵坦然住，无来无去任纵横。"终日著衣吃饭，未曾咬着一粒米，未曾穿着一条线，如飞鸟行空，寒潭捞月，终无事相之可得。若犹未稳，一切法门，皆同实相，自可任意摩挲，不妨从头做起。临济示寂时有偈曰："沿流不止问如何？真照无边说似他，离相离名人不禀，吹毛用了急须磨。"曰：还须坐禅否？曰：是何言哉！

行住坐卧四威仪中,自然处处会得方可,未可独谓坐禅方是,亦不可谓坐禅不是,如是悟道人,自解作活计,"长伸两足眠一寤,醒来天地还依旧。"又有何处不是耶?黄龙心称虎丘隆为瞌睡虎,岂偶然哉!又如:

　　临济悟后,在僧堂里睡,黄檗入堂,见,以拄杖打板头一下。师举首见是檗,却又睡。檗又打板头一下。却往上间,见首座坐禅。乃曰:下间后生却坐禅,汝在这里妄想作么?

　　铁牛定悟后,值雪岩钦巡堂次。师以褚被裹身而卧。钦召至方丈,厉声曰:我巡堂,汝打睡,若道得即放过,道不得即趁下山。师随口答曰:铁牛无力懒耕田,带索和犁就雪眠。大地白银都盖覆,德山无处下金鞭。钦曰:好个铁牛也。因以为号。

但石霜会中,二十年间,学众多有"常坐不卧,屹若株杌。"天下谓之枯木众。亦非独谓睡方是道也。玄沙见亡僧谓众曰:"亡僧面前,正是触目菩提,万里神光顶后相。学者多溟涬其语。"复有偈曰:"万里神光顶后相,没顶之时何处望?事已成,意亦休!此个来踪触处周,智者撩着便提取,莫待须臾失却头。"此之所举,须切实参究,不可草草,落在断常二见。至若禅门之禅定,《六祖坛经》、诸祖语录,言之甚众,文繁不引,且录南泉语,以殿其后。

　　据说十地菩萨，住首楞严三昧，得诸佛秘密法藏，自然得一切禅定解脱，禅通妙用，至一切世界，普现色身，或示现成等正觉，转大法轮，入涅槃。使无量入毛孔，演一句经，无量劫其义不尽。教化无量千亿众生，得无生忍，尚唤作所知愚，极微细所知愚，与道全乖。大难！大难！珍重。

　　《金刚经》云："我所说法，如筏喻者；法尚应舍，何况非法。"然则上来所述种种，皆作梦语观可也。若有作实法会取，即化醍醐成毒药，言者无心，听者受过矣。

跋

　　心地法门，单提直指，向上一路，密不通风。盖直下即会，箭过新罗，竖拂擎拳，皆成话堕；惟离心意识参，绝圣凡路学，将一句无义味语，含裹识田，如金刚圈、栗棘蓬，吐吞不得，直饶到坐地断，爆地折，方许少分相应。其或顶上闻雷，豁开正眼，彻底掀翻，失声一笑，始知截流一句，不涉唇吻，堂堂岁月，空费草鞋。从此虚空为口，万象为舌，灯笼露柱，昼夜常说，刹竿倒却，处处逢渠矣。乐清南怀瑾先生，诞邻玄觉之乡，密契曹溪之要，具透关眼，现居士身，鬐龄誓志，遍历诸方，禅教道密，不舍一法，以道无内外，法泯中边，语其究竟，靡不涵盖，真为佛子，作丈夫事，横流泛滥，仅觇斯人。所撰《禅海蠡测》一书，包孕群品，翕纳众流，百川虽殊，海水味一，于无说中，炽然有说，举从上祖师缄封密固，不肯与人道破者，不惜拈出龟毛，显透消息，洵可谓婆心片片，痛切肺肝者矣。此事如粉雪煤墨，毫厘千里，未明者个，皆在骑牛觅牛，直须毒手一击，顿教伎俩都尽，然后

太虚迸裂,千山独露,经尘点劫,何曾暂离! 宝兹妙药,
普愈喑聋,无米油糍,尝者有分。以如是眼,读如是书,
作者苦心,庶不唐丧。

佛历二五二〇年岁次乙未仲夏月
优婆塞菩萨戒弟子张无诤谨跋

禅海蠡测剩语

萧 天 石

　　禅宗一门，为我国佛教中之一革新派，旨在传佛心印。自释迦牟尼传大迦叶，递至二十八代菩提达摩，东来震旦，是为此土初祖。复自二祖僧璨递传至六祖惠能，弘开五叶，宗风大振。虽所提倡以"不立文字，直指人心，见性成佛"为宗旨，惟文字语言，亦未始非心传方便法门。故达摩初亦曾用《楞伽经》四卷以印心。惠能于黄梅，刚道得"本来无一物"一偈，便得衣钵，惟当授受之际，犹为说《金刚经》。其在曹溪弟子亦有《坛经》之记。厥后二派五宗，无不直指向上，皆令自求、自行、自悟、自解；然亦究不能无说，说不能无文。盖借语传心，因指见月，语言文字，有时亦不失为接引开示之方便也。

　　世谓禅宗为教外别传，实则谓之别传固可，谓之非

别传而为嫡传亦可。盖真谛不二，以教证宗，以宗举教，教实有言之宗，宗本无言之教。三藏十二部，默契之则皆宗；千七百公案，举扬之则皆教。佛说法数十年，未尝说得一字，以法尚应舍也。故究竟言之，教原未尝有言，而宗亦未尝无言也。天下同归而殊途，百虑而一致。归元无二路，方便有多门。能彻悟自心是圣，自心是佛，则触著便了，更无余事。天地与我同根，万物与我一体，岂可因门庭施设，而分宗分教，俨然门户峥嵘，自生差别哉！

　　南君怀瑾，顷以所著《禅海蠡测》书稿见寄。细读之，深觉其超情离见，迥出格量。君虽深契禅宗，然不以话头为实法，不以棒喝作家风；横说竖说，语语由自性心田中流出，绝非如优人俳语者可比。其中冶儒释道各家之言，而综诸一贯，会归一旨，倘非能如大海之纳百川者，曷克臻此？是书虽累十余万言，要亦只道得一字。若会时，看固得，不看亦得；不会时，不看固不得，看亦不得。洛浦安答僧云："一片白云横谷口，几多飞鸟尽迷巢。"是佛固著不得，经典公案亦著不得。读者于此书所示，一字一句，又岂能著得？"不离文字难为道，尽舍语言始是经。"读者切勿泥于语句，堕入文字禅中，而宜独超冥造乎语言文字之外，是为近之。否则依然陷在妄想知见网中，虽一辈子学佛，一辈子参禅，一辈子求道，骑

驴觅驴，与自己本来面目，毫没干涉，而终归是凡夫。余昔赠灵岩寺僧传西有句云："不学佛时方成佛，非参禅处即参禅。"此与张拙见道偈之："断除烦恼重增病，趋向真如亦是邪。"及憨山大师所谓："妄想兴而涅槃现，烦恼起而佛道成。"其义一也。

    余与怀瑾，论交十余年矣。抗战初起时，君甫逾弱冠。殚力垦殖，深入夷区，部勒戍卒，蛮烟瘴雨，跃马边陲，气宇如王，高自期许。辛以困于环境，单骑返蜀，复事铅椠。曾述其经历，著《西南夷区实录》一书，则又恂恂儒者，非复向日马上豪雄矣。无何，任教军校，时余主持日报，每相与论天下事，壮怀激烈，慨然有澄清之志。惟以资禀超脱，不为物羁，故每尝芒鞋竹杖，遍历名山大川，友天下奇士，不知者辄目为癫狂，而君则恬然乐之。尝曰："钟鼎山林，固皆夙愿，苟顿脱可企，则视天下犹敝屣耳！"一九四三年，余以婴疾，药炉禅榻，时益相亲；曾与遍访高僧，并同师事 光厚老和尚。不期年，君辞军校事，而致学于金陵大学研究院社会福利系。后又弃隐于青城之灵岩寺，霜枫红叶，日伍禅流。旋从禅德袁焕仙居士游，契入心要。嗣即不知踪迹者久之。一日，忽有客自峨嵋来，始知闭关于中峰绝顶之大坪寺，西川旧好，相顾愕然！耆年如谢子厚、傅真吾，及君师袁焕仙等，相约入山访之，始知由名僧普钦之介，悄然至峨嵋，

初于龙门洞猴子坡等处，叠示灵异之迹，乃获寄迹该寺。在此期中，并曾折服当时负有盛名之唯识学者王某。龙门寺僧演观，曾记其事与对话，刊有专册行世，不胫而走。龙泉有匣，光芒不掩，真性情人，行事大抵固如是也。

后三年，余宰灌县，君飘然莅止，美髯拂胸，衲衣杖策，神采奕奕。问从甚处来？答谓："前从灵岩去，今自金顶回。"问：在峨嵋山何为？曰："三年闲关，阅全藏竟。"复问其今后拟往何处？则曰："到处不住到处住，处处无家处处家。"相视而失笑者久之。憩夏青城后，即远游康藏，穷探密宗之奥；行迹遍荒山绝巘，丛林古刹。行脚愈远，所接大德高僧奇人异士亦愈众，而迹亦愈晦。盖所谓"就万行以彰一心，即尘劳而作佛事"者也。嗣闻其经康藏至昆明后，曾讲学于云南大学。折返锦城，并一度应川大哲学教授傅养恬之邀，讲学于哲学研究会。斯时已声光并耀，缁白闻风问道者络绎。迨抗战胜利后二年，君即返里省亲，嗣复深隐于天竺灵隐山中，栖心玄秘。尔时，余适于役京畿，彼此不相闻问矣。

一九四九年夏，余自沪来台。一夕，君忽枉访于台北寓所，始悉其方有所营为。越明年，事与愿违，忽尔晦迹，行藏莫卜者久矣。迨去冬，因某居士之约而复聚于海滨一陋巷中，破窗尘几，意趣萧然；当力促以重亲笔

砚。初不谓然，几劝始诺。曾未数月，遂成斯篇，都凡二十章，钩元提要，探幽阐微，手眼别具，发前人之所未发。全书以禅宗为主眼，而融会众流，归趣大海，虽于从上各家之说，略有损益，要皆言必有宗，指归至当。至若《参话头》、《中阴身》，及《修定与参禅法要》诸篇，则皆古人稳密缄固不肯为人说破者，今皆不惜眉毛，金针巧度。虽小出作略，而其资益于真心向道者，宁为浅鲜？至其提持纲要，语不滞物，思泉坌涌，如山出云，殆今日之广陵散矣。余初识怀瑾，英年挺拔，跌宕磊落，前途正未可量；卒之鄙弃功名，参伍猿鹤，得以博览法藏，独契心源，返朴还淳，泥涂轩冕，所谓游于方之外者非欤？又君髫年曾习武技与方术，卒致力于佛法；深入禅教密各宗之堂奥。今后究将以何者为其归止，则又未可逆测。其殆游戏人间，应物无朕者耶？爰因其书成，略缀其生平行履一斑以附，庶读其书者，亦得略知其人。余虽早岁皈命瞿昙，然放逸怠荒，惮于精进，似草野人，为廊庙语，门外之诮，宁能幸免？惟承命为校订，于义不能无言，拉杂书之，亦自哂也。

一九五五年六月于台中草庐

南怀瑾先生著述目录

1. 禅海蠡测　　（1955）
2. 楞严大义今释　　（1960）
3. 楞伽大义今释　　（1965）
4. 禅与道概论　　（1968）
5. 维摩精舍丛书　　袁焕仙　南怀瑾合著
　　（1970）
6. 禅话　　（1973）
7. 静坐修道与长生不老　　（1973）
8. 论语别裁　　（1976）
9. 习禅录影　　（1976）
10. 新旧的一代　　（1977）
11. 参禅日记(初集，原名：外婆禅)　金满慈著
　　南怀瑾批　　（1980）
12. 参禅日记(续集)　金满慈著　南怀瑾批
　　（1983）
13. 定慧初修　袁焕仙　南怀瑾合著　　（1983）
14. 孟子旁通(一)　　（1984）

15. 净名庵诗词拾零·佛门楹联廿一副·金粟轩
    诗话八讲　　（1984）

16. 观音菩萨与观音法门　　（1985）

17. 历史的经验（一）　　（1985）

18. 道家、密宗与东方神秘学　　（1985）

19. 中国文化泛言（原名：序集）　　（1986）

20. 历史的经验（二）　　（1986）

21. 禅观正脉（上）　　（1986）

22. 一个学佛者的基本信念——华严经普贤行愿
    品讲记　　（1986）

23. 老子他说（上）　　（1987）

24. 中国佛教发展史略述　　（1987）

25. 中国道教发展史略述　　（1987）

26. 易经杂说——易经哲学之研究　　（1987）

27. 金粟轩纪年诗初集　　（1987）

28. 如何修证佛法　　（1989）

29. 易经系传别讲　　（1991）

30. 圆觉经略说　　（1992）

31. 金刚经说什么　　（1992）

32. 药师经的济世观　　（1995）

33. 原本大学微言　　（1998）

图书在版编目(CIP)数据

禅海蠡测/南怀瑾著 . —2 版 . —上海:复旦大学出版社,
2002.6
ISBN 7-309-03236-5

Ⅰ . 禅… Ⅱ . 南… Ⅲ . 禅宗-研究 Ⅳ . B946.5

中国版本图书馆 CIP 数据核字(2002)第 038654 号

出版发行	复旦大学出版社
	上海市国权路 579 号 200433
	86-21-65118853(发行部) 86-21-65642892(编辑部)
	fupnet@fudanpress.com http://www.fudanpress.com
经销	新华书店上海发行所
印刷	上海第二教育学院印刷厂
开本	850×1168 1/32
印张	11.25
字数	187 千
版次	2002 年 6 月第二版 2002 年 12 月第二次印刷
印数	6 001—12 000
定价	19.00 元